Technik im Fokus

Die Buchreihe Technik im Fokus bringt kompakte, gut verständliche Einführungen in ein aktuelles Technik-Thema.

Jedes Buch konzentriert sich auf die wesentlichen Grundlagen, die Anwendungen der Technologien anhand ausgewählter Beispiele und die absehbaren Trends.

Es bietet klare Übersichten, Daten und Fakten sowie gezielte Literaturhinweise für die weitergehende Lektüre.

Weitere Bände in der Reihe
http://www.springer.com/series/8887

Hartmut Frey · Dieter Beste

Virtuelle Universität

Digitalisierung erfordert neue Lernparadigmen

Hartmut Frey
Esslingen, Deutschland

Dieter Beste
Mediakonzept
Düsseldorf
Nordrhein-Westfalen, Deutschland

ISSN 2194-0770   ISSN 2194-0789   (electronic)
Technik im Fokus
ISBN 978-3-662-59530-5   ISBN 978-3-662-59531-2   (eBook)
https://doi.org/10.1007/978-3-662-59531-2

Die Deutsche Nationalbibliothek verzeichnet diese Publikation in der Deutschen Nationalbibliografie; detaillierte bibliografische Daten sind im Internet über http://dnb.d-nb.de abrufbar.

Springer ist ein Imprint der eingetragenen Gesellschaft Springer-Verlag GmbH, DE und ist ein Teil von Springer Nature.
Die Anschrift der Gesellschaft ist: Heidelberger Platz 3, 14197 Berlin, Germany

Vorwort

Die Virtuelle Universität ist nicht mehr Teil der Science-Fiction, sondern tritt durch die rasante Entwicklung digitaler Organisationsmöglichkeiten, neuer Kommunikationstechniken und der Künstlichen Intelligenz in das Reich des Machbaren ein – wird zur konkreten Utopie. Das Buch entwickelt das Konzept einer global agierenden Virtuellen Universität in internationaler Trägerschaft und nimmt den Leser mit auf eine imaginäre Reise in den Maschinenraum einer faszinierenden neuen Bildungs- und Ausbildungseinrichtung, deren technische Ausrüstungsgegenstände weitgehend schon heute am Markt verfügbar sind.

Die Autoren untersuchen deren Nutzbarmachung auf der Grundlage neuerer Erkenntnisse aus der Lernforschung. So lassen sich beispielsweise Lerneinheiten mittels Künstlicher Intelligenz an individuelles Vorwissen oder individuelles Lerntempo adaptieren und komplexe Vorgänge und Abläufe mit ebenfalls schon verfügbaren

Technologien in bewegungsorientierten 3-D-Bildwelten komfortabel studieren.

In virtuellen Lernräumen, in denen der Studierende wie in einem realen Labor mit Dingen hantieren kann, können im Sinne des Wortes auch schwierig zu verstehende Zusammenhänge sogar am heimischen Computer „begriffen" werden. Die Virtuelle Universität regt mit diesen neuen Instrumenten die Lernbereitschaft wie auch die Kreativität des Einzelnen an. Einzelne Elemente der Virtuellen Universität sind unterdessen längst Bestandteil der Ausbildung in der Wirtschaft. So werden bereits heute Mitarbeiter in Großunternehmen mittels Datenbrille, Augmented Reality und intelligenter Avatare aus- und weitergebildet.

Mit der global agierenden Virtuellen Universität wird es möglich, dass Lernende aus unterschiedlichen Kulturen gleichberechtigt an der Wissensvermittlung teilhaben können. Problemlösungen lassen sich kooperativ über Grenzen hinweg mit Avataren in virtuellen Hörsälen diskutieren und in gemeinsamer Aktion von den Studierenden erarbeiten. Die Zertifizierung des erbrachten Lernerfolgs erfolgt nicht mehr über das Abfragen von Wissensinhalten, sondern über die Fähigkeit, Probleme zu lösen. Dabei arbeitet die Virtuelle Universität mit klassischen Universitäten und Hochschulen zusammen.

Zudem ist die Virtuelle Universität ein geeignetes Instrument, um internationale Forschungsprojekte zu initiieren und zu koordinieren, denn sie kann den besten Wissenschaftlern und Forschern der Welt eine attraktive Arbeitsumgebung bieten. Die tragen auch Sorge dafür, den Lehrstoff der Virtuellen Universität auf höchstem Niveau aktuell zu halten. Und ein ebenfalls nicht zu unterschätzender Vorteil der Virtuellen Universität: Die Kosten für Aufbau und Betrieb halten sich im Vergleich zu klassischen Bildungseinrichtungen sogar in Grenzen.

Kurzum: Die Virtuelle Universität bietet einerseits die Chance der Befreiung von Ideologien und weltweit lokal wie kulturell eingegrenzter gesellschaftlicher Praxis durch Wissenschaft und hält andererseits auch gegenüber dem umfassenden Vereinnahmungsanspruch wirtschaftlicher Giganten der Digitalisierung den Aufklärungsanspruchs der Wissenschaft hoch.

Im zweiten Teil des Buches diskutieren die Professoren Andreas Degwitz, Jan-Hendrik Olbertz, Helge Ritter, Engelbert Westkämper und Walther Ch. Zimmerli die Herausforderungen, die mit dem Projekt Virtuelle Universität ganz individuell und im gesellschaftlichen Kontext der etablierten Bildungs- und Ausbildungseinrichtungen verbunden sind.

Esslingen   Hartmut Frey
im Dezember 2019

Inhaltsverzeichnis

1

Einleitung

Die rasante Entwicklung der Digitaltechnik ermöglicht den Aufbau eines Portals für eine kontextunabhängige und maßstabsetzende globale Virtuelle Universität mit bewegbaren 3D-Elementen. Basis dafür sind immer kleinere Strukturen auf Computerchips und zugleich höhere Verarbeitungsgeschwindigkeiten, die globale Ausbreitung des Internets, die Entwicklung von Datenbrillen, die Realität in einen virtuellen Kontext einbinden können, und nicht zuletzt neuartige Sensoren von hoher Empfindlichkeit und Auflösung, mit denen sich Lernvorgänge im menschlichen Gehirn analysieren lassen.

Hinzu kommt die Entdeckung von Spiegelneuronen. Diese geraten u. a. in Schwingung, wenn ein Mensch etwas in die Hand nimmt, etwa ein Werkzeug, ein Gerät oder Geschirr, ein Handy oder eine Fernbedienung und sich damit beschäftigt. Die Spiegelneuronen, so vermutet man, sind auch dafür verantwortlich, die Intentionen anderer verstehen zu können. Sie scheinen eine Rolle für

© Springer-Verlag GmbH Deutschland, ein Teil von Springer Nature 2020
H. Frey und D. Beste, *Virtuelle Universität,* Technik im Fokus,
https://doi.org/10.1007/978-3-662-59531-2_1

die Entwicklung von Einfühlungsvermögen und für das Erkennen von Gesichtern zu spielen. Dies ist besonders für das Design von Avataren wichtig, die sich mit anderen Avataren in virtuellen Räumen treffen und sich dort austauschen.

In ersten Feldexperimenten mit Second-Life-Bewohnern hat sich gezeigt [1], dass diese, obgleich physisch auf unterschiedlichen Kontinenten angesiedelt, schon nach zehn Minuten virtueller Face-to-Face-Unterhaltung, abhängig von der Form und den Bewegungen eines Avatars, eine Bindung aufbauen, die dazu führt, Vertrauen und Vertrauenswürdigkeit gegenüber dem an sich anonymen Avatar-Partner zu zeigen und mit diesem zu kooperieren [2].

Mittels Algorithmen lassen sich Gesten, Emotionen, Mimiken zu Kommunikationsintentionen kombinieren. Diese Intentionen lassen sich dann auf den Avatar übertragen. Aus der Stimmenanalyse können dem Gesprochenen Phoneme zugeordnet werden. Diesen Phonemen lassen sich Viseme, also Mundstellungen, zuordnen. Die Stimmenanalyse erkennt in Echtzeit Phoneme, welche dann als Viseme auf den Avatar übertragen werden. Durch die Lippensynchronisation lässt sich ein neuer Grad an Verhaltensrealismus generieren, da nunmehr das Gesprochene mit den Mundstellungen des Avatars übereinstimmt.

Lernfähige Algorithmen analysieren die Eigenheiten des Studierenden, wie Lernverhalten, Aufmerksamkeitslevel, intellektuelles Niveau, Erfahrungen, Problemlösungsfähigkeit und prüfen die Aufnahme von neuem Wissen. Ein sich dem Benutzer anpassender Lernassistent, unterstützt von einem Datamining-System, hilft den Studierenden bzw. den sich Weiterbildenden durch die Wissensinhalte zu navigieren, zeigt ihnen die Verknüpfungen zu ähnlichen Inhalten anderer Disziplinen, und hilft ihnen, komplexe

Vorgänge besser verstehen zu können. Der Lernassistent hilft auch, die bei zunehmendem Alter nachlassende Neugier zu überwinden; bei Älteren überlagert die Erfahrung immer mehr die Neugierde.

Mit bewegungsorientierten, virtuellen 3D-Visualisierungen lassen sich komplexe Prozesse und Methoden mit unterschiedlichen Parametern aktiv bearbeiten und daraus Problemlösungen modellieren. Der Studierende kann auf diese Weise im virtuellen Raum Learning by Doing erleben und mit virtuellen Bewegungen z. B. beim Experimentieren, mit denen in der Realität abgleichen. So kann der Studierende sein neu erworbenes Wissen in virtuellen Labors, an virtuellen Analysensystemen und automatisierten Fertigungssystemen zu Hause oder direkt am Arbeitsplatz ausprobieren.

Virtuelle 3D-Visualisierungen, die den Praxisbezug von theoretischem Wissen verdeutlichen, verknüpft der Studierende so mit den in seinem Gehirn abgelegten Repräsentation, in denen seine Erfahrungen und sein Wissen schemenhaft unbewusst und bewusst abgelegt ist. Individuelles, interaktives Experimentieren im virtuellen 3D-Raum verbessert die Aufnahme von Wissen [3].

Schon heute ist unübersehbar, dass sich junge Menschen der „Generation Internet" Lerninhalte immer weniger dadurch merken, dass sie sich Vorlesungen bzw. Vorträge (auch in Fernuniversitäten) anhören oder Zeile für Zeile von Manuskripten durcharbeiten, die zur Erläuterung mit Grafiken und Bildern hinterlegt sind. Sie wollen spielend lernen; sie wollen sich nicht mehr der Mühe unterziehen, sich mit Texten zu befassen, diese zu interpretieren und zu hinterfragen, um dann diese in ihren Köpfen in Repräsentationen umzuwandeln; sie wollen aktiv Wissen bearbeiten. Der Einsatz von Spielelementen in Verbindung mit bewegungsorientierten 3D-Elementen kann die kognitive und kreative Leistungsfähigkeit zusätzlich steigern und damit die Aufnahme von Wissen positiv beeinflussen.

Während sich die Welt ins digitale 21. Jahrhundert katapultiert, verharren die Universitäten in den Strukturen des 19. Jahrhunderts. In dem Maße, in dem Technik und Wissenschaft die Institution Universität durchdringt, verwandelt sich die Institution selbst, bauen sich alt hergebrachte Legitimationen ab. Nicht mehr öffentlich bestallte Wissenschaftsmanager bestimmen künftig gemeinsam mit Politikern, Entscheidungsträger aus der Industrie, Sozial- und Berufsverbänden die Wissensinhalte und die Forschungsschwerpunkte, sondern neue diverse Gruppen, die ganz anders auf die Welt schauen und die global verstreut sind. Die alte Universität mit ihrem Paradigma Freiheit in Forschung und Lehre ist zum verlängerten Arm des Schulsystems geworden. Elementare Erkenntnisse der Lernforschung werden meist ignoriert und Konformität verlangt, anstatt die Kreativität anzuregen. Universitäten verwenden die meiste Zeit und Mittel darauf, Studierende zu fördern, die vorgegebene Lerninhalte in einem festgelegten Zeitrahmen abarbeiten.

Auch nimmt die Zersplitterung der Fächer an Universitäten zu. Fachgebiete werden in immer kleinere Bereiche aufgeteilt und dann als Studienfach definiert. Die daraus resultierende Spezialisierung führt zur Verschulung und bei den Studierenden zu einer Wissensfragmentierung.

Mit der Virtuellen Universität verliert der Erwerb von Wissen all jene Barrieren, die mit klassischen Universitäten einhergehen – monetäre, physische und formelle: Das Wissen wird auch jenen zugänglich gemacht, die aufgrund verschiedenster Nachteile den Zugang und Anschluss verloren haben. Was wie eine Utopie klingt, hat einen zutiefst demokratischen und inklusiven Kern. Die Internationalität ermöglicht einen globalen Wettbewerb um Innovation und neue wissenschaftliche Erkenntnisse, aber macht auch einen verstärkten kulturellen Austausch zwischen verschiedenen Regionen der Welt möglich. Die Erkenntnisgewinnung und deren Umsetzung in reale Anwendungen zählt, nicht die Weltgegend, in der der Studierende lebt.

Ein Problem, das bei der Betrachtung von Universitäten auffällt, ist die Produktion einer Flut konditionaler, häufig zusammenhangloser Forschungsergebnisse, denen mit methodischen Überprüfungsregeln auf ihre Richtigkeit nicht mehr beizukommen ist. Ersatzkriterien wie Reputation, Art und Ort der Veröffentlichung, institutionelle Basis usw. versagen auch.

Entsprechend greift die mit der Spezialisierung systematisch produzierte Unsicherheit auf die Gesellschaft über und macht die Adressaten und Verwender wissenschaftlicher Ergebnisse in Politik, Wirtschaft und Öffentlichkeit zu aktiven Mitproduzenten im gesellschaftlichen Prozess der Erkenntnisdefinition. Dies ist eine Entwicklung von hochgradiger Ambivalenz: Sie enthält die Chance der Emanzipation gesellschaftlicher Praxis von Wissenschaft durch Wissenschaft; andererseits immunisieren gesellschaftlich geltende Ideologien und Interessenstandpunkte gegen wissenschaftliche Aufklärungsansprüche und öffnen einer Feudalisierung wissenschaftlicher Erkenntnispraxis durch ökonomisch-politische Interessen und Vorurteile Tor und Tür.

Der einzelne Wissenschaftler zahlt in zunehmendem Maße für die kreative Mitwirkung am Entstehen neuen Wissens, mit dem Verzicht auf Mitwissen an allem, außerhalb seines engen Spezialgebietes. Während der totale Wissensbestand wächst, wird das Wissen des Einzelnen immer mehr Stückwerk.

Hinzu kommt, dass die automatische Verknüpfung von Wissen, um Neues zu generieren, durch selbstlernende, immer komplexere Algorithmen zunehmend ohne

Einwirkung des Menschen stattfindet. Mitgestalten kann der Mensch noch, auf welche Weise und in welcher Form ist allerdings höchst unklar.

Ob Wissen automatisiert ausgewertet wird oder nicht, darüber entscheidet der Mensch nicht mehr.

Noch sind die Algorithmen der Suchmaschinen vergleichsweise harmlos und nur ein erster Anfang der Digitalisierung von Wissen. Gegenwärtig wird nur das Finden von Wissen automatisiert, nicht jedoch seine Erzeugung durch das Suchen von immer neuen Vernetzungen – das aber wird Gegenstand der nächsten Stufe der Digitalisierung sein. Dann wird Wissen nicht mehr nur von Menschen erdacht, erforscht und aufgeschrieben, sondern aus verschiedenen Datensätzen neu zusammengefügt und errechnet. Wissenschaftliches Arbeiten in Universitäten und Forschungseinrichtungen verändert sich. Großkonzerne erarbeiten im Vergleich schneller neues Wissen wie etwa die Chipentwicklung, die Luft- und Raumfahrt, die Elektromobilität oder die Entwicklung von Algorithmen für die Künstliche Intelligenz zeigen. Öffentliche Forschung sinkt auf das Niveau von Sekundärforschung, also dem Nachvollziehen von Forschungsergebnissen bzw. von andernorts produziertem Wissen.

Bedenklich ist zudem, dass nur wenige kreative Köpfe Naturwissenschaft, Informatik, Biogenetik oder Neurologie betreiben. Mehr als zwei Drittel der Menschheit lebt vom Transfer der Erkenntnisse dieser Minderheit in Technologien. Die uralte Unterscheidung zwischen den Faulen und den Fleißigen – eine zu allen Zeiten vorhandene charakterologische oder auf Erziehungsleistungen beruhende individuelle Unterscheidung, die durch soziale Strukturen begünstigt und verstärkt werden und damit zu einer bestimmenden Sozialstruktur werden kann – wird durch eine offene Virtuelle Universität obsolet.

Voraussetzung dafür ist, dass dem Studierenden Wissen und Erfahrungen zugänglich gemacht werden, die seinen Sinnen nur mittelbar zugänglich sind, d. h. nach wie vor ist Orientierung durch Gestaltwahrnehmung notwendig [4, 5].

Für dieses Phänomen hält die Wissenschaft eine Erklärung bereit – eine Erkenntnis, die sowohl Verhaltensforscher als auch Biokybernetiker, Biochemiker und Biophysiker hervorgebracht haben [6, 7]: Der Mensch wandelt die ihm zugängliche Umwelt in für ihn relevante Gestalten um, die in seinem Gehirn als Repräsentationen unbewusst erzeugt werden. Die in den Erbanlagen programmierten Wahrnehmungsstrukturen oder Wahrnehmungsmuster befähigen dazu.

Dreidimensionale Gestaltwahrnehmung in Kombination mit Bewegungen ist daher ein Lernen durch Nachmachen; ein wichtiger Aspekt übrigens auch für das lebenslange Lernen, der gerade bei Babys und Kleinkindern offenkundig ist: Sie ahmen nach, was sie sehen; wollen das tun, haben und anfassen, was andere tun. In diesen Impulsen sind sie kaum zu bremsen – die Spiegelneuronen könnten die hirnphysiologische Grundlage dafür sein. Durch sie scheint das menschliche Gehirn auf das Nachahmen geradezu spezialisiert zu sein, mehr als jedes andere Säugetierhirn – außer den Menschen besitzen nur wenige Primatenarten Spiegelneurone.

Wegen ihrer sehr grundlegenden und weit gefächerten Funktionen für Bewegen, Lernen, Soziales und Emotion betrachten viele Wissenschaftler Spiegelneuronen geradezu als die Hardware des Menschseins. So äußerte sich zum Beispiel der amerikanische Hirnforscher Vilayanur S. Ramachandran [8], einer der weltweit bedeutendsten Wissenschaftler seiner Disziplin. Er hält die Entdeckung der Spiegelneuronen für eine Wende in der Hirnforschung. Sie seien, sagt er, „für die Psychologie das, was die Entdeckung des Erbmoleküls DNA für die Biologie bedeutete."

Jeder Lernvorgang verändert das Gehirn. Neues Wissen im Gehirn zu verankern ist kein reiner Abspeicherungsprozess, sondern ein Einordnungsprozess. Jede neue Information, jedes neue Wissen, muss einen sinnvollen Platz im bereits vorhandenen Wissenshorizont in Kombination mit den bisher erworbenen Erfahrungen einnehmen und sich entsprechend damit vernetzen. Dabei werden die Informationen hierarchisch geordnet, vom Wichtigen zum Unwichtigen; dafür ist das Arbeitsgedächtnis zuständig. Nur was vom Arbeitsgedächtnis als wichtig empfunden wird, vernetzt sich ausreichend im Langzeitgedächtnis.

Neues Wissen lässt sich im Arbeitsgedächtnis durch bewegungsorientierte, dreidimensionale visuelle Eindrücke nachhaltiger verankern und strukturieren. Anhand der virtuellen 3D-Realität, die auf Handlungen basiert, ergeben sich ganz neue Perspektiven für den Aufbau einer Virtuellen Universität. Durch die Bewegungen werden die Wissensinhalte, analog dem Learning by Doing, nachhaltiger in Repräsentationen übertragen und stehen somit leichter auf Abruf zur Verfügung [9, 10].

Der Studierende kann sich die virtuelle Welt so oft er möchte, reflektierend anschauen und seine Erkenntnisse und Vorstellungen als Avatar in virtuellen Hörsälen kommunizieren. Indem er die Bilder seiner Erlebniswelt fixiert, benennt er sie auch; aus dem unbenannten, bildhaften Denken wird benanntes Denken, das sich als Sprechen verwirklicht.

Repräsentationen machen vermutlich den Hauptinhalt der Gedanken aus, und zwar unabhängig von der Sinnesmodalität, in der sie erzeugt werden, und unabhängig davon, ob sie sich auf einen Prozess mit Gegenständen beziehen oder ob sie mit Wörtern oder anderen Symbolen in einer bestimmten Sprache zu tun haben, die einem Prozess oder Gegenstand entsprechen. Hinter den Vorstellungsbildern verbergen sich für das Individuum kaum oder nicht erkennbar zahlreiche Prozesse im menschlichen Gehirn, welche das Hervorbringen und die Entfaltung der Bilder in Zeit und Raum bestimmen. Diese Prozesse bedienen sich der Regeln und Strategien, die in sogenannten disponiblen Repräsentationen verkörpert sind. Sie sind wesentlich für das menschliche Denken, aber kein Inhalt der menschlichen Gedanken. Aus sogenannten Priming-Experimenten weiß man, dass diese Repräsentationen, auch wenn sie unterschwellig verarbeitet werden, doch den Verlauf von Gedankenmodellen beeinflussen und sogar etwas später plötzlich im Bewusstsein auftauchen können (Priming oder Bahnung bedeutet, dass man eine Repräsentation unvollständig aktiviert oder sie aktiviert, ohne die Aufmerksamkeit darauf zu richten).

Die Verarbeitung des Wissensstoffes und deren Übertragung in das Langzeitgedächtnis erfolgt durch positives oder negatives Feedback. Im Kontrollfluss des Lernvorganges mithilfe von Algorithmen, die den Adaptivitätsprozess stetig an das Lernniveau, die intellektuellen Fähigkeiten, die Wissensaufnahme und an die Bereitschaft des Studierenden, Wissen zu akzeptieren, anpassen, wird dies realisiert.

Der Adaptivitätsprozess kann in drei Funktionen unterteilt werden. Die erste Funktion bezieht sich auf die Ermittlung von Indikatoren für eine Adaption. Hier wird das Interaktionsverhalten des Benutzers beobachtet, indem Interaktionsmerkmale bezüglich ausgeführter Interaktionen protokolliert werden. Die zweite Funktion der Adaptivität umfasst alle Auswertungs- und Schlussfolgerungsverfahren eines adaptiven Systems. Die Indikatorwerte werden analysiert, um aus der Benutzerinteraktion begründete Schlüsse auf die Systemadaptionen zu ziehen. Die dritte Funktion der Adaptivität realisiert die Schlussfolgerungen in Form von Adaptionen von Systemeigenschaften, d. h. zusätzliche oder reduzierte Funktionen, geänderte Funktionsfolgen und Präsentationen.

Diese drei Funktionen werden in der Begriffstriade Afferenz – Inferenz – Efferenz ausgedrückt. Wie in einem Nervensystem werden bei der Afferenz alle eingehenden Ereignisse erfasst und dem Lernassistenten gemeldet. Dieser ordnet die eingehenden Ereignismeldungen, wertet sie, führt sie aus und überführt sie in Entscheidungen über Adaptionen.

Bei der Vermittlung von komplexem, neuem Wissen steht stets die Suche nach Vereinfachungsmöglichkeiten im Vordergrund [11]. Vereinfachen heißt, schwer durchschaubare Sachverhalte auf elementare Grundfunktionen zurückzuführen und sie so erfassbar zu machen.

Mit virtuellen, individuell gesteuerten 3D-Bewegungsabläufen lassen sich komplexe Vorgänge, wie beispielsweise die Funktionsweise eines Quantenelement-Computers, vereinfacht darstellen und aktiv bearbeiten, ohne deren Funktionsweise prinzipiell zu verändern. Das Individuum kann damit Erfahrungen im virtuellen Raum machen und mit eigenen Erfahrungen abgleichen. Virtuelle 3D-Bewegungsabläufe verdeutlichen den Praxisbezug von theoretischem Wissen. Der Nutzer kann in seinem Gehirn abgelegte Repräsentation mit den 3D Darstellungen und Bewegungsabläufen optimal verknüpfen. Wissensinhalte in 3D-Form, die vom Nutzer individuell bewegt werden können, lassen sich besser im Gedächtnis behalten, als 2D-Simulationen oder gar gesprochener oder eingeblendeter Text.

Bewertungs- und Gedächtnissystem hängen untrennbar zusammen, denn Gedächtnis ist nicht ohne Bewertung von neuem Wissen möglich, und jede Bewertung geschieht aufgrund des Gedächtnisses, d. h.

früherer Erfahrungen und Erkenntnisse. Die Wissensaufnahme mittels Nutzung der 3D-virtuellen-Realität
bietet zudem die Chance, dass das Individuum aktiv die
aufgenommenen Wissensinhalte in eigene Denkprozesse
umsetzt, dadurch neue Ideen kreiert und über sich und
die gesellschaftlichen und politischen Strukturen, die es zu
bestimmen suchen, nachdenkt.

Komplexe naturwissenschaftlich-technische bzw. biologisch-medizinische Lerninhalte, lassen sich meist nur in
mehreren Stufen reduzieren. Auf diese Weise entstehen
ganze Reduktionsreihen; dabei soll ein widerspruchsfreier
Übergang von der reduzierten Aussage bzw. Funktionsweise zur ursprünglichen Aussage möglich sein. Die ana-
lytische Betrachtung im Funktionsgefüge verhindert am
ehesten, dass sich beim Vereinfachungsprozess Teilaspekte
plötzlich selbstständig machen.

Dies bedeutet, dass Wissensinhalte in bewegungsorientierter, virtueller 3D-Form so angeboten werden
müssen, dass der Studierende oder Weiterzubildende in
der Lage ist, seine individuell gemachten Erfahrungen
mit den neu zu lernenden Wissensinhalten verknüpfen
zu können, die er in seinem Lebensumfeld nicht erfahren
kann.

Damit eröffnet sich für den Studierenden, so er will,
eine Weltsicht, die den Widerspruch seiner subjektiv-indi-
viduellen Erfahrungen mit den gesellschaftlich-objektiven
Interessen der politischen Bürokratie in den jeweiligen
Ländern aufzeigt. Individuen nehmen Informationen
unterschiedlich auf, und zwar aufgrund ihrer Sozialisation,
ihrer Umgebung, in der sie leben, sowie aufgrund ihres
Bildungs- und Wissensniveaus und bewerten die Informationen entsprechend. Die individuellen Erfahrungen
sind ja nicht objektive Realität, sondern sie sind immer
geprägt durch die Subjektivität des Individuums, das die
Erfahrungen macht. Die Erfahrungen drücken nicht bloß

aus, wie die Welt ist, sondern auch wie sie aus der Perspektive des Individuums sein könnte bzw. sollte.

Als Ausgangspunkt für das Entstehen individueller Erfahrungen können Arbeiten von Woituljewitsch [12], Wygotzkis [13, 14] und Galperins [15, 16] herangezogen werden, die die Entstehung der inneren geistigen Prozesse aus der ursprünglich äußeren Handlung abzuleiten versuchen. Der Hauptmechanismus der psychischen Entwicklung des Menschen ist – ihren Überlegungen zufolge – die Aneignung sozialer, historisch entstandener Arten und Formen der Handlung und ihre Umwandlung in innere psychische Prozesse, d. h. in subjektive Erfahrungen. Charakterisieren lässt sich ein derart umfassender Verinnerlichungsprozess wie folgt: Durch das spezifisch menschliche Handeln, das in zunehmendem Maße in Umgang mit neuen Innovationen übergeht, werden die Erfahrungen mit der Digitalisierung realisiert. Bei virtuellen 3D-Darstellungen, die sich über Bewegungen verändern lassen, beginnen praktische und geistige Handlungen ineinander überzugehen. Psychische und physische Erfahrungen fließen ineinander.

Die Vermittlung von Wissen rückt unterdessen mehr und mehr ins Augenmerk der digitalen Privatwirtschaft – und damit auch der großen Internetkonzerne. Zunächst wird dies Wissensinhalte produzieren, die von privaten Advertisern lediglich finanziert werden. Doch die Gefahr einer interessengetriebenen Wissensvermittlung wird zunehmend real: Ähnlich wie beim Native Advertising, das Werbung ununterscheidbar in die Wissensinhalte einbettet, könnten Konzerne buchstäblich an Geschichte und Wissenschaft mitschreiben, indem sie nur das von ihnen erwünschte Wissen vermitteln.

Die Gefahr einer Monopolisierung durch die großen Internetgiganten wird sichtbar: Beim Thema soziale virtuelle Realitäten preschen diese vorneweg.

Literatur

1. Buchan, N.R., Johnson, E.J., Croson, R.T.A.: Let's get personal: an international examination of the influence of communication, culture and social distance on other regarding preferences. J. Econ. Behav. Organ. **60**(3), 373–398 (2006)
2. Fiedler, M., Haruvy, E., Li, S.: Choice between trust games with different multipliers and social distance: a virtual world experiment, working paper (2008)
3. Galperin, P.J.: Die geistige Handlung als Grundlage für die Bildung von Gedanken und Vorstellungen. In: Lompscher, J. (Hrsg.) Probleme der Lerntheorie, S. 33–49. Volk und Wissen, Berlin (1966)
4. Ginsburg, H., Opper, S.: Piagets Theorie der geistigen Entwicklung, S. 69 ff. Klett-Cotta, Stuttgart (1882)
5. Litsche, G.: Lernen – Forschen – Erkennen. Dtsch. Z. Philos. **1970**(2), 174 ff. (1970)
6. Gadamer, H.G., Vogler, P. (Hrsg.): Neue Antropologie, S. 295 ff. Verl. Georg Thieme, Stuttgart (1974)
7. Laskowski, W., Pohlit, W.: Biophysik, vol. II, S. 295 ff. Verl. Georg Thieme, Stuttgart (1874)
8. Rizzolatti, G., Sinigaglia, C.: Mirrors in the Brain. How Our Minds Share Actions and Emotions. Übersetzt von Frances Anderson, Oxford University Press, S. 256. ISBN 0191030805 (2007)
9. Schmidt, R.F.: Neurophysiologie, S. 25 ff. Springer, Berlin (1971)
10. Lefrancois, G.R.: Psychologie des Lernen, S. 75 ff. Springer, Berlin (1976)
11. Hering, D.: Didaktische Vereinfachung. Einführung in das Problem des Wahrend von Wissenschaftlichkeit und Fasslichkeit der Aussagen im naturwissenschaftlichen und technischen Unterricht. Wissenschaftliche Zeitschrift der TU Dresden 8, 158/59(3), 609–611 (1949)
12. Woituljewitsch, W.L.: Über das Erwerben von Kenntnissen. Pädagogik **1**(2), (1952)

13. Wygotski, L.S.: Denken und Sprechen, S. 17 ff. Volk und Wissen, Berlin (1964)

14. Vygotsky, L.S.: Encyclopædia Britannica [on-line]. www. Britannica.com. [dostęp 2016-02-11]

15. Galperin, P.J.: Die geistige Handlung als Grundlage für die Bildung von Gedanken und Vorstellungen. I: Probleme der Lerntheorie. Volk und Wissen, Berlin (1966)

16. Die Schule Galperins: Tätigkeitstheoretische Beiträge zum Begriffserwerb im Vor-und Grundschulalter (Schriftenreihe International Cultural-historical Human Sciences) Taschenbuch – 28. Mai 2004

Teil I

Virtuelle Universität – Wissen wird global

2

Arbeit in einer künftigen digitalen Gesellschaftsordnung

Inhaltsverzeichnis

Die Veränderung der Arbeitswelt, hervorgerufen von der Digitalisierung und der sich entwickelnden Künstlichen Intelligenz, ruft vor allem Zukunftsängste hervor, weil sie mit habitualisierten Stabilitätserwartungen (auf individueller und institutioneller Ebene) kollidiert, die zu einer Verringerung der individuellen Planungssicherheit führt, erhöhte Lern- und Anpassungsbereitschaften fordert und eine neue Auseinandersetzung mit individuellen Lebensrisiken erzwingt. Wie aber gelingt dies, ohne dass bei den Menschen Ängste und Ressentiments entstehen, ihren Job zu verlieren und damit sich selbst zu verändern? In den Köpfen kommt die Bereitschaft, sich mit der neuen

© Springer-Verlag GmbH Deutschland, ein Teil von Springer Nature 2020
H. Frey und D. Beste, *Virtuelle Universität,* Technik im Fokus,
https://doi.org/10.1007/978-3-662-59531-2_2

Arbeitswelt auseinanderzusetzen erst an, wenn alle verstehen, warum sie tun, was sie tun. Arbeit findet heute in einer von Daten getriebenen, beschleunigten Welt statt. Der Kontext für die Arbeit verändert sich grundlegend – und damit die Arbeit selbst.

Damit wird vor allem der Trend beschrieben, dass intelligente und vernetzte Gegenstände sowie Onlineplattformen und virtuelle Marktplätze zunehmend in den Alltag und in Wertschöpfungsketten vordringen. Im Ergebnis verschwindet so zum Beispiel das Internet zunehmend aus der direkten Wahrnehmung, obwohl seine Bedeutung weiterhin steigt und seine Präsenz zunimmt. Die Digitalisierung schreitet auf diese Weise weiter voran; sie erreicht inzwischen eine Stufe, auf der sich ihr Ausmaß erst bei genauerer Betrachtung erschließt.

Der Wandel kann als ein Prozess der „kreativen Zerstörung" bezeichnet werden. Unternehmen verschwinden vom Markt oder werden von Großkonzernen assimiliert, ebenso einstmals mächtige Wirtschaftszweige und altbekannte Berufe. Gleichzeitig entstehen neue Tätigkeitsfelder, Unternehmungen und Branchen.

Wer braucht noch geregelte Arbeitszeiten in Fabrikhallen, wenn es dort demnächst kaum noch Mitarbeiter gibt und stattdessen Roboter in großem Umfang Jobs übernehmen? Wer debattiert noch über Lohngerechtigkeit zwischen männlichen und weiblichen Angestellten in Büros, wenn der Sachbearbeiter und die Sachbearbeiterin weitgehend durch Algorithmen ersetzt werden?

Die Konsequenzen der digitalen Technologien für Arbeit lassen sich durch ein begriffliches Schema fassen, das mit dem Rückgriff auf Analysen der Wirtschaftswissenschaftlerin Shoshana Zuboff [1] über die sozialen Folgen von Informationstechnologien zwischen den Dimensionen der Automatisierung, der Informatisierung und der Transformation unterscheidet.

Diese Unterscheidung ermöglicht ein Verständnis von Digitalisierung, das sowohl Kontinuitäten als auch Diskontinuitäten gesellschaftlicher Entwicklungsprozesse einschließt. Die Dimension der Automatisierung bezieht sich auf die traditionelle Logik technologischer Rationalisierung, mit der die Abhängigkeit der Produktionsprozesse von menschlicher Arbeit reduziert wird. Die Dimension der Informatisierung bezeichnet hingegen die neue Qualität der digitalen Technologien, nämlich eine steigende Verfügbarkeit von Daten und Informationen über Arbeits- und soziale Prozesse. Mit Transformation sind die Möglichkeiten der Planung, Steuerung und Reorganisation von Arbeits- und Wertschöpfungsprozessen angesprochen. Ausgehend von diesen Unterscheidungen lassen sich verschiedene, teilweise widersprüchliche Szenarien zur Entwicklung von Arbeit beschreiben.

Ein Szenario ist das „Upgrading" von Tätigkeiten mit den dafür erforderlichen Qualifikationen. Das Upgrading von Qualifikationen ist demnach Folge der Digitalisierung vor allem einfacher und gering qualifizierter Tätigkeiten. Es findet eine Substitution einfacher Tätigkeiten statt, wie sie in der nationalen und internationalen Digitalisierungsdebatte vielfach prognostiziert und mit weitreichenden Arbeitsplatzverlusten verbunden wird.

Betroffen sind Tätigkeiten etwa in der Logistik, der Montage, den Finanzdienstleistungen und der allgemeinen Verwaltung, die sich durch einen hohen Routinecharakter, begrenzte Handlungskomplexität und geringe Anforderungen an Erfahrungswissen auszeichnen und die sich daher relativ problemlos durch Algorithmen ersetzen lassen.

Darüber hinaus ist Upgrading aber auch als ein Prozess zu verstehen, der tendenziell alle Beschäftigtengruppen erfasst. Upgrading wird in dieser Perspektive als Informatisierung von Arbeit verstanden, die die Verfügbarkeit einer großen Vielfalt von Informationen über laufende Prozesse steigen lässt. Deren Komplexität und Nutzung führt demzufolge grundsätzlich zu bislang nicht gekannten Anforderungen an Tätigkeiten. Zuboff spricht von einer wachsenden Bedeutung von intellective skills, die vor allem auf einem theoretischen Verständnis von Prozessen beruhten, das Voraussetzung und Folge der Nutzung der jetzt verfügbaren Informationen sei. Als Gewinner des fortschreitenden Einsatzes digitalisierter Technologien werden in diesem Kontext vor allem aber jene Beschäftigtengruppen angesehen, die ohnehin schon über höhere Qualifikationen und Handlungsressourcen verfügen.

Illustrieren lässt sich diese Auffassung am Beispiel des Robotereinsatzes in Montageprozessen oder in der Pflege. Durch die Automatisierung der Routineaufgaben können neue, anspruchsvollere Aufgaben wie Umrüsten, Einrichten, oder Diagnoseerstellung entstehen, die zu Tätigkeiten eines neuen Typs gebündelt werden können.

Ein anderes Szenario kann als „Polarisierung" bezeichnet werden. Dies wird in der internationalen Debatte in Hinblick auf die makrostrukturelle Entwicklung von Arbeitsmärkten diskutiert.

Der Kern dieses Szenarios ist, dass mittlere Qualifikationsgruppen massiv an Bedeutung verlieren und sich daher zunehmend eine Schere öffnet zwischen komplexen Tätigkeiten mit hohen Qualifikationsanforderungen einerseits und einfachen Tätigkeiten mit niedrigem Qualifikationsniveau andererseits. Denn durch den Einsatz digitaler Technologien werde zunehmend eine Automatisierung und auch eine Entwertung der Jobs mittlerer Qualifikationsgruppen Platz greifen. Daher werden einfache Tätigkeiten auch kaum, wie die Upgrading-These unterstellt, durch Automatisierung tendenziell verschwinden, vielmehr bleiben sie vielfach erhalten und es entstehen neue einfache Tätigkeiten mit niedrigen Qualifikationsanforderungen.

Als Ursache einer fortschreitenden Polarisierung und insbesondere der Erosion der mittleren Qualifikationsgruppen kann ein Zusammenspiel von Automatisierung und Informatisierung angesehen werden. Die Voraussetzung hierfür ist, dass es sich dabei um Tätigkeiten handelt, die einen gut strukturierten und regelorientierten Charakter aufweisen und daher, ähnlich wie viele einfache Tätigkeiten, algorithmisiert werden können. Weiterhin wird argumentiert, dass durch Informatisierung die Beschäftigten zwar über ein Mehr an Informationen und Daten über laufende Prozesse verfügen, jedoch computergestützte Informationsvorgaben, etwa über entsprechend ausgelegte Assistenzsysteme, ursprünglich komplexe Tätigkeiten durch ihre Modellierung und Formalisierung zugleich weitreichend standardisieren können. Dieser Trend wird auch als „Digital Taylorism" bezeichnet, da die digitalen Technologien eine Optimierung nach Frederick Winslow Taylors Prinzipien der Arbeitsvereinfachung und der Arbeitskontrolle gerade auch für komplexe Tätigkeiten erlauben. So können beispielsweise durch den Einsatz entsprechend ausgelegter Assistenzsysteme viele Tätigkeiten relativ problemlos arbeitsteilig in Teiloperationen zerlegt und vereinfacht werden sowie mit restriktiven Arbeitsvorgaben, die kaum noch Handlungsspielräume erlauben, versehen werden.

Ein drittes Szenario der Entwicklung von Arbeit kann als „Flexibilisierung und Entgrenzung" von Arbeit in zeitlicher, organisatorischer und räumlicher Hinsicht bezeichnet werden. Eine Voraussetzung hierfür sind die mit den neuen Technologien gegebenen weitreichenden Planungs- und Steuerungsmöglichkeiten von Wertschöpfungsprozessen in ihrer Gesamtheit.

In Hinblick auf das Verhältnis von Künstlicher Intelligenz und Arbeit werden damit neue Fragen nach dem Substitutionspotenzial menschlicher Arbeit und einer zukünftig denkbaren Arbeitsteilung zwischen intelligenten Maschinen und menschlichem Handeln aufgeworfen. Unmittelbar verknüpft damit ist vor allem auch die normative Frage, unter welchen Bedingungen beim Einsatz lernfähiger und „kontextsensitiver" Maschinensysteme menschliche Handlungsverantwortung überhaupt noch gesichert werden kann. Allerdings sind diese Entwicklungsperspektiven und ihre sozialen Konsequenzen bislang keineswegs ausgelotet. Selbst wenn sich aber diese technologischen Perspektiven als realisierbar und unter industriellen Bedingungen als nutzbar erweisen sollten, dürften sich kaum generelle und eindeutig prognostizierbare Trends des Wandels von Arbeit abzeichnen.

Keine Analysen von Arbeitsmarktexperten und Ökonomen vermag diese beunruhigenden objektiven Ungewissheiten zu beseitigen, durch die sich die neue Arbeitswelt dem Zugriff längerfristiger Prognosen und Planungen immer mehr entzieht. Es gibt Dutzende großer Studien zur Frage, ob Roboter, Automaten und intelligente, selbstlernende Algorithmen menschliche Arbeit überflüssig machen. Jack Ma, Chef des chinesischen E-Commerce-Konzerns Alibaba, erwartet, dass die künstliche Intelligenz gemeinsam mit der Automatisierung in den nächsten drei Jahrzehnten bis zu 800 Mio. Jobs weltweit überflüssig machen.

Niemand weiß, welche Prognose zutrifft. Bislang hat die Digitalisierung mit Netzwerkeffekten und exponentieller Beschleunigung noch alle Gewissheiten aufgelöst. Der Umbruch aber läuft.

Allerdings finden sich gleichwohl Hinweise auf einen Rückgang von Arbeitsvolumen und Lohnniveau für Beschäftigte mit geringer bis mittlerer Qualifikation. Dies deutet darauf hin, dass die Auswirkungen der digitalen Revolution für verschiedene Bildungs- und Qualifikationsniveaus unterschiedlich ausfallen. Eine Virtuelle Universität zum Erwerb von Qualifikationen kann dabei in Verbindung mit Kreditpunkten eine bedeutende Rolle einnehmen.

Wie rapide die Veränderung in kurzer Zeit sein kann, sieht man am Beispiel von Anwälten, die bisher gut dafür bezahlt werden, Dokumente zu analysieren und darin nach Anhaltspunkten für Unregelmäßigkeiten zu suchen. Diese sogenannten „litigation support"-Anwälte machen vor allem eines: Berge von Akten, E-Mails und Geschäftsunterlagen durchforsten. Algorithmen – mit ein paar wenigen hoch spezialisierten Menschen als Unterstützung – können dies mittlerweile besser, schneller und billiger, selbst wenn dazu zuerst Papierberge digitalisiert werden müssen. Nach Mustern für Bestechung, Rechtsverstöße und verdächtige Absprachen zu suchen ist kein Arbeitsplatz für Hunderte Anwälte mehr, die zweihundertfünfzig Dollar die Stunde kosten, sondern nur noch eine Aufgabe für eine Handvoll Spezialisten und ihre Computer.

Der Wandel zur Wissens- und Informationsgesellschaft zieht jedoch noch weitere fundamentale Herausforderungen nach sich. Denn „Wissen" hat Eigenschaften eines öffentlichen Gutes. Dazu zählt die Nicht-Rivalität im Konsum wie auch prinzipiell die Nicht-Ausschließbarkeit der Nutzung.

Zwei Dinge sind klar: Erstens, die Künstliche Intelligenz entwickelt sich derzeit stürmisch und feiert einen Erfolg nach dem anderen, gemeinsam mit der Strukturverkleinerung der damit verbundenen höheren Rechenleistung bei geringerem Energieverbrauch von Prozessoren und Speichern. Zweites, die Digital-Konzerne investieren Milliarden in die Forschung und Entwicklung. Es ist daher abzusehen, dass Algorithmen immer mehr und schneller lernen werden.

Das führt unausweichlich zu drei Fragen: Erstens, was werden automatische, künstliche Systeme können? Zweitens, wie werden sie die gesellschaftlichen und ökonomischen Strukturen verändern? Und drittens, was wird aus dem Gros der Menschen? Über eine weitere Alternative Arbeit zu schaffen diskutieren Ökonomen seit den achtziger Jahren, in der sich künftig angeblich enorme Felder für produktive Arbeit auftun sollen. Das Wissenschaftsmagazin Nature kam 2017 zum Schluss [2], dass Menschen in der Wirtschaft über Online-Plattformen kleine kurzfristige Jobs finden, sogenanntes crowdworking, vorausgesetzt sie sind flexibel, vielseitig und eigenmotiviert.

Crowdworker schreiben inzwischen Texte, suchen im Internet nach Bauteilen für Produkte, erstellen Spezifikationen für Geräte, testen Handys, entwerfen Verpackungen, betreiben Marktforschung, entwickeln Software nach Vorgabe und gestalten Werbekampagnen, und sie tun dies eben auch im Auftrag großer Konzerne. Crowdworker tun heute fast alles, was auch normale Angestellte tun. Nur sind sie das eben nicht – normal angestellt. Man spricht bereits von einer gig economy, einer Ökonomie, in der Arbeitnehmer kein festes Gehalt mehr bekommen, sondern nur noch Gagen für lauter kurze Einsätze, die gigs. Gering qualifizierte Arbeiten werden indes schrittweise durch Algorithmen übernommen, mit der Folge, dass der Aufbau einer Virtuellen Universität, die jeder ohne Ausnahme besuchen kann, immer wichtiger wird.

2.1 Wissenschaftliche Aspekte

Die moderne Technik entwickelte sich erst, als sie sich auf messbare und damit reproduzierbare Erkenntnisse der Naturwissenschaft stützen konnte. Das naturwissenschaftliche, rationale Denken betrachtet die Natur als ein berechenbares System von sich gegenseitig beeinflussten Kräften. Typische Beispiele dafür sind Gesetze der Physik, die in Form von Differenzialgleichungen formuliert werden. Die Lösung einer solchen Differenzialgleichung bedeutet nichts anderes, als die Konstruktion eines Phänomens aus infinitesimalen Teil-Phänomenen. Die neuzeitliche Physik ist nicht deshalb Experimentalphysik, weil sie technische Geräte und Apparaturen zur Befragung der Natur einsetzt, sondern umgekehrt: weil die Physik – und zwar schon als reine Theorie – die Natur daraufhin zwingt, sich als einen vorausberechenbaren Zusammenhang von Kräften darzustellen; deshalb wird das Experiment bestellt, nämlich zur Befragung, ob sich die so gestellte Natur meldet und wie sie dies tut. Die daraus folgenden Erkenntnisse, formuliert als Theorien, sind nicht als fertig oder abgeschlossen anzusehen. Die Theorien erfahren vielmehr unter dem Zwang neuer Daten und neuer Deduktionen eine beständige Verfeinerung und Umstrukturierung.

Ein Beispiel dafür bieten die verschiedenen Erhaltungssätze wie z. B. der Energiesatz, der besagt, dass es unmöglich ist, ein Perpetuum mobile zu bauen. In ähnlicher Weise schließt der zweite Hauptsatz der Thermodynamik die Möglichkeit aus, dass bei einer Wärmekraftmaschine, die Wärme in mechanische oder elektrische Energie umwandelt, ein Wirkungsgrad von 100 % erreicht werden kann. Weitere Beispiele solcher eingrenzenden Bedingungen betreffen die Ausbreitung physikalischer Wirkungen mit Lichtgeschwindigkeit oder die Messbarkeit von subatomaren Prozessen. So lösen sich auf subatomarer Ebene die festen materiellen Objekte der klassischen Physik in wellenartige Wahrscheinlichkeitsstrukturen auf, und zwar in Wahrscheinlichkeiten von Wechselwirkungen.

Eine sorgfältige Analyse des Vorganges durch Beobachtung in der Atomphysik zeigt, dass die subatomaren Teilchen als isolierte Einheiten keine Bedeutung haben, sondern dass sie nur als Wechselwirkungen oder Korrelationen zwischen verschiedenen Beobachtungsvorgängen oder Messungen verstanden werden können. Subatomare Teilchen sind also keine Objekte, sondern Verknüpfungen zwischen Objekten, und diese Objekte sind ihrerseits Verknüpfungen zwischen anderen Objekten und so fort. In der Quantentheorie langt man niemals bei Objekten an, man hat es immer mit Geweben von Wechselwirkungen zu tun.

Auf diese Weise enthüllt die moderne Physik die grundlegende Einheit. Sie zeigt, dass man die Welt nicht in unabhängig voneinander existierende kleinste Einheiten zerlegen kann. Beim Eindringen in die Materie findet man keine isolierten Grundbausteine, sondern vielmehr ein kompliziertes Gewebe von Beziehungen zwischen den verschiedenen Teilen eines einheitlichen Ganzen. Heisenberg [3] drückte das so aus: „So erscheint die Welt als kompliziertes Gewebe von Vorgängen, in dem sehr verschiedenartige Verknüpfungen sich abwechseln, sich überschneiden und zusammenwirken und auf diese Art und in dieser Weise schließlich die Struktur des ganzen Gewebes bestimmen."

Die Quantentheorie, die mathematische Beschreibung des Dualismus von Teilchen und Welle, hat Anfang des zwanzigsten Jahrhunderts das Bild vom Verhalten der Natur auf an sie gerichtete Fragen grundlegend geändert. Die Lösung des Teilchen/Welle Paradoxons nötigte die Wissenschaftler, einen Aspekt der Wirklichkeit zu akzeptieren, die die Grundlage der bisherigen mechanistischen, begründet von Newton, infrage stellte – die Vorstellung von der Wirklichkeit von Materie. Auf subatomarer Ebene existiert die Materie nicht mit Sicherheit an bestimmten

Orten, sondern zeigt vielmehr Tendenzen zu existieren; atomare Vorgänge laufen nicht mit Sicherheit zu bestimmten Zeiten und auf bestimmte Weise ab, sondern zeigen eher die Tendenzen aufzutreten. In der mathematischen Beschreibung der Quantentheorie werden diese Tendenzen als Wahrscheinlichkeit ausgedrückt und mit Größen in Verbindung gebracht, welche die Form von Wellen annehmen. Die Entdeckung des Doppelaspekts der Materie und der fundamentalen Rolle der Wahrscheinlichkeit hat die klassische Vorstellung von festen Objekten zerstört.

Die zweite Revolution, die allgemeine Relativitätstheorie, kollidiert noch zum Teil mit den Aussagen der Quantentheorie. Die Relativitätstheorie, entwickelt von Einstein, hat einen drastischen Wandel der menschlichen Vorstellungen von Raum und Zeit bewirkt. Sie hat dazu gezwungen, die klassischen Ideen von einem absoluten Raum als Bühne der physikalischen Erscheinungen und von der absoluten Zeit als einer vom Raum getrennten Dimension aufzugeben. Nach Einstein sind Raum und Zeit relative Vorstellungen, reduziert auf die subjektive Rolle von Elementen der Sprache, die ein bestimmter Beobachter zur Beschreibung von Naturerscheinungen benutzt. Um eine genaue Beschreibung von Phänomenen mit annähernder Lichtgeschwindigkeit zu ermöglichen, muss ein relativistischer Rahmen benutzt werden, ein Rahmen, der Zeit mit den drei Raumkoordinaten verknüpft und damit diese zum Ziel zu einer vierten Koordinate macht, die in Relation zum Beobachter spezifiziert werden muss. In einem solchen Rahmen sind Raum und Zeit aufs engste und untrennbar miteinander verbunden und bilden ein vierdimensionales Kontinuum – genannt Raum-Zeit. In der relativistischen Physik kann man niemals von Raum sprechen, ohne zugleich von Zeit zu sprechen, und umgekehrt.

Das Universum ist also ein einheitliches Ganzes, das bis zu einem gewissen Grad in getrennte Teile zerlegt werden kann, in Objekte, bestehend aus Molekülen und Atomen, die ihrerseits aus Teilchen bestehen. Doch hier auf der Ebene der Teilchen, gilt der Begriff separater Teile nicht mehr. Die subatomaren Teilchen – und somit letztlich alle Teile des Universums – können nicht als isolierte Einheiten verstanden werden, sondern lassen sich nur durch ihre Wechselbeziehungen definieren. Diese Verlagerung von Objekten zu Zusammenhängen hat weitreichende Implikationen für die Naturwissenschaft und damit für das technische Handeln insgesamt. Jedes technische System sollte daher nicht durch das definiert werden, was es an sich ist, sondern durch seine Wechselwirkungen mit der materiellen Welt.

Beziehen sich Physik und Chemie auf die Struktur der Materie, wie sie sich bisher beschreiben lässt, so lassen sich beide zu einer einheitlichen Wissenschaft verschmelzen, in der die Biologie mit ihren komplexeren Strukturen und der Unterscheidung zwischen belebter und unbelebter Materie langsam integriert wird. Die Biologie setzt sich gegenwärtig noch mehr mit Reaktionen und deren Analyse unter der Prämisse Versuch und Irrtum auseinander, während die Physik und auch die Chemie mathematische Modelle zur Beschreibung von Experimenten benutzen bevor ein Experiment überhaupt durchgeführt wird. Allerdings dringen auch hier langsam mathematische Modelle vor. Nicht zuletzt in der Biomedizin insbesondere in der Hirnforschung helfen mathematische Modelle das Zusammenspiel einzelner Gehirnregionen bei komplexen menschlichen Verhaltensweisen aufzuklären. Die Wissenschaftler, die sich mit der Künstlichen Intelligenz beschäftigen, entwickeln künstliche neuronale Netze in denen Informationen verarbeitet werden – ähnlich wie im Gehirn – in verschiedenen Hierarchiestufen angeordnet sind und so Deep Learning ermöglichen. Der Witz dabei: Der Programmierer muss nicht mehr alles vorgeben, die Maschine erstellt aus riesigen Datensätzen selbstständig Konzepte und Modelle, d. h. Wissen wird automatisiert. Wissen wird nicht mehr von Menschen gedacht und aufgeschrieben, sondern aus verschiedenen Datensätzen neu zusammengefügt und errechnet. Selbstlernende Algorithmen beginnen Probleme zu lösen.

Der größte Fortschritt der Menschheit bis zum heutigen Tage ist die Gentechnik. Durch diese hat der Mensch rein theoretisch die Möglichkeit, einen Menschen zu klonen und auch Mängel und Krankheiten in der menschlichen DNA zu beheben. Aufgrund einer möglichen DNA-Veränderung können Erbkrankheiten und andere Mängel, die Einfluss auf ein ungestörtes Leben eines Menschen haben, behoben werden. Das Erkennen von Krankheiten eines Menschen schon im Mutterleib kann helfen, schon früh die Krankheiten zu behandeln, kann aber auch über Leben und Tod des Kindes entscheiden.

Gentechnik kann aber nicht nur helfen Krankheiten zu verhindern, sie kann auch helfen, Krankheiten mittels therapeutischem Klonen zu heilen. Noch ist dies eine Zukunftsvision, an der aber intensiv geforscht wird. Mithilfe von Embryonen soll es eines Tages möglich sein, Gewebe, vielleicht Organe, zu züchten, die kranken Menschen eingepflanzt werden können. Dazu werden Embryonen im allerersten Anfangsstadium nach wenigen Zellteilungen zerstört. Die einzelnen Zellen züchtet man weiter, um ein entsprechendes Gewebe zu erzeugen. Noch weiterreichend ist die Überlegung, diese Stammzellen eines Tages als heilsame Therapie einem Patienten anstelle geschädigter oder zerstörter Körperzellen direkt in ein Organ einzupflanzen. Eine Weiterführung dieses Gedankens wäre der Sieg über den Krebs, der jährlich mehrere Millionen Leben dahinrafft.

Ein weiters Beispiel ist der Einsatz von Gehirn-schrittmachern zur Behandlung von Parkinson und Depressionen. Künftig wird es wahrscheinlich möglich sein, Teile des Gehirns nach einem Schlaganfall durch neuronale Implantate, basierend auf DNA-Chips, zu ersetzen. Biochemiker gehen davon aus, dass solche Bio-chips mehr einem Netzwerk analog dem menschlichen Gehirn gleichen. Sie glauben, dass ins Gehirn implantierte Biochips Blinde sehen und Taube hören lassen. Sol-che Hirnimplantate können dann auch genutzt werden, um das Gehirn mit dem Wissen im Netz aufzurüsten. Das Cyborg-Enhancement, also die Optimierung eines Organismus durch Verschalten von implantierten Bio-chips mit digitalen Systemen, zielt aber auch direkt auf die menschlichen Sinnesfähigkeiten: Möglicherweise lässt sich die ästhetische Sensibilität verbessern, wodurch sich die individuelle Vorstellung von Realität verändert.

Noch bleibt ein bedeutender Teil der Daten den Com-putern verschlossen wie einem Analphabeten ein Buch: die im Netz und auf Computern Tag für Tag anschwellende Masse an Texten und Bildern. Mit der Entwicklung eines alphabetisierten Algorithmus, der unstrukturierte Texte verstehen kann, ist der nächste Schritt hin zu einer Gesell-schaft getan, in der Segmente menschlichen Verhaltens auf die Ebene von rational gesteuerten Maschinenteilen absinken.

Das Kalkül: Kein Arzt der Erde kann alle Studien zu seinem Fach lesen und bewerten, kein Jurist bin-nen Sekunden Tausende Seiten erfassen und bewerten, kein Risikoanalyst einer Bank alle Nachrichten zu einem Thema in seine Entscheidungen einbeziehen – kein Ver-fassungsschützer das ganze Internet durchforsten. Com-puter, die zu alledem in der Lage sind, verleiten den Menschen zur meinungslosen Bequemlichkeit. Sie werden zu einer Art Agenten der ethischen Neutralisierung. Sie verdecken das Antlitz des Menschen, sie verhindern die Unmittelbarkeit von Erfahrung und betäuben die Bereitschaft über sich selbst nachzudenken.

Noch ist es nicht soweit. Im Hinblick auf das sich potenzierende naturwissenschaftliche Wissen und dessen Transfer in neue Technologien mit der schleichenden Umwandlung des Subjekt Mensch in ein profitbringendes Objekt ist es notwendig, den naturwissenschaftlich-technischen Fortschritt mental zu beherrschen; man muss ihn beginnen zu meistern. Dies wird umso dringlicher, je mehr der Fortschritt der Herrschaft des Menschen zu entgleiten droht.

Die daraus resultierenden Folgen auf die Veränderung der Gesellschaftsstruktur, die abhängig wird von der Automation, gesteuert von selbstlernender, Künstlicher Intelligenz, bedient von Robotern, werden gravierend sein. Forscher um Andrew Berg [4] vom Internationalen Währungsfonds haben erläutert, was ihrer Meinung nach für Wohlstand und Wirtschaft folgt, wenn sich Roboter Menschen in dem, was sie können, immer stärker ähneln und Produkte automatisch hergestellt werden. Grob zusammengefasst: Die Wirtschaftsleistung wird ihrer Meinung nach (wesentlich) schneller wachsen. Zumindest in der Theorie könnte dies auch jedes demografische Problem lösen.

Der dahinterliegende Gedanke der Wirtschaftswissenschaftler ist: Menschen stellen mit Hilfe von sich im Prinzip selbstreproduzierenden Maschinen und Fertigungstechniken alle Güter und ein Teil von Dienstleistungen her, die dann konsumiert werden können bzw. sollen. Und hier beginnen die Ökonomen an ihren eigenen Theorien, die auf stetig wachsendem Konsum beruhen, zu scheitern. Allerdings: Solange die Bevölkerungszahl wächst, der Konsum weiter angekurbelt werden kann, solange funktionieren die Theorien noch.

Flexible, automatisch funktionierende Fertigungssysteme, bedient von Robotern, müssten, nach Vorstellungen von Wirtschaftswissenschaftlern, neben der Güterproduktion eine Automatisierungsdividende erarbeiten, über deren Verteilung die Politiker bestimmen. Der Weg dorthin ist keine Selbstverständlichkeit und erfordert nicht nur erhebliche Investitionen in technische und soziale Forschung und Entwicklung. Wenn es aber erst einmal einen Konsens gibt, der darauf fußt, dass die Automatisierungsdividende vergesellschaftet wird, ist dies möglicherweise ein Schritt auf dem Weg in eine neue Gesellschaftsstruktur.

2.1.1 Vom Silizium- zum Quanten-, zum Biochip

Basis der Künstlichen Intelligenz ist der Chip. Ohne stetige Strukturverkleinerung von mikroelektronischen Bauelementen mit der einhergehenden Steigerung der Rechnerleistung keine selbstlernenden Algorithmen.

2.1.1.1 Silizium-Chip

Ein Si-Chip hat gegenwärtig bis zu 10 Mrd. elektronische Bauteile – insbesondere Transistoren, aber auch Kondensatoren und andere elektronische Komponenten – in und auf einem Si – Kristallplättchen auf einer Fläche von ca. $(1–3)$ cm^2 integriert.

Si-Chipdesign
Die Funktionsweise eines Chips hängt vom Aufbau der Transistoren und des Gatters eines Chips ab. Designspezifikationen, wie Chipgröße, Anzahl von Transistoren pro Flächeneinheit, Tests und Produktionsparameter, werden

verwendet, um Schaltpläne zu erzeugen – symbolische Darstellungen der Transistoren und Verbindungen, die den Stromfluss durch einen Chip steuern.

Daraus erstellen die Entwickler dann schablonenartige Muster für jede Schicht, die Masken genannt werden. Die Entwickler verwenden Computer Aided Design (CAD) Workstations, um umfassende Simulationen und Tests der Chipfunktionen durchzuführen. Um einen Chip zu entwerfen, zu testen und feinabzustimmen und ihn für die Fertigung vorzubereiten, werden Hunderte von Menschen benötigt.

Si-Herstellung und Test

Die Herstellung von Chips ist ein komplexer Prozess, bei dem Hunderte von genau gesteuerten Schritten erforderlich sind, um strukturierte Schichten, die genau übereinander positioniert werden müssen, aus verschiedenen Materialien aufzubauen. Eine fotolithografische Methode wird zur Strukturierung verwendet, um mehrschichtige Transistoren und Verbindungen (elektrische Schaltungen) eines Chips auf einem Wafer zu erzeugen. Betrachtet man einen 300 mm Wafer so reicht schon ein Temperaturunterschied von 1 °C, um den er während der Belichtung wärmer wird aus, um seinen Durchmesser wegen der thermischen Ausdehnung des Siliziums um ca. 0,6 µm zu vergrößern. Somit könnte man nur ca. 1 Mio. elektronischer Bauteile auf dem gesamten Wafer mit der erforderlichen Passgenauigkeit herstellen. Dieses Problem übergeht man, indem man auf dem Wafer nicht alles auf einmal, sondern nur Teilfelder beleuchtet. Damit ist es möglich Hunderte von identischen Prozessoren in Chargen auf einer einzigen Siliziumscheibe zu erzeugen.

Sobald alle Schichten fertig sind testet ein Computer die fertigen Chips. Die Tests stellen sicher, dass die Chips den vorgegebenen Spezifikationen entsprechen. Jede

Halbierung der Größe erfordert eine neue Generation von Geräten mit geringeren Wellenlängen für die Fotolithografie.

Si-Hochleistungsverpackungen

Nach der Herstellung werden die Chips verpackt. Der Wafer wird in einzelne Chips zerschnitten, die rechteckig oder quadratisch sind. Der Chip ist zwischen ein Substrat und einem Wärmeverteiler gepackt. Das Paket schützt den Chip vor zu hoher Leitungsaufnahme und liefert die elektrischen Verbindungen, wenn es direkt in eine Computerplatine oder ein mobiles Gerät wie ein Smartphone oder Tablet gesteckt wird.

Mooresches Gesetz

Seit Jahrzehnten gibt es eine Faustregel bei der Verkleinerung der Strukturen auf einem Chip: Die Anzahl der Transistoren pro Chip verdoppelt sich etwa alle zwei Jahre. Dieses „Mooresche Gesetz" bedeutet im Allgemeinen auch, dass die Leistungsfähigkeit der Chips entsprechend ansteigt.

Die Chiphersteller schufen auf jeder Stufe mit den Softwareentwicklern und Anlagenbauern neue Verfahren zur Strukturverkleinerung und damit einhergehend neue Verfahrensprozesse, mit denen sie die Chipstrukturen verkleinern konnten.

Die Verdopplung beginnt indes zu stocken, und zwar aufgrund der Wärme. Die sich immer schneller durch immer kleinere Schaltkreise bewegenden Elektronen heizten die Chips zu stark auf. Durch Verzicht auf die Erhöhung der Taktfrequenz, das Tempo mit den Mikroprozessoren ihre Befehle abarbeiten, wird die Geschwindigkeit der Elektronen begrenzt, und die Chips heizen sich weniger auf.

Auch gestaltete man die Schaltkreise der Chips neu. Jeder Chip enthielt jetzt nicht mehr nur einen, sondern zwei, vier oder mehr Kerne. So konnte man trotz der stagnierenden Taktfrequenz weiterhin die Leistungskurve des Mooreschen Gesetzes einhalten. Solche Mehrkernprozessoren erlauben zusammen mit entsprechender Software eine weitere Steigerung der Gesamtrechenleistung ohne eine merkliche Erhöhung der Taktfrequenz (die bis in die 2000er Jahre übliche Technik, die Rechenleistung eines Mikroprozessors zu erhöhen). Mehrkernprozessoren bestehen aus mehreren voneinander unabhängigen Einheiten mit einem Rechen- und Steuerwerk, um die herum weitere Komponenten wie Cache und Memory Management Unit (MMU) angeordnet sind. Diese Einheiten werden als Prozessorkern bezeichnet. Im Sprachgebrauch sind die Begriffe Single-Core-Prozessor, Dual-Core-, Quad-Core- und Hexa-Core-Prozessor (Sechskernprozessor) gebräuchlich (nur selten: Triple-Core-, Octa-Core-Prozessor (Achtkern), Deca-Core-Prozessor (Zehnkern)). Da die Kerne eigenständige Prozessoren sind, werden die einzelnen Kerne häufig auch als CPU bezeichnet. Diese Bezeichnung „CPU" wird synonym zu „Core" genutzt, beispielsweise um in Mehrkernprozessoren oder System-on-a-Chip (SoC) mit weiteren integrierten Einheiten, z. B. einem Grafikprozessor (GPU), die Kerne mit Steuer- und Rechenwerk von den anderen Einheiten zu unterscheiden, siehe u. a. Accelerated Processing Unit (APU).

In der Praxis bedeutet die Verwendung von acht Prozessoren allerdings, dass ein Problem in acht Teile zerlegt werden muss – und das ist für viele Algorithmen schwierig oder gar unmöglich. Der Teil, der sich nicht parallelisieren lässt, begrenzt die Verbesserung.

Diese beiden Lösungsansätze, kombiniert mit kreativen Umgestaltungen, um Elektronenverluste und andere Effekte auszugleichen, haben dazu geführt, dass die Struktur der

Chips weiter verkleinert werden konnten. Die Frage ist jedoch, was Anfang der 2020er Jahre geschieht, wenn eine weitere Verkleinerung mit Silizium nicht mehr möglich ist, weil Quanteneffekte beginnen, zu dominieren.

Und für die nächsten Jahre sind bereits einige noch grundlegendere Grenzen in Sicht. Die fortschrittlichsten Mikroprozessoren sind heute mit Strukturen ausgestattet, die etwa 14 nm groß sind, kleiner als die meisten Viren. Anfang der 2020er Jahren wird die Grenze von zwei bis drei Nanometern erreicht. Bei dieser Größenordnung herrscht die Unschärferelation der Quantenmechanik über das Verhalten der Elektronen und macht Transistoren unzuverlässig. Und trotz gewaltiger Forschungsanstrengungen gibt es bislang keinen Nachfolger für die heutige Siliziumtechnologie.

Dabei fehlt es nicht an Ideen. Eine Möglichkeit wäre ein Paradigmenwechsel – beispielsweise hin zu Quantencomputern, die für bestimmte Berechnungen eine exponentielle Steigerung der Rechengeschwindigkeit versprechen. Oder zu neuromorphen Systemen, deren Elemente sich an den Neuronen des Gehirns orientieren. Doch keine dieser alternativen Ideen hat es bislang geschafft, wirklich außerhalb der Entwicklungslabore Fuß zu fassen.

2.1.1.2 Suche nach alternativen Materialien

Ein anderer Ansatz ist die Suche nach einem Ersatzmaterial für Silizium – einem Material also, das sich ähnlich wie Silizium als Basis elektronischer Bauelemente einsetzen lässt, aber weniger Wärme produziert. Kandidaten gibt es eine ganze Reihe, von zweidimensionalen Graphen-Verbindungen bis zu spintronischen Elementen. Spintronische Elemente arbeiten nicht mit sich bewegenden Elektronen, sondern mit umklappenden Elektronenspins.

Doch auch solche alternativen Materialien haben bislang nicht den Schritt vom Labor in die raue Wirklichkeit geschafft. Bleibt noch der architektonische Ansatz: Silizium als Material beibehalten, die Bauelemente aber ganz neu aufbauen. Eine beliebte Option ist der Übergang von zwei- auf dreidimensionale Strukturen. Statt flache Schaltkreise auf die Oberfläche eines Silizium-Wafers zu ätzen, stapelt man dünne Siliziumschichten mit Schaltkreisen übereinander. Auf diese Weise kann man zumindest theoretisch im gleichen Volumen eine größere Rechenleistung erhalten. In der Praxis funktioniert dieser Ansatz allerdings bislang nur bei Speicherchips. Denn bei ihnen gibt es kein Wärmeproblem – sie verbrauchen nicht permanent, sondern nur bei einem Speicherzugriff Energie.

Mikroprozessoren stellen eine weitaus größere Herausforderung dar: Stapelt man mehrere warme Schichten übereinander, so werden sie nur noch wärmer. Einen Ausweg bietet die Kombination von Speicher und Prozessor, denn mindestens 50 % der insgesamt erzeugten Wärme stammt allein vom Austausch der Daten zwischen diesen bislang getrennten Bauelementen. Das ist jedoch gar nicht so einfach, denn die gegenwärtigen Mikroprozessoren und Speicherchips sind so unterschiedlich, dass sie sich nicht in ein und derselben Fertigungsanlage herstellen lassen. Eine komplette Neuentwicklung der Strukturen der Bauelemente ist daher nötig.

Mehrere [5] Forschungsgruppen hoffen, genau das mittels einer Hybrid-Architektur zu schaffen, die Speichereinheiten und Transistoren aus Kohlenstoffnanoröhrchen gemeinsam übereinander packt. Die Kohlenstoffnanoröhrchen leiten außerdem den Strom von Schicht zu Schicht. Die Hoffnung ist, dass diese Architektur nur ein Tausendstel der Energie eines Standardchips benötigt.

Mobile Anwendungen und Daten sind zu einem großen Teil in ein weltweites Netz von Server-Farmen, der

Cloud, gewandert. Diese Zentren dominieren den Markt für leistungsfähige Mikroprozessoren.

Energieeffizienz, Konnektivität und Sicherheit als neue Herausforderungen

Energieeffizienz ist ein bedeutsamer Aspekt bei der Entwicklung neuer Chips, insbesondere wenn man die eingebetteten Sensoren des „Internets der Dinge" betrachtet, die ganz neue Methoden benötigen, um ohne Batterien oder Akkus auskommen zu können. Sie könnten ihre Energie beispielsweise aus der Wärme der Umgebung oder aus Vibrationen beziehen. Ebenfalls von hoher Priorität ist die Konnektivität: Milliarden von mobilen Geräten, die miteinander und mit der Cloud kommunizieren, erfordern eine große Bandbreite für die Datenübertragung. Forscher setzen dafür auf die Nutzung der bislang weitgehend ungenutzten Terahertz-Region tief im infraroten Bereich des Spektrums.

2.1.1.3 Auf dem Weg zum Quantenchip

Ob das Herz eines Quantencomputers, ähnlich wie das von heutigen Rechnern, aus Chips bestehen oder ganz anders aufgebaut sein wird, etwa aus geladenen Atomen, die in elektromagnetischen Feldern eingesperrt sind, weiß heute niemand. Denn die Forscher und Entwickler kämpfen mit einem Dilemma: Die „Qubits", mit denen der Quantencomputer rechnen wird, sind empfindlich wie Mimosen. Schon winzigste Energieeinträge aus der Umwelt genügen, um den quantenmechanischen Zustand zu zerstören – und damit die gespeicherte Information.

Unter Qubits versteht man physikalische Systeme, die sich beispielsweise durch ein Magnetfeld in einer von zwei Richtungen orientieren lassen. Anders als ein klassisches

Bit treten die Qubits allerdings nicht nur in exakt einem dieser beiden Zustände auf, sondern können auch alle möglichen Sowohl-als-auch-Zustände annehmen. Weil er mit solchen quantenmechanischen Mischzuständen hantiert, soll ein Quantencomputer einmal massiv parallel verarbeiten, was ein herkömmlicher Computer Schritt für Schritt berechnet.

Ein Beispiel deutet an, was Qubits vermögen: Die zwei herkömmlichen Bit 0 und 1 können gemeinsam nur die folgenden vier Kombinationen einnehmen: 0–0, 1–0, 0–1 oder 1–0. Zwei Qubits hingegen können wegen ihrer quantenmechanischen Fähigkeiten alle vier Zuständen zur selben Zeit einnehmen. Vier Qubits können die Zustände von 16 Bits abbilden, 20 Qubits können bereits die potenziellen Zustände von mehr als einer Million Bits einnehmen. Die Rechenkraft der Qubits steigt durch ihre Superpositionsfähigkeit exponentiell.

Das daraus resultierende Dilemma ist: Will man einerseits Qubits vom Rest der Welt isolieren, etwa indem man Ionen mit elektromagnetischen Feldern in einem Vakuum schweben lässt (in sogenannten Ionenfallen), muss man andererseits die berechnende Information in die Qubits irgendwie einspeichern und wieder ausgelesen. Oft geschieht das heute mithilfe eines aufwendigen Laserstrahlverfahrens. Es ließe sich zwar einfacher bewerkstelligen, wenn man die Qubits in supraleitenden Chips speichert und die Rechnungen mit Mikrowellensignalen kontrolliert. Doch dann sind die Qubits noch stärker der Umwelt ausgesetzt und verlieren binnen einer Mikrosekunde ihre Information.

Hinzu kommt ein weiteres Problem: Damit ein Quantencomputer rechnen kann, müssen mehrere Qubits so aneinandergekoppelt werden, dass sie einen gemeinsamen Quantenzustand bilden. Physiker sprechen von Verschränkung der Qubits. In den besser abgeschirmten Ionenfallen verschränkten Innsbrucker Physiker schon 2005 acht Qubits miteinander. In den supraleitenden Chips kamen Forscher bislang nur auf vier.

Ein Qubit besteht aus zwei Aluminiumschichten, die nebeneinander auf dem Chip aufgebracht wurden. Sie sind durch eine sehr schmale isolierende Schicht voneinander getrennt. Dennoch können, aufgrund des quantenphysikalischen Tunneleffekts, Elektronen von der einen zur anderen Aluminiuminsel gelangen. In Supraleitern verbinden sich Elektronen zu Paaren, sogenannten Cooper-Paaren. Damit das Aluminium supraleitend wird, muss es auf extrem niedrige Temperaturen von nur wenigen Grad über dem absoluten Nullpunkt heruntergekühlt werden. Einer der beiden Zustände des Qubits ergibt sich dadurch, dass ein Cooper-Paar von der einen zur anderen Aluminiuminsel gelangt, wodurch die erste Insel eine positive Ladung erhält. Der andere Zustand ist der elektrisch neutrale Ausgangszustand. Da ein Supraleiter ein Quantensystem darstellt, existieren beide Zustände gleichzeitig, das Qubit kann also die geforderten Sowohl-als-auch-Zustände einnehmen. Ein anderer Aufbau besteht ebenfalls aus einem Aluminium-Supraleiter, der durch eine Isolatorschicht in zwei Hälften geteilt ist. Allerdings wird das Qubit hier durch eine andere Eigenschaft des Quantensystems dargestellt: Indem man Strom durch die Anordnung schickt, kann das System nur in zwei Energiezuständen existieren, ähnlich wie ein magnetisches Atom in einem äußeren Magnetfeld.

Der Internet-Gigant Google hat Ergebnisse veröffentlicht, denen zufolge es viel einfacher sein soll als bisher angenommen, einen leistungsstarken Quantenrechner zu bauen.

Das große Ziel eines universellen Quantencomputers, der jeden heutigen Supercomputern in jeder Art von Berechnung schlagen würde, ist damit zwar noch lange nicht erreicht. Aber der Chip würde die Überlegenheit von Quantencomputern erstmals demonstrieren und damit einen Wendepunkt in der Geschichte der Computer-Technologie bedeuten.

Aneinandergekoppelt werden die Qubits durch den Austausch von Mikrowellen, die sich durch einen dünnen Kanal auf dem Chip fortpflanzen. Dieser Kanal dient gleichzeitig dazu, Information in Form von Mikrowellenpulsen in den Chip ein- und auszulesen. Beim anderen Chip werden die Qubits über Kondensatoren miteinander verbunden.

Forscher in aller Welt arbeiten an einwandfrei funktionierenden Quantencomputern. Wenn sie dereinst richtig rechnen, können Sie simulieren, wie sich Werkstoffe auf molekularer Ebene verhalten. Und sie würden etwa auch das autonome Fahren optimieren.

2.1.1.4 Vision Biochip

Eine Vision von Neurobiologen und Informatikern ist die Entwicklung eines Biochips. Prinzipiell ist jedes Gehirn ein vernetzter Biochip, man muss nur genau wissen, welche Gene für die Gehirnentwicklung zuständig sind, wie diese Biochips angesteuert werden können und wie sich diese Biochips kontrolliert herstellen lassen. Ein Biochip könnte ca. 1 Mrd. Mal schneller arbeiten als ein Siliziumchip und produzierte keine Abwärme. Die Fertigung wäre wenig mehr als das Herstellen der richtigen Suppe, in der sich die Biochip-Komponenten selbst zusammenfänden.

Ein solcher Biochip wäre in der Lage, die Umwelt über Biosensoren wahrzunehmen und dann mittels integrierter Algorithmen bestimmte Reaktionen im Organismus oder einer technischen Anlage zu veranlassen. Ein Biochip zur Speicherung von Daten ist im Prinzip mit einer DNA möglich. Die DNA ist in Form einer Doppel-helix aufgebaut. Ihre Bausteine sind vier verschiedene Nukleotide, die jeweils aus einem Phosphat-rest, dem Zucker Desoxyribose und einer von vier organischen Basen (Adenin, Thymin, Guanin und Cytosin, oft abgekürzt mit A, T, G und C) bestehen. Damit könnte man elegant ein Vierersystem, basierend auf der Zahl Vier, anstelle des Dualsystems wie bei den bisherigen Rechenanlagen nutzen. Auslesen könnte man gespeicherte Daten mittels Laserstrahlen oder Mikrowellen.

2.1.2 Cloud-Computing

Cloud Computing stellt IT-Infrastrukturen wie Speicher-platz, Rechenleistung, Anwendungssoftware und Portale als Dienstleistung über ein Netzwerk zur Verfügung, ohne dass diese auf dem lokalen Computer installiert sein müssen. Eine Cloud ist im Prinzip wie ein einfacher Computer aufgebaut. Dieser hat Prozessorkerne, Arbeitsspeicher, eine Festplatte und Programme. Diese Komponenten finden sich auch in einer Cloud, nur in einer Form, die massive Skalierung ermöglicht.

Es gibt unterschiedliche Arten von Cloud Computing.

Software-as-a-Service (SaaS)
In diesem Modell wird die Software in der Cloud ausgeführt. Installationen auf dem eigenen Rechner bzw. Server sind nicht mehr notwendig. Nutzer können die bereitgestellten Software-Anwendungen als Dienstleistung über das Internet nutzen. Bei Saas-Anwendungen hat der Nutzer nichts mit der Wartung und der Sicherstellung der Betriebsbereitschaft zu tun. Für die Nutzung werden Kosten fällig, die je nach Bedarf monatlich unterschiedlich ausfallen.

Platform-as-a-Service (PaaS)

Dieses Modell steht für die bedarfsgerechte Bereitstellung einer Entwicklungsumgebung und ist ebenfalls Teil des Cloud Computing-Konzeptes. Der Anbieter stellt dem Nutzer ein Programmiermodell und Entwicklerwerkzeuge. Damit kann dieser individuelle Anwendungen in der Cloud entwickeln, testen, nutzen und verwalten. Durch den Einsatz einer PaaS-Lösung braucht der Nutzer weder Server noch Hardware zu kaufen und zu warten. Die Abrechnung erfolgt nach dem Cloud Computing-Prinzip, d. h. die Höhe der Kosten richtet sich nach der tatsächlichen Nutzung.

Durch die Nutzung virtueller Sever können die Cloud-Computing-Kosten zudem reduziert werden.

Ein virtueller Server ist eine Virtualisierungssoftware, welche die Administration und den Zugriff auf mehrere virtuelle Maschinen ermöglicht. Als virtuelle Maschine bezeichnet man in der Informatik die Kapselung eines Rechnersystems mittels einer Software innerhalb eines anderen. Die virtuelle Maschine bildet die Rechnerarchitektur eines real in Hardware existierenden oder hypothetischen Rechners nach.

Infrastructure-as-a-Service (IaaS)

IaaS ist die bedarfsgerechte Bereitstellung von virtualisierter IT-Infrastruktur. Ihnen werden vom Anbieter alle Infrastruktur-Komponenten wie beispielsweise Server, Rechenleistung, Kommunikationsgeräte, Speicher, Archivierungs- und Backup-Systeme sowie weitere notwendige Komponenten der Rechenzentrums- und Netzinfrastruktur zur Verfügung gestellt. Der Umfang der Infrastruktur kann im IaaS-Modell nach Bedarf angepasst werden. Die Abrechnung richtet sich ebenfalls nach der tatsächlichen Nutzung. Der Benutzer greift auf bestehende

Dienste innerhalb des Systems zu, verwaltet aber seine Recheninstanzen weitestgehend selbst.

Der Vorteil gegenüber traditionellen Datencentern ist die Skalierbarkeit: Die Recheninstanzen können je nach Anforderungen beliebig um weitere Instanzen erweitert oder verkleinert werden. Der Nutzer hat dabei vollen Zugriff auf die Instanzen, er ist aber für die Instanzen ab der Betriebssystemebene selbst verantwortlich.

Je nach Nutzungsgrad und aktueller Situation lassen sich Hard- und Software bedarfsweise anmieten, um zum Beispiel saisonale Schwankungen bei Auftragseingängen oder Nachfragen nach Leistungen von Institutionen auszugleichen und damit schnell auf Veränderungen reagieren zu können.

Der größte Nachteil der Cloud ist, dass ohne Internetverbindung nichts funktioniert. Ebenfalls sollte eine stabile Bandbreite gegeben sein. Ansonsten können sich Verzögerungen beim Arbeiten in der Cloud negativ bemerkbar machen. Ein weiterer Punkt ist das Thema „Datensicherheit und Datenschutz". Wer sein Rechenzentrum in die Cloud auslagert, speichert die Daten nicht mehr im eigenen Haus. Die gespeicherten Daten liegen auf fremden Servern und werden bei Upload und Download durch das Internet geschleust.

Deshalb sollten wichtige Dateien von Unternehmen und Institutionen nicht auf einer Cloud gespeichert werden. Es ist daher sinnvoll, davon Backups auf externen Festplatten zu machen und diese dann zur Bearbeitung mit Computern zu öffnen, die nicht ans Internet angeschlossen sind, oder eine Blockchain zu nutzen. Alle weniger relevanten Dateien, die von unterwegs oder auf unterschiedlichen Geräten genutzt werden, lassen sich hingegen gefahrlos auf Cloud-Speicher legen. Die Absicherung des Zugriffs auf die Anwendungsdaten beim Transfer zwischen lokalem Client und entferntem Server, kann heute befriedigend gelöst werden. Vor dem Hochladen sollten indes auch hier alle Dateien verschlüsselt werden. Bei der Verschlüsselung ist darauf zu achten, dass man idealerweise AES-256-Bit verwendet. Hacker und Datendiebe, die sich vom Standort eines Servers und den dafür geltenden Datenschutzbestimmungen nicht beeindrucken lassen, stellen eine mögliche Gefahr für gespeicherte Daten dar.

Das heikelste Grundproblem, nämlich dass Administratoren des Cloud-Anbieters und der Dienste Zugriff auf die Nutzerdaten während der Verarbeitung haben, ist grundsätzlich ohne ein komplexes Management des verteilten Authentisierens und des dynamischen Autorisierens sowie der Kryptografie nicht zu lösen.

Ein Ansatz, der sich zur Behebung dieses Problems eignet, ist die Anwendung einer voll homomorphen Verschlüsselung. Dabei wird innerhalb der Cloud ausschließlich auf verschlüsselten Daten gerechnet, die im privaten Bereich dann wieder entschlüsselt werden können. Die Herausforderung liegt hier jedoch darin, Verschlüsselungsalgorithmen zu finden, die für einen massiven, großflächigen Einsatz beim Cloud Computing effizient genug arbeiten.

Bei der Entscheidung, eine Cloud zu nutzen, muss beachtet werden, dass ein Cloud-Anbieter jederzeit verschwinden kann, entweder weil er insolvent wird oder weil sich das Geschäft nicht lohnt und der Anbieter diesen Geschäftsbereich kurzerhand aufgibt. Ein weiteres Problem, mit dem sich der Nutzer einer Cloud auseinandersetzen muss, ist deren Betriebssicherheit. Kommt es zu Ausfällen, kann auf die gespeicherten Daten nicht zugegriffen werden.

2.1.3 Blockchain

Die Blockchain ist im Prinzip ein verteiltes Datenbankmanagementsystem. Dies ist keine Neuerung, denn dezentrale Datenbanken gibt es seit über 40 Jahren. Die entscheidende Innovation liegt in dem Konsensverfahren, welches die Blockchain vor Manipulationen schützt. Ein Eintrag auf der Blockchain bzw. die Bildung eines neuen Blocks gilt erst dann als validiert, wenn sich die Mehrheit aller Nutzer einig ist, erst dann wird die Erweiterung auf der dezentralen Datenbank unveränderlich eingetragen. Sämtliche Teilnehmer sind im Besitz einer vollständigen Kopie der Daten und jeder Eintrag wird bei sämtlichen Beteiligten abgespeichert. Der Name Blockchain (Datensatzkette) resultiert dabei aus ihrem Aufbau: Einzelne Transaktionen werden in Blöcke zusammengefasst und aneinandergehängt. Damit hat jeder Block genau einen Vorgänger und einen Nachfolger. Die Verknüpfungen sind unlösbar und können nicht mehr verändert werden. So entsteht eine digitale Verkettung – also ein digitales Transaktionsregister.

Durch die aufeinander aufbauende Speicherung von Daten in einer Blockchain können diese nicht nachträglich geändert werden, ohne die Integrität des Gesamtsystems zu beschädigen. Hierdurch wird die Manipulation von Daten erheblich erschwert. Der dezentrale Konsensmechanismus ersetzt die Notwendigkeit einer vertrauenswürdigen dritten Instanz zur Integritätsbestätigung von Transaktionen.

Zum einen bietet die Blockchain die Möglichkeit, dass Geräte, die zur Forschung eingesetzt werden, selbstständig und sicher miteinander kommunizieren. Zum anderen gewährleistet die Blockchain den automatischen digitalen Vertragsabschluss inklusive Bezahlung in einem manipulationssicheren Netzwerk. Über die Blockchain lassen sich beispielsweise Daten im Sinne eines elektronischen Vertragsmanagements, der sogenannten Smart Contracts, abbilden. Das heißt, Regeln und Prozesse werden formal beschrieben und automatisch überwacht. Die Idee dahinter sind automatisch ausgeführte Transaktionen, die durch einen Trigger, beispielsweise ein bestimmtes Ereignis, z. B. bestätige neue wissenschaftliche Erkenntnisse, ausgelöst werden. Das Ziel dieser Smart Contracts ist die Reduktion von Transaktionskosten und die Erhöhung der Sicherheit von Wissensinhalten.

Für die Funktion einer Virtuellen Universität ist dies entscheidend. Der Aufweichung von Wissensinhalten, durch falsche oder manipulierte Forschungsergebnisse, wird dadurch entgegengewirkt. Der Einfluss von politischen Institutionen wird reduziert bzw. verhindert.

Plausible Einsatzszenarien gibt es unter anderem in komplexen Supply Chains. Denn dort müssen viele Partner möglichst effizient zusammenarbeiten und sind auf einen sicheren und reibungslosen Datenaustausch angewiesen. Transaktionen in der Blockchain könnten hier künftig erheblich Zeit und Kosten sparen. Ein Beispiel dafür, wie Blockchain den internationalen Austausch von Grundlagenwissen beflügeln kann.

2.1.4 Vom lernenden Algorithmus zur Künstlichen Intelligenz

Deep Learning ist aktuell einer der spannendsten Forschungsbereiche im Rahmen der Künstlichen Intelligenz. Für eine Vielzahl von Fragestellungen liefern Deep Learning Modelle State-of-the-Art Ergebnisse, vor allem im Bereich der Bild-, Sequenz- und Spracherkennung. Weiterhin findet Deep Learning erfolgreich Anwendung bei der Entwicklung mobiler Fahrzeuge, in der Finanzwelt, in der Medizin und Biologie (Genomik), im e-Commerce (Recommendation Systeme) und im Web Umfeld (Anomalieerkennung).

Die theoretischen und methodischen Grundlagen für Deep Learning wurden bereits vor vielen Jahrzehnten in der 1950er durch die wissenschaftliche Entwicklung von neuronalen Netzen gelegt. Aufgrund verschiedener technischer und methodischer Begrenzungen waren damals wirkliche Netze, die aus hunderten oder tausenden von Elementen bestehen noch in weiter Ferne. Zunächst beschränkte sich die Forschung auf einzelne Einheiten neuronaler Netze, das Perzeptron.

Das **Perzeptron** ist ein vereinfachtes künstliches neuronales Netz, das zuerst von Frank Rosenblatt [6] 1958 vorgestellt wurde. Ein einfaches Perzeptron besteht aus einem einzelnen künstlichen Neuron mit anpassbaren Gewichtungen der Rechenschritte und einem Schwellenwert. Heutzutage unterscheidet man zwischen einlagigen und mehrlagigen Perzeptren (engl. multi-layer perceptron, MLP) [7]. Prinzipiell wird ein Eingabevektor in einen Ausgabevektor umgewandelt, das Perzeptron ist ein einfacher Assoziativspeicher.

Die in der Anfangszeit der Künstlichen Intelligenz gelösten Probleme waren für den Menschen intellektuell schwierig, aber für Computer einfach zu verarbeiten. Diese Probleme ließen sich durch formale mathematische Regeln beschreiben. Die wahre Herausforderung für die Künstliche Intelligenz bestand jedoch in der Lösung von Aufgaben, die für die Menschen leicht durchzuführen sind, deren Lösung sich aber nur schwer durch mathematische Regeln formulieren lassen. Dies sind Aufgaben, die der Mensch intuitiv löst, wie zum Beispiel Sprach- oder Gesichtserkennung.

Für einen Computer ist es schwierig, die Bedeutung von rohen sensorischen Eingangsdaten zu verstehen, wie beispielsweise in der Gesichtserkennung, wo ein Gesicht zunächst nur als eine Sammlung von Bildpunkten existiert. Die Überführung einer Menge von Bildpunkten in eine Kette von Bildern, die miteinander verglichen werden, ist sehr kompliziert. Komplexe Muster müssen aus Rohdaten extrahiert werden. Das Lernen oder Auswerten dieser Zuordnung scheint unüberwindbar schwierig, wenn sie manuell programmiert werden würde.

Die Lösung für diese Art von Aufgaben ist die Fähigkeit von Computersystemen, aus der Erfahrung zu lernen und Gestalten mithilfe einer Hierarchie von Ebenen eines neuronalen Netzes erkennen zu können. Der elementare Grundbaustein jedes neuronalen Netzes ist das Neuron; dies ist ein Knotenpunkt an dem ein oder mehrere Eingangssignale (Inputs) zusammentreffen und verarbeitet werden. Dabei kann es sich, je nachdem an welcher Stelle sich das Neuron im Netzwerk befindet, sowohl um Signale der Eingangsebene als auch Signale vorhergehender Neuronen handeln. Nach der Verarbeitung der Eingangssignale werden diese als Output an die nachfolgenden Neuronen weitergegeben. Formal gesprochen, ist der Output eines Neurons eine Funktion der Inputs, d. h. jede Ebene ist durch ihre Beziehung zu einfacher strukturierten Ebenen definiert. Die Hierarchie der neuronalen Netze erlaubt es dem Computer, komplizierte Wechselwirkungen zu erkennen, indem er sie aus einfacheren zusammensetzt.

Die erste Ebene des neuronalen Netzes, der sichtbare „input layer", verarbeitet eine Rohdateneingabe, wie z. B. die einzelnen Pixel eines Bildes. Die Dateneingabe enthält Variablen, die man beobachten kann, daher „sichtbare Ebene". Die sichtbare Ebene leitet ihre bearbeiteten Informationen an die nächste Ebene weiter. Diese zweite Ebene verarbeitet die Informationen und gibt das Ergebnis ebenfalls weiter. Die nächste Ebene nimmt die Informationen der zweiten Ebene entgegen und verarbeitet sie weiter. Diese Ebenen werden als versteckte Ebenen (hidden layers) bezeichnet. Zwischen den versteckten Ebenen können sich „neue" Informationen bilden, die eine Repräsentation der ursprünglichen Informationen darstellen. Diese Repräsentationen stellen eine Abwandlung bzw. Abstraktion der eigentlichen Eingangssignale dar. Die in ihnen enthaltenen Merkmale werden zunehmend abstrakt. Ihre Werte sind nicht in den Ursprungsdaten angegeben. Das gewählte Modell bestimmt, welche Ergebnisse für die Erklärung der Beziehungen in den beobachteten Daten nützlich sind. Dies geht über alle Ebenen des künstlichen neuronalen Netzes so weiter. Die endgültige Information wird im sichtbaren „output layer", der letzten Ebene, ausgegeben. Hierdurch wird die gewünschte, komplizierte Datenverarbeitung in eine Reihe von verschachtelten einfachen Zuordnungen unterteilt, die jeweils durch eine andere Ebene des Modells beschrieben werden.

Beim Prozess der Gesichtserkennung lernt so der Computer, menschliche Gesichter zu erkennen. Das menschliche Gesicht ist ein komplexes Objekt, es muss Augen, eine Nase, einen Mund und eine runde Form haben, für ein Computersystem bedeutet das, dass es viele Pixel in verschiedenen Farben gibt, die in verschiedenen Formen enthalten sind. Und um zu entscheiden, ob ein menschliches Gesicht auf einem Bild ist, muss der Computer all diese Objekte erkennen.

Grundsätzlich erkennt die erste versteckte Ebene Pixel von hell und dunkel, sie sind nicht sehr nützlich für die Gesichtserkennung, aber sie sind äußerst nützlich, um Kanten und einfache Formen auf der zweiten versteckten Ebene zu identifizieren. Die dritte versteckte Ebene weiß, wie komplexere Objekte aus Kanten und einfachen Formen zusammengesetzt werden. Schließlich wird die Ausgabeschicht am Ende ein menschliches Gesicht mit einiger Sicherheit erkennen können.

Im Grunde genommen bringt jede Ebene im neuronalen Netzwerk diese weiter von der Eingabe der rohen

Pixel näher an Ihr Ziel, ein menschliches Gesicht zu erkennen. Die Verbindungen zwischen den Neuronen sind derjenige Teil des neuronalen Netzes, der auf die vorliegenden Daten angepasst wird. Die Architektur des Netzes bleibt (zumindest in einfachen Architekturen) während des Trainings konstant. Die Resultate werden von Iteration zu Iteration so angepasst, dass der Fehler, den das neuronale Netz während des Trainings macht, immer weiter reduziert wird. Während des Trainings werden Abweichungen der Schätzung des Netzwerks von den tatsächlich beobachteten Datenpunkten berechnet. Nach der Berechnung des Gesamtfehlers werden die Wichtungen des Netzes rekursiv aktualisiert. Die Richtung dieser Aktualisierung wird so gewählt, dass der Fehler im nächsten Durchlauf kleiner wird. Diese Methodik nennt man „Gradient Descent" und beschreibt die iterative Anpassung der Modellparameter in entgegengesetzter Richtung zum Modellfehler. Auch heutzutage werden Deep Learning Modelle und neuronale Netze mittels Gradient Descent bzw. aktuelleren Abwandlungen davon trainiert.

Entgegen der weit verbreiteten Meinung, basieren moderne Deep Learning Modelle nur zu einem gewissen Teil aus Erkenntnissen der Neurowissenschaft. Zudem weiß man heute, dass die tatsächlichen Abläufe und Funktionen im Gehirn, die zur Verarbeitung von Informationen berechnet werden, wesentlich komplexer sind als in neuronalen Netzen abgebildet. Grundsätzlich kann jedoch die Idee, dass viele einzelne „Recheneinheiten" (Neuronen) durch eine Vernetzung untereinander Informationen intelligent verarbeiten, als Grundprinzip anerkannt werden.

Im Gehirn sind Neuronen über Synapsen miteinander verbunden, die sich zwischen Neuronen neu bilden bzw. allgemein verändern können. Die meisten Neuronen empfangen ihre Eingangssignale über die Dendriten, die mittels Axonen und deren Dendriten zehntausend oder mehr Verbindungen zu anderen Neuronen eingehen können. Die Erregung einzelner Neuronen erfolgt auf Basis vieler anderer Zellen wobei das Neuron ebenfalls gleichzeitig Signale an viele andere Zellen aussendet.

Einfach gesprochen, verarbeiten im Gehirn einzelne Neuronen die Signale anderer Neuronen (Inputs) und geben ein darauf basierendes, neues Signal an die nächste Gruppe von Neuronen weiter. Ein einzelnes Neuron ist somit durch eine bestimmte biologische (bzw. mathematische) Funktion repräsentiert, die seine Eingangssignale bewertet, ein entsprechendes Reaktionssignal erzeugt und dieses im Netzwerk an weitere Neuronen weitergibt. Der Begriff Netzwerk entsteht dadurch, dass viele dieser Neuronen in Ebenen zusammengefasst werden und Ihre Signale die jeweils folgenden Knoten bzw. Ebenen weitergeben und sich somit ein Netz zwischen den Neuronen spannt.

Architekturen von neuronalen Netzen

Die Architektur von neuronalen Netzen kann durch den Nutzer nahezu frei spezifiziert werden. Tools wie „Tensor-Flow" oder „Theano" ermöglichen es dem Anwender, Netzarchitekturen beliebiger Komplexität zu modellieren und auf den vorliegenden Daten zu schätzen. Zu den Parametern der Netzarchitektur zählen im einfachsten Falle die Anzahl der versteckten Ebenen, die Anzahl der Neuronen pro Ebene sowie deren Aktivierungsfunktion. Im Rahmen der Forschung zu neuronalen Netzen und Deep Learning haben sich unterschiedlichste Architekturen von Netzwerken für spezifische Anwendungen entwickelt. Jede dieser Architekturen weist spezifische Vorteile und Eigenschaften auf, die die Verarbeitung von speziellen Informationen erleichtern sollen. So wird beispielsweise bei Convolutional Neural Networks (CNNs), die primär zur Verarbeitung von Bildinformationen eingesetzt werden, die räumliche Anordnung von Informationen berücksichtigt, bei Recurrent Neural Nets (RNNs) die zeitliche Anordnung von Datenpunkten. Im Folgenden werden die wichtigsten Typen von Architekturen kurz skizziert.

Unter einem **Feedforward Netz** versteht man ein neuronales Netz mit einer Inputebene, einem oder mehreren versteckten Ebenen sowie einer Outputebene. In der Regel handelt es sich bei den Hidden Layers um sogenannte „Dense Layers", d. h. voll vernetzte Neuronen mit Gewichtungen zu allen Neuronen der vorherigen und folgenden Schicht.

Multi Layer Perceptrons (MLP) sind als universale Architekturen für eine Vielzahl von Fragestellungen geeignet. Sie weisen allerdings einige Schwächen in bestimmten Einsatzgebieten auf. So steigt die für eine Bildklassifikation notwendige Anzahl der Neuronen für eine Bildklassifikation mit jedem Pixel des Bildes immer weiter an.

Convolutional Neural Networks (CNN) sind ein spezieller Typ von neuronalen Netzwerken zur Verarbeitung von räumlich angeordneten Daten. Hierzu zählen bspw. Bildinformationen (2 Dimensionen), Videos (3 Dimensionen) oder Audiospuren (1–2 Dimensionen). Die Architektur von CNNs unterscheidet sich deutlich von der eines klassischen Feedforward Netzes. CNNs werden mit einer speziellen Architektur gestaltet, den sogenannten Convolutional und Pooling Layers. Der Zweck dieser Ebenen ist die Untersuchung des Inputs aus verschiedenen Perspektiven. Jedes Neuron im Convolutional Layer überprüft einen bestimmten Bereich des Input Feldes mithilfe eines Filters, dem sog. Kernel. Ein Filter untersucht das Bild auf eine bestimmte Eigenschaft, wie z. B. Farbzusammensetzung oder Helligkeit. Das Ergebnis eines Filters ist der gewichtete Input eines Bereichs und wird im Convolutional Layer gespeichert.

Die Größe (oder vielmehr Tiefe) des Convolutional Layers definiert sich über die Anzahl der Filter, da jeweils das gesamte Input Bild von jedem Filter geprüft wird. Diese Information wird zwischen den einzelnen Convolutional Layern mit sogenannten Pooling Layern komprimiert. Die Pooling Layer laufen die, durch die Filter erstellten, Feature Maps ab und komprimieren diese, d. h. sie reduzieren die Anzahl der Pixel nach einer gegebenen Logik weiter. Beispielsweise können hierbei Maximalwerte oder Mittelwerte der Filter verwendet werden. Anschließend können noch weitere Convolutional Layer und/oder Pooling Schichten folgen, bis die abstrahierten Features in ein voll vernetztes MLP übergeben werden, das wiederum im Output Layer mündet und die Schätzungen des Modells berechnet. Convolutional und Pooling Layer komprimieren somit die räumlich angeordneten Informationen und reduzieren die Anzahl der geschätzten Gewichtungen im Netzwerk. Somit können auch hochdimensionale Bilder (hohe Auflösung) als Inputs verwendet werden.

Recurrent Neural Networks (RNNs) sind ein Oberbegriff für eine Gruppe von Netzwerkarchitekturen, bei denen die Neuronen ihre Signale in einem geschlossenen Kreis weitergeben. Dies bedeutet, dass der Output einer Ebene auch an die gleiche Ebene als Input zurückgegeben wird. Es ist dem Netzwerk dadurch möglich, Informationen bzw. Daten aus zeitlich weit auseinanderliegende Observationen im Training zu berücksichtigen. Dadurch eignet sich diese Architekturform primär für die Analyse sequenzieller Daten, wie etwa Sprache, Text oder Zeitreihendaten.

Eine der bekanntesten RNN Architekturen ist das Long Short Term Memory (LSTM) Netzwerk. Hierbei werden zusätzliche Parameter darauf trainiert, den Input und Output des Netzes für die nächste Iteration zu speichern oder zu verwerfen, um auf diese Weise zusätzliche Informationen zur Vorhersage für den nächsten Sequenzabschnitt zur Verfügung zu stellen. So können zuvor aufgetretene Signale über die zeitliche Dimension der Daten gespeichert und später verwendet werden. LSTMs werden aktuell sehr erfolgreich im NLP (Natural Language Processing) angewendet, um Übersetzungen von Texten anzufertigen oder Chat-Bots zu trainieren. Weiterhin eignen sich RNNs für die Modellierung von Sequenzen im Allgemeinen, bspw. bei der Zeitreihenprognose oder aber auch für Next Best Action Empfehlungen.

Weitere Netzarchitekturen
Neben den erläuterten Architekturen für Deep Learning Modelle existieren zahlreiche Varianten und Abwandlungen von CNNs und RNNs. Weiterhin erfahren aktuell sog. GANs (Generative Adversarial Networks) große Aufmerksamkeit in der Deep Learning Forschung. GANs werden verwendet, um Inputs des Modells zu synthetisieren, um somit neue Datenpunkte aus der gleichen Wahrscheinlichkeitsverteilung der Inputs zu generieren.

Die Anwendungsbereiche von GANs sind extrem spannend und zukunftsträchtig, jedoch ist aktuell das Training solcher Netze noch experimentell und noch nicht ausreichend gut erforscht. Erste Modelle und Ergebnisse aus der aktuellen Forschung sind jedoch äußerst vielversprechend. Spannende Ergebnisse werden insbesondere im Bereich der künstlichen Bilderzeugung generiert

Zusammenfassung und Ausblick
Deep Learning und neuronale Netze sind spannende Machine Learning Methoden, die auf eine Vielzahl von Fragestellungen angewendet werden können. Durch Representation Learning, also der Fähigkeit abstrakte

Konzepte aus Daten zu extrahieren und diese zur Lösung eines Problems zu verwenden, zeigen Deep Learning Modelle für viele komplexe Fragestellungen eine hohe Genauigkeit und Generalisierbarkeit auf neue Daten. Die Entwicklung von Deep Learning Modellen, Algorithmen und Architekturen schreitet extrem schnell voran, sodass davon ausgegangen werden kann, dass sich Deep Learning weiter als Benchmark in vielen Machine Learning Disziplinen festigen wird. Durch die immer weitere voranschreitende technische Entwicklung kann damit gerechnet werden, dass immer komplexere Architekturen modelliert werden können – als Voraussetzung für den Aufbau einer Virtuellen Universität.

Inzwischen wird Deep Learning auch für eine Anzahl wissenschaftlicher Aufgaben herangezogen, beispielsweise sind Deep Nets ziemlich gut darin, in Datenmengen Muster zu finden. Biologen und Bioinformatiker nutzen das Verfahren, um dreidimensionale Aufnahmen von Gehirnschnitten zu erstellen. Nur so lassen sich die Milliarden von Nervenzellauswüchsen bewältigen, aus denen das Gehirn besteht.

2.1.5 Dimension der Globalisierung

Die Digitalisierung und in deren Gefolge die Künstliche Intelligenz ist auf Globalisierung angelegt. Ein Aspekt des dialektischen Wesens der Globalisierung ist das Hin und Her zwischen der Bildungshoheit der Nationalstaaten mit der Bestimmung von Bildungsinhalten und der Freiheit von Wissenschaft und Lehre. Die meisten Wissenschaftler sind von Natur aus neugierig und wollen die Welt verbessern. Die Herausforderung besteht nicht darin, sie zu motivieren, sondern, ihre Motivation nicht auszubremsen. Die Community der Wissenschaftler ist seit jeher global vernetzt. Der Austausch von Wissen und Erfahrungen beruht auf der Reputation von Veröffentlichungen in internationalen Zeitschriften und Vorträgen auf Kongressen. Durch die wachsende politische und finanzielle Macht der international aufgestellten Großkonzerne wird Forschung immer mehr direkt in den Unternehmen betrieben, bzw. wird von diesen kontrolliert mit der Folge, dass neue Ideen und Inventionen unter ökonomischer Beobachtung stehen. Neues wird nur finanziert, wenn zu erwarten ist, dass dadurch das Betriebsergebnis gesteigert werden kann.

Die Konzerne nehmen auch immer mehr auf die Curricula von Hochschulen Einfluss, d. h. Curricula werden zunehmend unter den Perspektiven einer marktkonformen Ökonomie, d. h. dem Bedarf an zeitnah qualifiziertem Personal insbesondere von Wissenschaftlern zur Aufrechterhaltung und Stabilisierung der Konzerne und ihren Zulieferern formuliert und diskutiert. Die global agierenden Großkonzerne handeln wie Akteure, die mit staatlicher Unterstützung ihre Claims sichern und sich aus strategischen geopolitischen Überlegungen an anderen Großkonzernen beteiligen. Zur Analyse dieser Entwicklung müssen die Zusammenhänge zwischen der Industrialisierung, des Entstehens neuen Wissens und deren Weitergabe ausgeleuchtet werden. Naturwissenschaftliches, technisches als auch medizinisches Wissen, das im Wesentlichen aus Ideen und Vorstellungen einzelner kreativer Wissenschaftler und Ingenieure an Universitäten und Forschungsinstitutionen stammte, wurde schnell zum Allgemeingut, das die Grundlage neuer Innovationen wurde. Mehr und mehr wird die Globalisierung dialektisch, das heißt: Stand früher Grundlagenwissen jedem zur Verfügung, so wird dieses Teil einer Unternehmensstrategie. Es besteht die Gefahr, dass sich die global agierenden Großkonzerne zunehmend in der

Grundlagenforschung engagieren, um sich aussichtsreiche Innovationen und damit Marktmacht zu sichern. Es wird dabei selten offen eingestanden, dass die Übertragung von Grundlagenforschungsergebnissen in Innovationen überwiegend ohne Einsicht in die globalen Wirkungszusammenhänge nach dem Prinzip von Versuch und Irrtum erfolgen.

Daraus folgt, dass die Universalität von Wissen für alle im Prinzip eine Art politisch-ökonomischer Täuschung ist. Die Digitalisierung hat darüber hinaus auch eine kulturelle Globalisierung zur Folge.

Die ethnisch-religiösen Konflikte sind die Form eines Kampfes, die der Auseinandersetzung im Rahmen der globalen Ökonomie gleicht: Im Zeitalter der Digitalisierung sind die Konfliktquellen kulturelle Spannungen, die sich beim Übergang in eine industrielle bzw. nachindustrielle Gesellschaft entladen. Die kulturellen Spannungen werden ein immer wichtigeres Element der Reflexion auf dem Weg zu einer globalen Weltgesellschaft mit Diskontinuitäten, die zu einer immer schärferen Trennung der von modernen Entwicklungen hervorgerufenen gesellschaftlichen Veränderungen mit traditionellen Strukturen führt. Auf den verschiedenen Formen des Eigentums, auf den sozialen Existenzbedingungen erhebt sich ein ganzer Überbau verschiedener Empfindungen, Illusionen, Denkweisen und Lebensanschauungen. Durch die Digitalisierung sind die Menschen weltweit in der Lage, Informationen über viele Forschungsergebnisse und daraus resultierende Innovationen zu erhalten. Da sie aber immer weniger fähig sind, diese einzuordnen und bewerten zu können, greifen viele auf Traditionen in ihren Kulturen zurück. Die Bewertung von neuem Wissen überlassen sie Vertretern von Traditionen, ohne sich selbst mit der Realität auseinander zu setzen.

Dies ist einer der Gründe, warum wissenschaftliche Institutionen oder Forschungsabteilungen von Großkonzernen heute doppelzüngig auftreten und ein widersprüchliches Bild abgeben; ein Bild, das die Vertrauenswürdigkeit in neue Innovationen und/oder verbesserte Technologien, als notwendige Voraussetzung zur Erhaltung des homo faber, unterminiert. Hinzu kommt noch eine weitere immer wichtiger werdende Entwicklung: Der Flaschenhalseffekt, in dem sich die gesamte Menschheit befindet. Das bedeutet konkret: Immer mehr Menschen mit immer mehr Bedürfnissen müssen sich mit immer weniger belastbarer und ausnutzbarer Natur begnügen. Der Klimawandel hat eingesetzt, die Weltmeere befinden sich in einem kritischen Zustand, das Artensterben nimmt Fahrt auf. Neue Innovationen sind gefordert, wenn die Erde auch für spätere Generationen bewohnbar sein soll. Neue unkonventionelle, kreative Ideen aller sind gefordert, und zwar unabhängig von nationalen Zertifikaten und Berechtigungsscheinen. Hinzu kommt, dass die Weltbevölkerung nicht nur weiter wächst, sondern dass die materiellen Bedürfnisse pro Kopf immer noch zunehmen. Es entwickelt sich ein Knappheitsproblem auf globaler Ebene. Wollte man die Rohstoffmärkte regulieren hat man es mit einem Dilemma zu tun. Dieses Dilemma kann nur aufgelöst werden, wenn sich die Staatengemeinschaft auf konkrete Regeln verständigt oder man sucht systematisch nach neuen alternativen Rohstoffen bzw. Ressourcen. Eine globale Virtuelle Universität, innerhalb der Wissenschaftler und Technologen gemeinsam weltweit nach neuen Ersatzstoffen suchen, könnte dafür eine Perspektive sein.

Ein Konzept für eine neue Ökonomie könnte auch auf der Überlegung basieren, dass für die Herstellung von Produkten pro Kilogramm nur eine bestimmte Energiemenge pro Person verbraucht werden darf in Kombination mit einem vorgegebenen Verbrauch von Ressourcen, die mit wiederaufbereiteten Stoffen vermischt sein müssen. Diese Überlegungen hätten den Vorteil, dass der Energieverbrauch sinkt und damit das Klima geschützt wird. Analog gilt dies für den Verbrauch von Ressourcen, die gestreckt werden könnten. Von entscheidender Bedeutung ist allerdings die Frage, ob dieser Wandel der politischen Ökonomie an der gesellschaftlichen Wirklichkeit mit ihrem Profitstreben in Kombination mit nationalstaatlichen Institutionen an der gesellschaftlichen Wirklichkeit abprallt oder sie langsam durchsetzt und längerfristig verändert. Hier sind eine Menge Tabus zu brechen und komplexe Maßnahmen in Angriff zu nehmen.

Der Fortschritt auf dem Gebiet der Künstlichen Intelligenz bringt es wahrscheinlich mit sich, dass das jetzt noch weitgehend instrumentelle Verhältnis der Menschen zu der gestalteten Umwelt stärker von ethischen Fragestellungen geprägt wird. Steigende Güterproduktion pro Kopf, ohne Rücksicht auf Ressourcen, mit Verringerung menschlichen Arbeitsaufwands vieler, ja selbst unfreiwillig erhöhter Verbrauch aller innerhalb des Systems – also enorm gesteigerter Stoffwechsel des sozialen Gesamtkörpers mit der natürlichen Umwelt: Langsam beginnt klar zu werden, dass der naturwissenschaftlich-technische Fortschritt den ökonomischen infrage stellt.

2.2 Erwerbsarbeit wandelt sich in Erlebnisarbeit

Arbeit zum Leben wird in der digitalisierten Welt immer mehr zur Sinnsuche. Arbeit trägt einen erheblichen Teil zum Selbstwertgefühl und zur Strukturierung des Lebens bei. Ohne regelmäßige, möglichst sinnvolle Tätigkeit leiden viele Menschen schnell unter Depressionen und Langeweile. Es gilt also auch, den individuell empfundenen Bedeutungsverlust bei der eigenen Niederlage im Rennen gegen die Künstliche Intelligenz aufzufangen und zu heilen. Dazu gehört nicht nur die finanzielle Absicherung, sondern auch das Angebot sinnvoller Beschäftigung.

Und dies wird das schwierigste Problem sein, das künftig zu lösen ist. Zwischen automatisch ablaufenden Prozessen, gesteuert von Algorithmen, individueller Tätigkeit, um des Vergnügens willens, ist noch eine Tätigkeit zu entwickeln, die den Fähigkeiten und Interessen des Einzelnen entspricht. Jede kreative Handlung, basierend auf persönlichen Interessen, stabilisiert das Individuum gegen sozialen Druck und macht es etwas unabhängiger vom Mainstream gesellschaftlicher Entwicklung. Eine Virtuelle Universität, kombiniert mit der Kommunikation über Avatare, eröffnet hier ganz neue Perspektiven.

2.2.1 Entstandardisierung der Erwerbsarbeit: Zur Zukunft von Aus- und Weiterbildung und Beschäftigung

Der Rationalisierungsprozess aufgrund des laufenden Fortschritts der Künstlichen Intelligenz verläuft nicht mehr in, sondern richtet sich mehr und mehr gegen die bisherigen Formen und Rahmenbedingungen der Aus- und Weiterbildungssysteme, mit ihren stetig wachsenden Verwaltungsinstitutionen und Zertifizierungsrichtlinien. Bereits jetzt verhindert die Digitalisierung zunehmend eine dauerhafte Beschäftigung nach einer Ausbildung, wie es in der alten Industriegesellschaft üblich war. Eine Ausbildung, auch ein Universitätsabschluss, bietet nur den Einstieg in die Arbeitswelt mit immer weniger Sicherheit auf eine Dauerbeschäftigung.

Selbst im Rechtswesen oder in der Medizin ist eine Beschäftigungsmöglichkeit langfristig nicht garantiert. So beginnen Roboter bereits zu operieren, Algorithmen liefern bessere Diagnosen als Ärzte, von der Zahnmedizin ganz zu schweigen. Von den Absolventen der Hochschulen wird ein wachsender Teil von den Verwaltungsinstitutionen assimiliert mit der Gefahr, dass sich die Absolventen immer intensiver den Ausführungsverordnungen von gesetzlichen Vorgaben anpassen und unterwerfen, oder für Überwachungs- und Kontrollaufgaben eingesetzt werden. Dabei bleibt die Bereitschaft des Einzelnen, sich mit neuem Wissen auseinanderzusetzen, auf der Strecke. Ziel ist die Zertifizierung, die vor allem die Eingangstür zu öffentlichen Institutionen öffnet.

Die bisherige Universität entwickelt sich damit immer mehr zu einer Lehranstalt und teilt die gesellschaftlichen Rollen zu. Ein akademischer Grad hinterlässt eine Art von Preisschild auf dem Curriculum seines Konsumenten. Meist ist dies ein Bündel von geplanten Absichten, ein Paket mit Wissensinhalten, eine Art Ware, die der Studierende einkauft, um durch Zertifikate seine Position innerhalb der Gesellschaft zu verbessern, d. h. ihn befähigen soll, bestimmte Funktionen darin ausüben zu können. Da neues Wissen immer mehr in den Forschungsabteilungen von global agierenden Großkonzernen entsteht, bzw. in Unternehmen, die eng mit den Konzernen kooperieren, verlieren auch die Lehrer an den Hochschulen ihre Kompetenz, ihr Know-how veraltet, Curricula verlieren an Bedeutung. So ist das an die Studierenden vermittelte Wissen bereits nach Studienabschluss nicht mehr auf dem Stand von Wissenschaft und Forschung. – Eine Tragödie, wenn man bedenkt, dass nur etwa 1–5 % der Naturwissenschaftler die Quantentheorie verstehen. Und die ist schließlich eine der Grundlagen von neuronalen Computersystemen und damit des aktuellen Quantensprungs zur Künstlichen Intelligenz.

Literatur

1. The Age of Surveillance Capitalism: The Fight for a Human Future at the New Frontier of Power (Campus, 2018; Public-Affairs, 2019)
2. www.zeit.de/arbeit/2018-01/crowdwork-selbststaendigkeit
3. Heisenberg, W.: Das Naturbild der heutigen Physik. Rowohlt, Reinbek (1965)
4. Robots, Growth, and Inequality Finance & Development, September Bd. 53, Nr. 3 (2016)
5. Shulaker, M.M., Hills, G., Park, R.S., Howe, R.T., Saraswat, K., Philip Wong, H.-S., Mitra, S.: Three-dimensional integration of nanotechnologies for computing and data storage on a single chip. Nature **547**, 74–78 (2017)
6. Rosenblatt, Frank: The perceptron: a probabilistic model for information storage and organization in the brain. Psychol Rev **65**(1958), 386–408 (1958)
7. Melnychuk, S., Yakovyn, S., Kuz, M.: Emulation of logical functions NOT, AND, OR, and XOR with a perceptron implemented using an information entropy function. In: 2018 14th International Conference on Advanced Trends in Radioelecrtronics, Telecommunications and Computer Engineering (TCSET), S. 878–882 (2018)

3

Pädagogische und bildungspolitische Aspekte einer Virtuellen Universität

Inhaltsverzeichnis

Curricula von Universitätsfakultäten werden meist nicht aus dem Blickwinkel der Individuen formuliert und diskutiert, sondern unter den Perspektiven einer marktkonformen Ökonomie, von sozialen und politischen Rahmenbedingungen in Kombination mit der politisch kontrollierten Bürokratie – wie Forschungsministerien – zur Aufrechterhaltung und Stabilisierung des nationalen Staatswesens.

Betrachtet man den beruflichen Einsatz des Individuums in der Gesellschaft, wird es primär als austauschbarer

© Springer-Verlag GmbH Deutschland, ein Teil von Springer Nature 2020
H. Frey und D. Beste, *Virtuelle Universität,* Technik im Fokus,
https://doi.org/10.1007/978-3-662-59531-2_3

Träger bestimmter Qualifikationen betrachtet, das sich je
nach Bedarf durch Weiterbildung nachjustieren läßt.

3.1 Grenzen der traditionellen Universitäten

Die Wissensvermittlung in Universitäten versucht in unterschiedlicher Gewichtung beiden Aspekten gerecht zu
werden, indem sowohl der Bildungs- als auch der Quali-
fikationsaspekt zur Sprache kommt. Problematisch dabei ist
die Einschätzung der Objektivität von Wissensinhalten; wer
bestimmt darüber und wer kontrolliert diese? Wissenschaft
ist weder neutral noch zweckfrei, sondern interessengeleitete
menschliche Tätigkeit. Wissenschaft ist daher nicht objektiv.

Der Soziologe Jürgen Habermas bestimmt als leiten-
des Interesse empirisch-analytischer Wissenschaft die Ver-
fügungsmacht über Natur- und Gesellschaftsprozesse.
Dabei wird das Wofür vorausgesetzt. Die Frage nach den
Zwecken selbst wird aus der Wissenschaft hinausverwiesen
und der Politik oder der Weltanschauung überlassen.

Um diesem Dilemma zu entgehen, zerteilt man die
Forschungsgebiete in immer kleinere Sektoren, d. h. man
zerstückelt diese und trennt sie damit von den anderen
Gebieten ab (die Physik beispielsweise von der Volkswirtschaft und der Biologie) und stattet sie mit einer eigenen
Methodik, der Vorgehensweisen und eigenem Duktus
aus. Eine Ausbildung in der Methodik bestimmt dann das
wissenschaftliche Arbeiten auf dem jeweiligen Gebiet; es
vereinheitlicht die Handlungen; Forschung wird zur Routine, zum Ritual und reduziert die Fähigkeit mit anderen
Fachgebieten zu kommunizieren. Jedes Fachgebiet hat ihre
eigenen Annahmen, Methoden, Voraussetzungen, die man
studieren muss, um ihre Entwicklung zu verstehen und

ihre Ergebnisse richtig zu deuten. Die Beurteilung der Ergebnisse erfolgt häufig nicht nach wissenschaftlichen Prinzipien, sondern entsprechend den Vorstellungen jener Gruppen, die die Wissenschaften bezahlen und von ihnen gewisse Ergebnisse erwarten.

Dies gilt primär nicht nur für die Geisteswissenschaften und Wirtschaftswissenschaften, sondern immer mehr auch für die Naturwissenschaften, die Biologie, die Medizin, die Informatik, die Technologie. Eine unabhängige Wissenschaft hat schon lange aufgehört zu existieren und ist durch Business Wissenschaft ersetzt worden, finanziert durch Steuergelder und Forschungsmittel von Unternehmen.

Darüber hinaus rücken Bürokratie und Wissenschaftsinstitutionen, aber auch Konzerne einen immer größeren Teil wissenschaftlicher Erkenntnisse außer Reichweite der Öffentlichkeit. Was früher ein internationales Netz von wissenschaftlichen Informationen war, hat sich in miteinander konkurrierenden Forschungsgruppen zerlegt, die ihre Forschungsergebnisse meist so veröffentlichen, dass sie nur schwer nachvollziehbar sind. Global agierende Verlage bauen darüber hinaus Plattformen für die verschiedenen Publikationen auf, die mittels Künstlicher Intelligenz diese nach wirklich bahnbrechenden Erkenntnissen durchsuchen, um diese dann in Form von kostenpflichtigen Studien Unternehmen und politischen Institutionen anzubieten.

Eine wissenschaftliche Publikation hat auch immer mehr Autoren; es ist nicht mehr zu erkennen, wer hatte die Ursprungsidee, wer hat gemessen und wer hat geschrieben? Und es ist meist nicht erkennbar, ob die publizierten Ergebnisse neu oder nur eine Variation schon veröffentlichter Ergebnisse sind. Wissenschaft gründet auf der Vorstellung, neue unmittelbare Erkenntnisse und überlieferte Erfahrung miteinander zu verknüpfen, um daraus neues Wissen zu generieren. Dies führt dann im Weiteren zu neuen Methoden, Prozessen und Technologien.

Überlieferte bzw. mittelbare Erfahrung (fremde Aufbereitung und Interpretation) wird den Studierenden an Universitäten während des Lehr-Lernprozesses in Form von Curricula, Lehrplänen, Lehrbücher, Kopien von Mitschriften auf PC's oder Laptops vermittelt. Mit lehrerzentrierter Wissensvermittlung lassen sich mittelbare, abstrakte Erfahrungen immer weniger in die Lebenswelt der Studierenden bzw. in die praktischen Erfahrungen der Weiterzubildenden integrieren. Die klassische Verkörperung dieses Modells bildet der Hochschullehrer in seiner Doppelrolle als Lehrer und Wissenschaftler, der sowohl die intellektuellen Fähigkeiten und die Lernbereitschaft, als auch die Fähigkeit des Studierenden beurteilt und somit über seine soziale Rolle in der Gesellschaft mitbestimmt. Dem Studierenden wird nur in Grenzen zugetraut, sich selbstständig Wissen anzueignen und in sein Lebensumfeld integrieren zu können. Stattdessen werden die Studierenden an einer Universität bürokratisch zu Prüfungen, dem Erwerb von Scheinen, der Teilnahme an Praktika und Seminaren gezwungen, um den Fortschritt der Wissensaufnahme kontrollieren zu können. Nach wie vor herrscht die Meinung vor, wenn von Studierenden nicht verlangt wird, sich durch ein sorgfältig strukturiertes Programm hindurchzuarbeiten, bei dem der Inhalt genau und klar definiert ist, ist das Ausbildungsziel nicht zu erreichen. Man glaubt, dass ein exakt geplantes Curriculum, das das zu lernende Wissen und die zu erlangenden Fertigkeiten vorgibt, die beste Lern-Methode ist. Man erhofft sich davon die Voraussage akademischen Erfolgs und meint damit die Fähigkeit, Prüfungen bestehen und Praktika unter Anleitung durchführen zu können. Diese Annahme hat zur Folge, dass Prüfungen als Hauptmaßstab verwendet werden, um einzuschätzen, wie vielversprechend Studenten sind, die an einer Universität studieren bzw. wie sich diese nach Abschluss ihrer Ausbildung einsetzen lassen. Eine kritische Analyse des Diskurses über künftige Institutionen einer Bildungs- und Wissensgesellschaft macht deutlich, dass die Vermittlung von wissenschaftlichen mittelbaren Erkenntnissen und daraus abgeleiteten Fähigkeiten auch Versuche sind, Personen so zu beeinflussen, dass sie sich in von der Gesellschaft erwünschten Richtung verhalten.

Das Bestehen von Prüfungen ist für die berufliche Aus- und Weiterbildung sicherlich nützlich, dadurch werden aber eher mechanisches Lernen und Aufmerksamkeit als gedankliche Originalität und wissenschaftliche Neugier betont. Albert Einstein formulierte es so: „Der Zwang hatte eine abschreckende Wirkung (auf mich), dass ich nach bestandenem Abschlussexamen für ein ganzes Jahr die Betrachtung jedweden Problems widerwärtig fand". Es waren Psychologen, die nachgewiesen haben, dass signifikantes Lernen in erster Linie stattfindet, wenn ein direkter Bezug zu den Absichten und Motiven besteht, die der Lernende für sinnvoll hält. Neben der Fähigkeit, Probleme kreativ lösen zu können und der Kompetenz, sich immer wieder in neue Zusammenhänge einzuarbeiten, brauchen die zum Lernen motivierte Menschen auch ein gesundes Selbstvertrauen, sodass sie bereit sind, sich auch noch mit unbekannten Herausforderungen anderer auseinanderzusetzen.

Die Bildungsinstitutionen in den Industriegesellschaften haben sich mit einem wachsenden Heer von Personal verstärkt. Das was durch Bildung erreicht werden soll und was finanziell dafür ausgegeben wird, ist überwältigend. Hier scheint eine unheilige Allianz zwischen der durch den Profit geprägten Ökonomie, der Bürokratie und den in dem Bildungswesen Beschäftigten zu bestehen mit dem Ziel, Menschen zweckrational zu bilden, zu formen, zu ändern, zu gestalten – wie Roboter mit unterschiedlicher Künstlicher Intelligenz.

3.1.1 Perspektiven einer Virtuellen Universität

Eine Virtuelle Universität zur Vermittlung und Übertragung von wissenschaftlichen Erkenntnissen in die Lebenswelt des Studierenden muss daher ein Umfeld anbieten, in der selbstgesteuertes, soziales und kreatives Lernen, unterstützt von Algorithmen als Lernassistenten – im Prinzip vergleichbar mit einem Hauslehrer – frei stattfinden kann. Dabei kommt es darauf an, eigene Erfahrungen, Interessen, Assoziationen mit Schlüsselerfahrungen, -kontakte und -begriffe der Studierenden in die von ihnen zu bearbeitenden Wissensmodule zu übertragen, um diese mit neuem Wissen und mittelbaren Erfahrungen zu verknüpfen. Und dies nicht nach vorgegebenen Zeitabläufen, sondern nach subjektiven Lernzeiten. Lernzeit bedeutet, sich Zeit zu nehmen. Für das Experiment, das Suchen, das Ab- und Umherschweifen, auch in anderen Fachgebieten.

Selbstlernende Navigationssysteme, die selbstständig den gerade aktuellen Lerninhalt des Studierenden nach Querverweisen zu anderen Fachbereichen absuchen und die gefunden Ergebnisse in der Taskleiste des Computers anzeigen, helfen die Spezialisierung der Wissenschaft teilweise aufzubrechen. Das Konzept einer Virtuellen Universität mit einem kontextunabhängigen und maßstabsetzendem virtuellen Lernsystems mit 3D-Elementen, die sich bewegen lassen und die sich mittels 3D-Brillen in reale Bewegungen umsetzen lassen, eröffnet die Möglichkeit, die Realität in einen virtuellen Kontext einbinden zu können. Hinzu kommen neuartige Sensoren von hoher Empfindlichkeit und Auflösung, mit denen sich Lernvorgänge im menschlichen Gehirn analysieren lassen. Soziales Lernen wird dadurch unterstützt, dass sich Lerner untereinander als Avatare in einem virtuellen Hörsaal treffen, sich austauschen und Experten befragen können.

Das Individuum kann damit Erfahrungen mittels Datenbrille im virtuellen Raum machen und mit eigenen Erfahrungen abgleichen. Virtuelle 3D-Bewegungsabläufe verbinden den Praxisbezug mit theoretischem Wissen. Bewegungen und Gedächtnis hängen zusammen. So wird der Aufbau von inneren Repräsentationen maßgeblich durch Bewegungen beeinflusst. Jede Handlung geschieht aufgrund von Gedächtnisinhalten, d. h. früherer Erfahrungen und Bewertungen. Das Lernen mittels Nutzung 3D virtueller Realität bietet auch die Chance, dass das Individuum aktiv die erfahrenen Wissensinhalte reflektiert und in eigene Denkprozesse umsetzt und dadurch neue Ideen entwickelt. Die virtuelle Realität bietet dem Individuum auch die Möglichkeit, neue Erfahrungen, angelehnt an die reale Welt, machen zu können, mit seinen vorhandenen Erfahrungen zu kombinieren und mit adaptiven, interaktiven Wissensinhalten zu verbinden. Und hier eröffnet die Künstliche Intelligenz mit ihrem Potenzial die unterschiedlichsten Wissensgebiete durch Querverweise effektiv vernetzen und durchleuchten zu können, um neue interdisziplinäre Forschungs- und Entwicklungsideen aufzuzeigen, und dem Individuum neue Wege, um seine bisherigen Erfahrungen kreativ damit zu verknüpfen.

Eine Virtuelle Universität bietet die Chance, die Menschen auf eine ungewisse und sich rasant verändernde Zukunft vorzubereiten. Dies kann nur gelingen, wenn sie von dem Ansatz, die Reproduktion standardisierten Wissens mit guten Noten zu belohnen, so schnell wie möglich Abstand nimmt. Aber dies ist ein Problem, denn bislang sind Abschlüsse das Privileg herkömmlicher nationaler Universitäten; und das wird von den staatlichen Bürokratien eifersüchtig verteidigt.

Zertifizierungen von der Virtuellen Universität sind nur in Kombination mit der Bearbeitung von Wissensmodulen mit Praxisanteilen zu vergeben. Durch Variation von Experimenten, Verfahrensschritten bzw. Prozessen und zu beantwortenden Fragen in den zu prüfenden Wissensmodulen, kann bei richtigen Antworten, Verfahrensablauf bei Experimenten, Verfahrensschritten usw. eine Zertifizierung für die Bearbeitung verschiedener Wissensmodule erteilt werden. Der Lernassistent, der den Studierenden begleitet, teilt ihm mit, ob er für eine Zertifizierung anhand seines Wissenstandes und seiner Fähigkeiten bereit ist.

Der Studierende kann sich darüber hinaus über Avatare, dem sozialen virtuellen Netzwerk der Virtuellen Universität, über den Einstieg in die Zertifizierung austauschen, um so das Risiko eines Scheiterns zu vermindern. Ein wichtiger Aspekt ist auch, dass die Zertifizierung über Systeme der Künstlichen Intelligenz erfolgt, eine Beeinflussung durch Prüfer (negativ oder positiv) findet nicht statt. Das Individuum hat damit die Freiheit seine Lerngeschwindigkeit selbst zu bestimmen, um so seinen Wissenshorizont produktiv für sich zu nutzen und dabei seine Position im gesellschaftlichen und beruflichen Umfeld zu verbessern.

Durch den Aufbau einer Virtuellen Universität wird das vorhandene Wissen, auch unter den Perspektiven kultureller Rahmenbedingungen, weltweit in gleicher Qualität verfügbar sein. Im Umkehrschluss kann dies dazu beitragen, über benötigtes Wissen mittels Avatars gleichberechtigt zu kommunizieren. Als Folge dieser Entwicklung ist auch eine Umorientierung von Forschungsprozessen in Richtung auf sogenannte affordable technologies denkbar und wünschenswert, also auf Wissen und Lösungen, wie sie auf der Welt jeweils spezifisch vor Ort benötigt werden. Akteure können sich als Avatare zu bestimmten Themenfelder in Begegnungsstätten treffen, sich austauschen und gemeinsam zu bearbeitende Projekte definieren. Eine Begegnungsstätte ist relativ unstrukturiert und sollte ein Klima maximaler

Freiheit für persönlichen Ausdruck und zwischenmenschlicher Kommunikation bieten. Dabei können die Avatare aus unterschiedlichen Gebiete der Welt kommen und sich aus den unterschiedlichsten Gründen einer Gruppe anschließen. Beispielsweise verbunden mit der Absicht der Qualifizierung für eine neue Tätigkeit, dem Erhalt der Zertifizierung auf bestimmten Gebieten oder auch zur Steigerung des Selbstbewusstseins bzw. der Eröffnung eines neuen Lebenshorizonts.

Die Wissensmodule einer Virtuellen Universität müssen immer die aktuellen Forschungsergebnisse widerspiegeln. Wichtig ist auch, dass der kulturelle Einfluss auf den Content verhindert wird, um so der Gefahr der Einschränkung von Freiheit auf die Forschung und Lehre entgegen zu wirken.

Basis einer Virtuellen Universität ist:

- Stimulierung und Steigerung der Neugier des Studierenden an neuem Wissen. Die sprichwörtliche kindliche Neugier ist im Erwachsenenleben häufig betäubt und reduziert sich mit zunehmendem Alter immer mehr. Neugier wird durch Bequemlichkeit ersetzt oder von Routinetätigkeit überlagert.

- Ermutigung des Studierenden bzw. Nutzers, seine eignen Interessen zu verfolgen und sie zur Entfaltung zu bringen bzw. ausgereifte Ideen mit Hilfe von Wissensvermittlern (Moderatoren) zu entwickeln. Lernprozesse sind effektiver, wenn auf individuelle Unterschiede der Lernenden eingegangen wird.

- Bereitstellung von Praktika in denen virtuelle Experimente im 3D-Raum praktisch nachvollzogen werden können. Intensive Rezeption neurowissenschaftlicher Erkenntnisse, um mittelbare Erfahrung Anderer über ein 3D-Experiment in unmittelbare Erfahrung zu transponieren.

- Aufbau virtueller Hörsäle, in denen die lernenden Akteure als Avatare mit anderen Avataren, die Experten, Professoren oder Mitlerner repräsentieren, kommunizieren können, um auf diese Weise soziales Lernen zu ermöglichen. Als individueller Avatar kann der Studierende mit Problemen und deren Lösungen konfrontiert werden, die ihm beim Lernen bzw. bei der Lösung vom Problemen helfen.

- Mitbestimmung über den Aufbau der bewegungsorientierten, virtuellen 3D-Module über Feedback; kontinuierliche Verbesserung der Darstellung unter dem Aspekt neuronale Triggerung, um Wissen mit vorhandenen Erfahrungen zu integrieren.

- Navigationsunterstützung durch Mind-Mapping unterstützt durch Künstliche Intelligenz für die Verzweigung in andere Fachgebiete, in denen Wissenschaftler sich mit ähnlichen Fragestellungen beschäftigen wie der Studierende bzw. der sich Weiterzubildende. Die Kreativität wird durch innere Repräsentationen angeregt, d. h. die Lösung wissenschaftlicher und beruflicher Probleme ist nicht mehr nur primär von methodologischem Training abhängig.

- Befähigung der Studierenden, fortlaufend kreative Beiträge zur Lösung der humanen Probleme zu leisten, die gegenwärtig die Menschheit auszulöschen drohen. Die Beiträge können in einem rein wissenschaftlichen Ansatz oder in beruflicher Praxis oder in einer Kombination von beidem bestehen.

- Adaption der Lernmodule auf die intellektuellen Fähigkeiten, der Aufmerksamkeitsspanne, dem Lernverhalten und der Aufnahmefähigkeit des Gedächtnisses mittels Tracking-Methoden, Feedback und Beantwortung von in die Module eingestreuten Fragen; dadurch Optimierung des individuellen Lernverhaltens; Einbau von Bewertungsskalen in die Wissensmodule, die von dem Wissensvermittler ausgewertet werden.

- Unterstützung globaler Lern- und Wissenschaftlergruppen, die sich weltweit über Avatare zu Problemen und Problemlösungen austauschen, auch unter dem Aspekt, dass Lernende und lehrende Wissenschaftler aus Entwicklungsländern mit Fragen und Problemen ernst genommen werden.
- Einbau positiver Emotionen über individuelle Erfahrungen in den Lernprozess.
- Prüfungsergebnisse sind nur vom Wissen, den Fähigkeiten zur Lösung von Problemen und dem Können der Studierenden abhängig und nicht von Sympathie oder Antipathie der Prüfenden oder von Eingangsvoraussetzungen.

3.1.2 Kreativität und Künstliche Intelligenz

Durch das Konzept einer bewegungsorientierten, virtuellen 3D-Weiterbildung werden die Sinne direkt in den Lernprozess eingebunden. Sinnlich unterstützte Handlungen werden schneller in Erfahrungen übertragen. Das Prinzip, dass nur der geschriebene Text als wissenschaftlich gilt, löst sich auf. Der Text als Medium lässt sich nur dann in konkrete Handlungen, die zu neuen wissenschaftlichen Erkenntnissen führen, umwandeln, wenn der Leser bereits Erfahrungen auf dem entsprechenden Gebiet hat und den Inhalt des Textes daran anknüpfen kann, ein wesentlicher Grund für die zunehmende Spezialisierung in den Wissenschaften. Die Aneignung mittelbarer Erfahrungen wie sie in wissenschaftlichen Texten enthalten sind, die sich immer weniger direkt nachvollziehen lassen, und vor allem bei Versuchen innerhalb der verschiedenen Wissensgebieten entstehen, ist Aufgabe der virtuellen Universität. Durch virtuelle 3D-Beispiele mit anschließender Verallgemeinerung der Wissensinhalte werden die im Gehirn vorhandenen inneren Repräsentationen angeregt und mit den mittelbaren Erfahrungen, die sich in den Wissensinhalten befinden, verknüpft, um kreative Problemlösungen zu finden. Kreativität ist nicht nur eine besondere Form intelligenter Leistung, sondern Kreativität ist ein motivierter Prozess der Verknüpfung von unmittelbarer Erfahrung mit neu gelerntem Wissen.

Nur ein Jahr vor dem Sputnik-Schock veröffentlichte der am MIT (Massachusetts Institut of Technology) lehrende Ökonom und spätere Nobelpreisträger Robert Solow [1, 2], einen Aufsatz, in dem er die Frage nach den Quellen des Wirtschaftswachstums stellte. Zu seiner großen Verwunderung und zur noch größeren Verwunderung seiner Fachkollegen entdeckte Solow, dass jene Faktoren, die man traditionell als wichtigste Ursachen wirtschaftlichen Wohlstands betrachtete – Arbeitskräfte und das Realkapital – das Wachstum nur zu einem geringen Teil, zu einem Achtel erklärten. Sieben Achtel erwiesen sich als unerklärte „Restgröße", und es war Solows Verdienst, sogleich die Ursache erkannt zu haben: Sieben Achtel des Wirtschaftswachstums werden durch Innovationen hervorgerufen. Nur wenig später untersuchte Edwin Mansfield[1] die Einführung neuer Technologien in verschiedenen Wirtschaftszweigen und kam zu dem Ergebnis, dass etwa nur ein Zehntel aller Produktideen zu verwertbaren Produkten führen. Neuere Studien haben gezeigt, dass diese Zahl inzwischen weit geringer zu veranschlagen ist. Nur rund fünf von tausend Produktideen können wirtschaftlich wirklich verwertet werden.

Ein bedeutsames Element von Kreativität liegt im Erarbeiten neuer Wissensinhalte, gekoppelt mit unmittelbaren Erfahrungen, um neue Fähigkeiten zu generieren.

---

[1]Technological Change 17. Dezember 1970 von Mansfield Edwin.

Es ist aber nicht ausreichend, nur neue Fähigkeiten zu erlernen. Erst wenn die Fähigkeiten auch verändert werden können, wenn sie an neue Situationen angepasst werden können, behalten sie in einer dynamischen Welt ihre Wirksamkeit. Die Fähigkeit wieder zu verändern oder anders anzuwenden, ist die menschliche Kreativität. Kreatives Erarbeiten von Wissen heißt also: Erlernen von Fähigkeiten und das Erlernen der Veränderung von Fähigkeiten.

Mit der Frage nach dem Wesen von Kreativität haben sich schon Anfang der fünfziger Jahre Psychologen intensiv auseinandergesetzt. Bereits 1950 hat Joy Paul Guilford [3] einen später berühmt gewordenen Vortrag über „creativity" gehalten und ein völlig neues Modell des menschlichen Intellekts entwickelt, in dem das „divergente Denken" – Guilfords Begriff für kreatives Denken – eine zentrale Rolle spielte. Es war gleichfalls um diese Zeit, als die wichtigsten Kreativitätstechniken bekannt wurden: Osborn [4] propagierte sein schon Anfang der 50er Jahre entwickeltes „Brainstorming", Zwicky [5] publizierte im Jahr des Sputnik-Starts seine Technik der „morphologischen Analyse", und Gordon[2] stellte nur wenig später (1961) seine Methode "Synektik" vor. Gleichfalls im Jahr des Sputnik-Starts veröffentlichte Noam Chomsky [6] – ein Forscher aus einem ganz anderen Gebiet, der Linguistik – ein revolutionäres Buch mit dem Titel „Syntactic Structures". Der Kern seines Buches besteht in der neuartigen Beschreibung der Grammatik menschlicher Sprachen. Chomsky lehnt darin die herkömmliche, eher historische Sprachtheorie ab und betont die universelle Funktion der Grammatik. Dabei spielt diese Grammatik allerdings nur die Rolle eines Rahmens. Dieser Rahmen kann, wie Chomsky sagt, nur durch die „alltägliche Kreativität der

---

[2]Boston Globe, March 19, 2006, H1.

Sprachverwendung" gefüllt werden. Diese Beispiele aus der Wirtschaftswissenschaft, der Psychologie und der Linguistik könnten leicht ergänzt werden durch andere Wissenschaftsbereiche: Von der Mathematik und der ersten Beschreibung einer „unscharfen Logik" (fuzzy logic) durch Lofti A. Zadeh, über die Physik und Chemie mit Ilia Prigogine[3], dem Nobelpreisträger, und seiner neuen Theorie offener – „dissipativer" – Systeme. Die „Kreativität" war zu einem neuen, zentralen, sogar zu einem wirtschaftlich und politisch hochsensiblen Thema geworden – und sie ist es bis heute geblieben.

Amabile macht für kreative Prozesse die Motivationsstruktur verantwortlich und vertrat zunächst die These, dass die Motivation nur aufgabenspezifisch definiert werden könne. Später sagt sie: „(T)he original statement proposed that motivation was specific to particular tasks (…) or perhaps to sets of similar tasks (…). However, our empirical evidence suggests that intrinsic and extrinsic motivational orientations can indeed be thought of as general and pervasive orientations toward one's work or one's activities."[4] Das heißt, es scheint so etwas wie ein allgemeines Muster in der Motivierung kreativer Prozesse zu geben.

Die neuere Kreativitätsforschung begreift den kreativen Prozess als situativ und sozial. Kreatives Denken ist ein Denken außerhalb von Regeln. Dies vollzieht sich oftmals nicht als gewollter Akt, sondern als das Zulassen von aufsteigenden Ideen oder Änderungen der Wahrnehmung. Niemand sagt, ich mache eine Idee, sondern mir kommt eine Idee. Doch dann setzen wieder selektive Prozesse der Auswahl und Wertung ein.

---

[3]Prigogine I, (papers and interviews) Is future given?, World Scientific, 2003. ISBN 9789812385.086.
[4]T.M. Amabile, 1996, S. 116.

Es gibt kein Controlling der Kreativität. Was Amabile als Vorrang der intrinsischen Motivation hervorhebt [4], kann man unter dem Gesichtspunkt der skizzierten Theorie der Kreativität so rekonstruieren: Intrinsische Motivation beruht auf der Möglichkeit, unabhängig von Wertungen ein kreatives Spiel zu spielen. Das Ergebnis bleibt hier immer ungewiss, es lässt sich nicht zweckrational planen, also auch nicht extrinsisch motivieren.

Kreativität ist nicht nur eine besondere Form intelligenter Leistung, sondern Kreativität ist ein motivierter, keineswegs nur basierend auf kognitiven Prozessen, die sehr stark von äußeren und sozialen Bedingungen abhängen. Kognitive Prozesse umfassen [7]:

- Integrative, häufig multisensorische und auf Erfahrung beruhende Erkennungsprozesse,
- Prozesse, die das Erkennen individueller Ereignisse und das Kategorisieren bzw. Klassifizieren von Objekten, Personen und Geschehnissen beinhalten,
- Prozesse, die bewusst oder unbewusst auf der Grundlage von Repräsentationen ablaufen,
- Prozesse, die eine zentrale, erfahrungsgesteuerte Modulation von Wahrnehmungsprozessen beinhalten und deshalb zu variablen Verarbeitungsstrategien führen,
- Prozesse, die Aufmerksamkeit, Erwartungshaltungen und aktives Explorieren der Reizsituation voraussetzen oder beinhalten und
- mentale Aktivitäten im traditionellen Sinne wie Denken, Vorstellen, Erinnern.

Zwei Disziplinen beschäftigen sich mit der Anregung kreativer Prozesse, die Informatik und die Hirnforschung. Beide Forschungsansätze befassen sich auch mit psychologischen Fragestellungen. Die kognitive Psychologie übernahm bereits früh, als Modell des menschlichen

Wahrnehmens und Denkens, Informationsverarbeitungs-
prozesse und Speichermodelle aus der Informatik.

Der Ingenieur und Mathematiker Claude Shannon
hat in einem Aufsatz [8] versucht die kommunikativen Austauschprozesse mathematisch zu beschreiben.
Ursprünglich als ein Modell zur Erklärung des Funktions-
mechanismus konzipiert und von Shannon selbst als nur
dafür gültig erklärt, wurde dieses Konzept – vor allem
unter dem Einfluss des Wissenschaftsjournalisten Weaver
[9, 10], des Kybernetikers Norbert Wiener [11, 12] und
des Psychologen Miller [13–15], – schon bald als ein allgemeines Modell der Kommunikation angesehen, das jed-
wede Form kommunikativer Austauschprozesse erklären
könnte, einschließlich derjenigen, die in der Humankommunikation ablaufen.

Die von Shannon formulierte technische Kommunikation ist durch einen dreistufigen Prozess charakterisiert. Die vom Sender zu übermittelnde Nachricht wird
dabei zunächst mithilfe eines Codes, der die semantische
Beziehung zwischen dem Zeichen Setzenden und dem
Bezeichnetem regelt, in bestimmte Signale, beispielsweise phonetischer, bildlicher oder schriftlicher Art, verschlüsselt. In einem zweiten Schritt werden diese Signale
über einen Informationskanal sodann an einen Empfänger
übermittelt. Dieser analysiert schließlich in einem dritten Schritt die übermittelte Nachricht, indem er die bei
ihm eingetroffenen Signale mit demselben Code, mit der
die Nachricht eingelesen (enkodiert) wurde, wieder entschlüsselt (dekodiert).

Für das Funktionieren dieses Ablaufs ist die Codever-
einbarung zwischen Sender und Empfänger maßgebend,
die das Enkodierungs- und Dekodierungsprozedere regelt.
Diese Bedingung gilt für die Humankommunikation bzw.
die Kommunikation über Avatare jedoch nur bedingt.
Denn die zwischenmenschliche Verständigung direkt

oder über Avatare wird nur zum Teil über Codesysteme abgewickelt.

Das Problem bei der Analyse von Kommunikationsschwierigkeiten zwischen Mensch und Künstlicher Intelligenz ist daher, dass die Kommunikationspartner das Vorhandensein und das Ausmaß konsensueller Bereiche in der Sachebene erkennen, in der Beziehungsebene aber nicht. Das Wissen darüber, ob und inwieweit man sich versteht, muss ebenso durch Versuch und Irrtum in selbstreferenzieller Weise ausgelotet werden wie die Bedeutung von Worten, Gesten, Mimik und Gebärden. Ich teste mit jedem Satz und jeder Geste, ob mein Partner mich verstanden hat oder nicht, und er tut dies genauso (gleichgültig, ob dies bewusst oder – wie meist – unbewusst geschieht). Die Selbstrefernzialität dieses Prozesses besteht darin, dass ich als Kommunikationspartner derjenige bin, der darüber entscheiden muss, ob Kommunikation gelingt oder nicht, und dabei kann ich mich irren.

Über die psychologischen Teilprozesse bei sprachlicher Kommunikation sind heute viele Einzelheiten bekannt [16]. So stellten beispielsweise die Maximen der Gesprächsführung nach Grice [17,18] ein Instrumentarium dar, mit dem sich der Sprecher auf den wahrgenommenen Hörer sensibel einstellen kann. Deiktische Funktionen der Sprache dienen der Verankerung des Gesagten in Raum und Zeit; sie lenken letztlich die Aufmerksamkeit des Hörers. Für fein unterscheidbare Intentionen wie jemanden informieren, informiert werden wollen, jemanden zu einer Handlung veranlassen, Gefühle teilen wollen, sich zu etwas verpflichten, gibt es Unterschiede in der Form der Sprechakte, die man im Wesentlichen kennt und bis in die Wortwahl, den Satzbau und sie Satzmelodie hinein aufweisen kann. Jede sprachliche Äußerung enthält etwas wie die Figur, den Kern einer Mitteilung, die sich von dem Grund des Unausgesprochenen, vom Sprecher beim Hörer als bekannt vorausgesetzt, abhebt. Das bloße Aussprechen von etwas zum Hintergrund Gehörigem kann schon zur Ironie und damit zur Aussage über den Beziehungsaspekt geraten und sehr leicht auch den Hörer verletzen. Eine wichtige Regel lautet, dass der kooperative Sprecher beim Hörer unterstellte oder leicht erschließbare Information nicht mehr ausspricht. Das macht dass Gespräche kurz und effizient, kann aber auch zum massiven Ausdruck der Einschätzung des Hörers werden, die dieser sofort auf der Beziehungsebene interpretiert.

Neben Psychologen, Linguisten und Informatikern versuchen auch Neurowissenschaftler mit Hilfe von Computerexperten und Netzwerktheoretiker herauszufinden, wie ein Gehirn gesteuert und differenziert auf Umweltreize reagiert, um kreative Prozesse aus innerem Antrieb erklären zu können. Die Vertreter einer am Computermodell – basierend auf neurologischen Verarbeitungsprozessen – orientierten Kreativitätspsychologie weisen indes darauf hin, dass kreative Prozesse wie Denkprozesse vielfach unbewusst verlaufen [19].

Es ist richtig, häufig bereitet sich unbewusst eine Idee vor: In Träumen, im Halbschlaf usw. Das wurde vielfach unter dem Begriff der „Inkubation" beschrieben. Gewohnheiten oszillieren zwischen Bewusstsein und Unbewusstem, gehören also einer gemeinsamen psychischen Sphäre an. Wenn man Denk- oder Handlungsmuster neu erlernt, werden sie zunächst sehr bewusst ausgeführt. Mit wachsender Routine sinken sie ins Unbewusste. Die Aufmerksamkeit kann von ihnen abgezogen werden und sich anderen Inhalten zuwenden[5]. Prinzipiell scheinen aber solch unbewusste Prozesse bewusstseinsfähig zu bleiben.

---

[5] K.-H. Brodbeck 1998; 2000, S. 32 ff.

Das menschliche Gehirn enthält von Geburt an mehrere 100 Mrd., nach neueren Schätzungen vielleicht sogar 1000 Mrd. Nervenzellen – eine unvorstellbar hohe Zahl. Diese Neuronen bilden sich schon im Mutterleib, und ihre Lebensdauer ist länger als die aller anderen Körperzellen – nämlich bis zu 80 Jahre. Kein anderer Zelltyp im Körper wird so alt. Die Nervenzellen, die schon im Embryo-Gehirn entstehen, teilen sich nur vor der Geburt in verschwenderischer Fülle. Wenn das Kind auf der Welt ist, hören sie damit auf. Das Gehirn wächst nicht, wie andere Organe, dadurch, dass sich seine Zellen teilen. Es wächst, weil die Nervenzellen Verbindungsfasern ausbilden, die sich untereinander vernetzen und immer dicker werden. Deshalb sagen Hirnforscher auch nicht, dass das Gehirn wächst, sondern dass es reift. Zwar weiß man seit kurzem, dass es tatsächlich einige Hirnregionen gibt, in denen selbst beim Erwachsenen noch neue Nervenzellen – die Spiegelneuronen – entstehen können. Doch ihr Anteil ist gering im Vergleich zur Masse der Zellen, die sich nicht mehr teilt. Von dem gigantischen Netzwerk zwischen den Milliarden von Nervenzellen ist nur der kleinste Teil dafür zuständig, das Gehirn mit der Außenwelt zu verbinden. Es sind etwa vier Millionen Fasern; also Leitungen, die für die Sinne zuständig sind – für Sehen, Hören, Fühlen, Riechen oder Schmecken.

Die Zahl aller Verbindungen dagegen, die ausschließlich die Neuronen innerhalb des Gehirns miteinander verbinden, ist über zehn Millionen mal so groß wie die Zahl der Eingänge: Auf jede einzelne Faser, die in das Gehirn hinein- oder daraus herausgeht, kommen 10 Mio. Fasern, die das Netzwerk nur mit sich selbst verschalten.

Weitergeleitet werden die Informationen und Ergebnisse durch elektrische Impulse und durch chemische Signale quer durch das gigantische Netzwerk. Die elektrischen Impulse gehen von den Nervenzellen aus und laufen durch lange Nervenfortsätze, die Axone. Am Ende kommen sie an Übertragungsstellen an, den Synapsen. Dort reizt der elektrische Impuls kleine Behälter, die Botenstoffe enthalten. Diese Botenstoffe, auch Neurotransmitter genannt, übertragen jetzt den Reiz als kleine Chemiebomben an die gegenüberliegende Synapse. Dort führen die Neurotransmitter wieder zu einem elektrischen Impuls. An der Nervenzelle sitzen außer den Axonen, den großen Leitungsfasern, auch viele kleinere Fortsätze, die Dendriten mit ihren vielen Synapsen. Sie empfangen Signale von anderen Zellen, an ihnen docken zum Beispiel Axone anderer Nervenzellen an. Die Synapsen können unterschiedlich stark erregt werden, und je öfter an ihnen ein Signal ankommt, desto stärker ist ihre Reaktion.

Jeder Prozess im Gehirn wird von einer ganzen Gruppe von Nervenzellen durchgeführt – 100 bis 1000 Neuronen sind beteiligt. Jede Nervenzelle ist mit bis zu 15.000 Synapsen mit anderen Nervenzellen verbunden und tauscht mit ihnen elektrische Impulse aus. Wenn das Gehirn arbeitet, sind weder einzelne Zellen noch einzelne, scharf abgegrenzte Regionen oder einzelne Minigehirne aktiv. Stattdessen sind die Hirnprozesse in der Regel über verschiedene Regionen und beide Gehirnhälften verteilt. Beim Erwachsenen bombardieren die Sinne und die Reize von außen das Gehirn mit einer ungeheuren Menge von Informationen – aus allen Organen im Körper, aus allen Sinneswahrnehmungen und Aktivitäten fließt der Datenstrom ins Gehirn. Mit seinem Netzwerk muss es alle Reize verarbeiten. Dabei reduziert und filtert es die eingehenden Reize größtenteils und schützt sich so vor Überflutung.

Es gibt noch eine andere Art von Zellen im Gehirn, die sogenannten Gliazellen. Sie umgeben die Nervenfortsätze mit einer Schicht von Bindegewebe, etwa so, wie ein Kabel eine elektrische Leitung umhüllt. Myelinschicht nennen Hirnforscher diese schützende Hülle. Die Gliazellen sind noch zahlreicher als die eigentlichen Nervenzellen, es sind 100.000 Mrd. Sie schützen nicht nur die Nervenfortsätze, sondern sorgen auch dafür, dass die elektrischen Impulse, die die Nerven weitergeben, besonders schnell weitergeleitet werden. Eine Nervenzelle ohne Myelinschicht leitet einen Impuls in 10 m/s – mit der glibberigen Substanz um die leitenden Fasern ist sie zehnmal so schnell, nämlich 100 m/s. Daher sind die Gliazellen enorm wichtig im Gehirn, und sie bilden insgesamt 90 % der Gehirnmasse.

Je mehr Verknüpfungen – und je mehr Gliazellen – desto schneller die Weiterleitung der elektrischen Signale. Die Neuronen bilden untereinander Kontakte, von denen jedes mit 1000 anderen Neuronen verknüpft ist, was insgesamt 100 Billionen Synapsenverbindungen ergibt. Diese Kontaktstellen sind extrem veränderbar und bilden die Basis der menschlichen motorischen, kognitiven und emotionalen Fähigkeiten. Über die Synapsen tauschen die Neuronen permanent elektrische und chemische Informationen aus, arbeiten also zugleich analog und digital.

Beim Lernen, so scheint es, belohnt sich das Gehirn für jeden Erfolg selbst – diesem Phänomen sind Wissenschaftler weltweit auf der Spur. Wenn eine bestimmte Region des Mittelhirns (nucleus accumbens) besonders angesprochen wird, schütten die Nervenzellen dort den Botenstoff Dopamin aus. Dopamin vermittelt den Zellen ein Signal, das als ein positives Gefühl ankommt: die Freude über den Erfolg. Doch noch andere Botenstoffe wirken, wenn die neuen Informationen von Nervenzelle zu Nervenzelle weitergegeben werden. Dazu gehören zum Beispiel Noradrenalin und Glutamat. Diese Botenstoffe werden von den Zellen ausgeschüttet und docken an Rezeptoren der nachfolgenden Zelle an. Je öfter das geschieht, desto schneller funktioniert die Übertragung zwischen den Zellen. Dopamin scheint nun die Zellen besonders sensibel für das Empfangen von neuen Informationen zu machen.

Dopamin nennt man deshalb auch einen Modulator für das Lernen, weil es wie eine Art Verstärker wirkt. Dopamin ist aber auch daran beteiligt, wenn neue Informationen im Langzeitgedächtnis gespeichert werden. So reguliert Dopamin z. B. die Bereitschaft, neues Wissen aufzunehmen und mit vorhandenen Erfahrungen zu verknüpfen. Dopamin regelt so auch die Langzeitplastizität des Hippocampus für neue Informationen.

Die Dopamin-Ausschüttung führt dann dazu, dass diese Informationen besonders fest im Gedächtnis verankert werden und besonders gut wieder abgerufen werden können. Es gibt indes nicht „das Gedächtnis" sondern verschiedene Gedächtnissysteme.

- Semantisches Gedächtnis für Faktenwissen (Vokabeln etc.)
- Episodisches Gedächtnis für biografisches Wissen (Erinnerungen, Konfliktsituationen)
- Prozedurales Gedächtnis für Fertigkeiten
- Aufgliederung in Untergedächtnisse und Gedächtnismodule

3.1.3 Spiegelneuronen angeregt durch bewegungsorientiertes, virtuelles Lernen im 3D-Raum

Eine der spektakulärsten Entdeckungen der neueren Hirnforschung sind die Spiegelneuronen. Das sind Hirnzellen mit Doppelfunktion: Sie sind aktiv, wenn man selbst etwas tut, geraten aber auch in Aktion, wenn man andere nur beobachtet. Mit ihrer Hilfe können Menschen blitzschnell Handlungen anderer erkennen und offensichtlich auch besonders gut neue Bewegungen lernen. Und obwohl man noch längst nicht alles über ihre Funktion, ihre Verteilung im Gehirn und ihre Vernetzung mit anderen Hirnzellen weiß, ist sicher, dass sie beim Menschen eine ganz besondere Rolle spielen: Sie beginnen zu schwingen, wenn man andere beobachtet, Gesichter sieht, Mimik und Gestik, und Emotionen wahrnimmt. Die Zellen zum Gedankenlesen wurden sie schon genannt, denn selbst wenn eine Handlung nur angedeutet wird, ergänzt das Gehirn sie dank seiner Spiegelneuronen zu vollständigen Aktionen. Ganz besonders dann, wenn ein Mensch etwas mit der Hand macht, etwa ein Werkzeug, einen Joystick oder ein Handheld in Kombination mit einer Datenbrille bewegt. Besonders aktiv werden sie, wenn man Bewegungen lernen möchte.

Die Wunderzellen mit Doppelfunktion sitzen in mehreren Bereichen des Gehirns, zum Beispiel dort, wo Bewegungen gesteuert werden, speziell Handbewegungen. Aber sie sind auch im limbischen System und in der linken Hirnhälfte an der Stelle zu finden, wo das Sprachzentrum, das Broca-Areal, sitzt. Man geht von einem ganzen System von Spiegelneuronen aus. Absolut gesehen sind nur wenige Prozent der Milliarden von Hirnzellen Spiegelneuronen, aber sie sind offensichtlich auf besondere Weise mit den Bereichen vernetzt, die für Sehen und Hören zuständig sind. Diese Sensoren beliefern die Spiegelneuronen bevorzugt mit Wahrnehmungsdaten, wenn es um das Erkennen von Gesichtern oder Handlungen anderer Menschen geht.

Die stürmische Entwicklung der Neurowissenschaften in den letzten Jahrzehnten ermöglichte es, die neuronalen Informationsprozesse besser zu verstehen, vor allem die molekularen und elektrischen Reaktionsketten in Nervenzellen, welche die Eigenschaften von Netzwerk und Nervensystem beeinflussen. Das Gehirn konstruiert aus allen Inputs, die es bekommt, ein möglichst konsistentes Bild des Körpers und des Selbst – und optische Reize haben dabei offenbar ein sehr großes Gewicht. Jedoch bleibt das Gehirn als Ganzes weiterhin ein Rätsel, bis heute kann nicht erklärt werden, was Geist, Bewusstsein und freier Wille ihrem Wesen nach sind.

Die wichtigste Fähigkeit des menschlichen Gehirns ist es, innere Repräsentationen erzeugen zu können, und zwar infolge einer Interaktion mit der Umwelt oder spontan durch eine innere Lenkung der Aufmerksamkeit, wobei die optimale Aufmerksamkeitsspanne im Gehirn nur 3 Sekunden beträgt. Nach Vorstellungen von Neurobiologen bildet sich durch Mobilisierung von Neuronen, die über die verschiedenen Rindenfelder des Gehirns verteilt sind, ob ein Objekt erkannt wird und ob das erkannte Objekt eher gegenständlich oder abstrakt ist. Das erkannte Objekt ist indes flüchtig. Seine Lebensdauer bemisst sich nach Sekundenbruchteilen. Die Singularität der Neuronen, die es aufbauen, ist dagegen sehr viel beständiger und verdankt ihre Entstehung einerseits inneren genetischen Mechanismen und andererseits der regulativen Wirkung einer langen Reihe von Interaktionen mit der Umwelt. Das epigenetische Element der neuronalen Singularitäten ist also selbst eine innere Repräsentation, die in die Vernetzung der Nervenzellen eingegangen ist. Diese Prägung durch die physische und soziokulturelle Welt bleibt über Jahre, vielleicht ein ganzes Leben lang erhalten. In jeder Generation wird sie neu erworben, d. h. der menschliche Genotyp bringt ein Großhirn hervor, das zur Einsicht in Sachverhalte, zum Gebrauch von Symbolen und damit auch zu einem Höchstmaß an zweckmäßiger Auswertung von Erfahrungen befähigt; dies macht Lernen überhaupt erst möglich. Intelligenz ist also nicht eine erbliche ein für alle Mal festgelegte Größe, sondern sie bildet sich je nach sozialen und kulturellen Anforderungen, die an den Menschen gestellt werden, auf verschiedene Art aus. Die geistige Leistungsfähigkeit ist keineswegs bloß das Ergebnis eines Reifungsvorganges, sondern – zumal in ihren höheren Formen – weitgehend lernbedingt. Bis heute ist die

Intelligenz ein zentrales Rätsel der Genetik. Zwillings-
und Adoptionsstudien zeigen, dass mindestens 50 % der
in der Bevölkerung vorhandenen Unterschiede erblich
bedingt sind. Gleichzeitig ist im Durchschnitt wohl nichts
so entscheidend für das Subjekt wie die Intelligenz. Auch
wenn es überwiegend die Gene sind, die das Denkver-
mögen bestimmen – seine Vererbung ist extrem kompliziert. Anders etwa als die simplen, durch ein einziges Gen
verursachten Erbkrankheiten folgen Merkmale wie die
Körpergröße, die Neigung zu Herzinfarkt oder Bluthoch-
druck, der IQ nicht den Mendelschen Regeln. Der Grund:
Nicht bloß ein, zwei oder zehn Gene steuern hier das
Merkmal, sondern viele erbliche Faktoren. Sie alle haben
einzeln nur eine winzige Wirkung, im Zusammenspiel aber
ist ihr Einfluss gewaltig. Rund 1000 hat man bisher ent-
deckt. Nach Schätzungen der Wissenschaftler sind es zwischen 10.000 und 100.000 Elemente im Genom, die die
menschliche Intelligenz steuern. Hinzu kommt, dass der
messbare Einfluss der Erbmoleküle mit dem Alter steigt.
Finden Zwillingsstudien bei Kindern nur 20 bis 30 % Erb-
lichkeit, steigt dieser Einfluss bei Heranwachsenden auf 50
und im mittleren Erwachsenenalter auf 80 %. Möglich-
weise liegt dies an der langsamen Reifung des Gehirns, dem
wachsenden Einfluss sozio-kultureller Umweltbedingungen
oder einfach nur an der nachlassenden Neugier und der
damit verbundener geistigen Bequemlichkeit.

Ein Modell eines Schichtenaufbaus der Intelligenz
kann für eine Analyse dieser Entwicklung nützlich sein.
Über einer Schicht der ererbten Intelligenz, die von sel-
ber ausreift, entsteht durch zunehmende Erfahrungen ein
Oberbau der kulturbedingten oder erlernten Intelligenz[6].
Neben der Analyse der Entwicklung und den kulturellen

---

[6]Pädagogische Psychologie des Lehrens und Lernens, 1957 bis 1983, (16 Aufl.).

Rahmenbedingungen der Intelligenz ist ein wichtiges Element der neurowissenschaftlichen Forschung die Suche nach neuronalen Korrelaten von Bewusstsein. In den vergangenen Jahren nahm die Wahrnehmungsforschung eine dominierende Position innerhalb der neurobiologischen Grundlagenforschung des Bewusstseins ein[7].

Am intensivsten ist dasjenige von Bewusstsein und Aufmerksamkeit begleitet, was neu und wichtig erscheint. Als wichtig wird natürlich zu allererst eingestuft, was sich in der Vergangenheit als bedeutsam im positiven und insbesondere im negativen Sinn erwiesen hat. Dadurch wird die Empfindlichkeit der Sinnessysteme für bestimmte Ereignisse geschärft.

Nach wie vor das größte Rätsel sind die ganz individuellen Erfahrungen in Kombination mit den dabei empfundenen Gefühlen, die das Bewusstsein prägen. Warum sich etwas auf eine ganz bestimmte Weise anfühlt und was das Individuum als Handlung daraus einwickelt, ist nach wie vor ein Geheimnis. Ob die Menschen das Geheimnis des Bewusstseins naturwissenschaftlich ergründen werden ist gegenwärtig auch mit Sensoren, die die Gehirnwellen direkt mittels Nanosonden ausmessen und in Bilder übertragen, noch nicht eindeutig vorhersagbar.

3.2 Paradigmenwechsel durch Digitalisierung

Die globale Digitalisierung in Kombination mit der steten Ausweitung der sozialen Medien und die Spezialisierung innerhalb der Wissenschaftsdisziplinen führen dazu, dass

---

[7]**Anders sehen: Die verblüffende Wissenschaft der Wahrnehmung** von Beau Lotto (Autor), Jens Hagestedt (Übersetzer), **15. Januar 2018.**

auch marginale neue wissenschaftliche Erkenntnisse, die darüber hinaus meist auch noch für eine Transformation in Technologien irrelevant sind, gepostet werden, sodass die Bedeutung der Wissenschaft in den Augen der Öffentlichkeit sinkt. Die Folge davon ist, dass sich die Forschungen innerhalb der Wissenschaftsdisziplinen immer mehr an den Regeln der Geldgeber orientieren. Das Kredo der Wissenschaft, der Wahrheit verpflichtet zu sein, bleibt dabei auf der Strecke. Die Reaktionen in den Wissenschaftsdisziplinen auf das Entgleiten des Wahrheitsmonopols sind vielfältig und gespalten. Sie reichen von totaler Verständnislosigkeit über verbesserte und eindeutige Richtlinien zur Nachvollziehbarkeit von Experimenten einschließlich der Überprüfung von Studien bis hin zu Liberalisierungsversuchen durch gezielte Nutzung der sozialen Medien. Der Einfluss der digitalen Revolution auf die Wissenschaft nimmt zu. Gleichzeitig kann immer weniger nachvollzogen werden, welche Erkenntnisse auf den Einsatz Künstlicher Intelligenz zurückzuführen sind. Wissenschaft verliert einerseits ihren Nimbus, ist andererseits aber auch unverzichtbar. Sie muss deshalb durch Veränderung der institutionellen Strukturen und Rahmenbedingungen in die Lage versetzt werden, dem gesellschaftlichen Druck, dem sie ausgesetzt ist, zu widerstehen, um sich nicht jeder politischen, ökonomischen oder sozialen Forderung beugen zu müssen.

Im Allgemeinen sind Wissenschaftler vom Transfer ihrer Forschungsergebnisse in Technologien faktisch abgetrennt; sie verfügen über wenig Einflussmöglichkeit; dafür sind andere zuständig. Folglich, so ist die Argumentation, können Wissenschaftler auch nicht für die faktischen Folgen der von ihnen gewonnenen Erkenntnisse zur Rechenschaft gezogen werden. Bei dieser Argumentation wird allerdings die individuelle Aktivität der Forscher um den Erhalt von

Fördermitteln oder ihr Bestreben, in der Wissenschaft Karriere zu machen, unterschlagen.

Bei der Betrachtung dieser Perspektiven liegt auf der Hand, dass eine Neudefinition der Funktion von nationalen Universitäten aber auch von öffentlich geförderten Forschungseinrichtungen erforderlich ist. Die Rolle der Geldgeber – Staat oder Unternehmen – muss ebenfalls überprüft werden. Beide berufen sich, je nach Blickwinkel, auf wissenschaftliche Experten, deren Expertise von anderen Wissenschaftlern angezweifelt wird, die häufig bei einem Thema gegenteiliger Meinung sind. Hier trifft Wissenschaftsdisziplin auf Wissenschaftsdisziplin und damit auf die ganze Skepsis und teilweise auch auf Verachtung, die eine Wissenschaftsdisziplin einer anderen mit Methodenkritik, Gegenkritik sowie verbandspolitischem Blockierverhalten auf allen Feldern professioneller Verteilungskämpfe entgegenbringen kann. Die Auseinandersetzung findet zunehmend durch vereinfachte, oft polemische Publikationen oder gar als Postings in den sozialen Medien statt. Es entwickeln sich aufgrund der Digitalisierung neue öffentlichkeitswirksame Formen wissenschaftlicher Expertenauseinandersetzung, wobei das rationale, wissenschaftliche Argumentieren zunehmend durch wissenschaftliche Pressemitteilungen ersetzt wird, abgesetzt übers Internet. Es kommt häufig vor [20][8], dass Experten Risiken im Namen ihrer fachunkundigen Klienten eingehen, während sie das wahre Wesen dieser Risiken verbergen oder zurecht frisieren.

Auch wenn viele wissenschaftssoziologische und -historische Fallstudien umstritten sind, ist doch allgemein

---

[8]**Warum so viele Beratungen kläglich scheitern** Von **Hans-Jürgen Klesse.** 7. Oktober 2010, Zeit online.

anerkannt, dass die Akzeptanz von wissenschaftlichen Meinungen häufig von Faktoren wie politischen und rhetorischen Konstellationen, Allianzbildungen und den Interessen des öffentlichen Forschungsbetriebs abhängig ist. Zudem zeigen derartige Fallstudien, dass der Wissenschaftsbetrieb gelegentlich durch politische und ökonomische Einflussnahmen fehlgeleitet wird.

Die Chancen reflexiver Beurteilung neuer wissenschaftlicher Erkenntnisse und deren Transfer in Technologien hinsichtlich der Gefahr und dem Nutzen für die Gesellschaft scheinen direkt proportional mit den Risiken und Mängelbilanzen, umgekehrt proportional mit dem ungebrochenen Glauben an den wissenschaftlichen Fortschritt zu wachsen.

Wissenschaft wird immer mehr außerhalb eines gesellschaftlichen Zusammenhangs mit der Hoffnung betrieben, damit Profit zu machen. Dabei bleibt aber meist die Frage unbeantwortet, wer von den Forschungsergebnissen profitieren soll und wofür Ressourcen, Rohstoffe und Energie eingesetzt werden. Damit stellt sich automatisch die Frage nach den Grenzen empirischen Wissens mit seinen komplexen Dynamiken und wissenschaftlichen Prognosen.

Diese Entwicklung erzwingt eine Neubesinnung und -bestimmung wissenschaftlicher Erkenntnisse im Kanon der Deutungs- und Verwendungsansprüche von Öffentlichkeit, Politik und Wirtschaft. Die Fragen lauten: Wo liegen Ansatzpunkte innerhalb der Wissenschaftspraxis selbst, um bei Fortführung und weiterer Ausdifferenzierung des Erkenntnisprozesses die Transformation in Technologie und damit die Wirkungen zu analysieren und dies nicht den gesellschaftlichen Gruppen allein zu überlassen. Wissenschaft muss bereit sein, über Gefährdungen diskutieren und über Risiken informieren zu wollen. Dies setzt allerdings folgendes voraus:

- Ursachen der Nutzung einer wissenschaftlichen Erkenntnis wird vor der Transformation in eine Technologie analysiert und nicht erst durch Behandlung von eingetretenen Symptomen,
- Bereitschaft von den Disziplinen voneinander und aus Fehlern zu lernen,
- Bereitschaft zur Kommunikation mit anderen wissenschaftlichen Disziplinen und mit potenziellen Nutzern der wissenschaftlichen Erkenntnisse.

Bei der Analyse von globalen Gefährdungen gibt es im Prinzip zwei Optionen: die Ursachenbeseitigung, die durch den Einsatz von Technologien entstand bzw. entsteht oder die profitorientierte, ökonomische Transformation von Forschungsergebnissen in Produkte mit den daraus resultierenden Folgen und Symptomen. Unter ökonomischen Prämissen kam bislang überall fast nur die zweite Version zum Tragen. Diese ist kostenintensiv, reagiert nur auf öffentlichem Druck, versucht die Ursachen im Dunkeln zu halten und kompensiert Fehler und Probleme mit Nützlichkeitshinweisen. Der Analyseprozess wird systematisch verkürzt, behindert: Die wirklichen Gründe von Gefährdungen gehen in Expertendiskussionen, punktuellen Betrachtungen und an der Behandlung von Symptomen unter. Bei der Umsetzung von Forschungsergebnissen in Technologien versuchen Unternehmen von ihrer Urheberschaft abzulenken oder gar von selbst verursachten Folgeproblemen zu profitieren.

Dies wirft Entscheidungsalternativen für die Wissenschaft auf: Entweder sie verbindet ihre Erkenntnisse mit einer Gefahrenanalyse, oder sie durchbricht die Symptombekämpfung und entwickelt eigenständige Gegenperspektiven, die die Problemquellen und ihre Beseitigung in der industriellen Entwicklung selbst aufzeigt und ausleuchtet. Das eine Mal wird Wissenschaft zum Teilhaber und zur legitimierenden Instanz von fortwirkenden Sachzwangketten, das andere Mal zeigt sie Ansatzpunkte und Wege auf, diese zu durchbrechen und eine Souveränität in der Umsetzung von Forschungsergebnissen in Technologien zu gewinnen. Und hier ist insbesondere zu beachten, überall dort wo die Menschen intensiv in Traditionen eingebunden sind, steigt die Gefahr, dass die Wissenschaft zum Motor der Modernisierung wird, sie aber keinen Einfluss auf die Umsetzung ihrer Ergebnisse in Technologien, mit den gesellschaftlichen und ökologischen Konsequenzen, hat.

Mit der Transformation von Forschungsergebnissen in Technologien unter ökonomischen Perspektiven werden in der Einführungsphase meist mögliche Gefahren und Probleme verdrängt bzw. verharmlost. Um dies zu verhindern, ist eine globale Institution, eine Virtuelle Universität, erforderlich, innerhalb derer Wissenschaftlern aus unterschiedlichen Disziplinen zusammen auch mit interessierten Laien auf Gefahren hingewiesen und auf Alternativen aufmerksam machen, die eine Technologie bei massenhaftem Einsatz hervorruft.

Ein Aspekt hinsichtlich der Gefährdungslage von Technologien hängt auch mit der Spezialisierung in den einzelnen Disziplinen der Wissenschaft zusammen. Mit der Spezialisierung steigt nicht nur die Gefahr, es nimmt auch die Wahrscheinlichkeit zu, dass punktuelle Lösungen erdacht und umgesetzt werden, deren beabsichtigte Hauptwirkungen dauernd durch die unbeabsichtigten Nebenwirkungen zugeschüttet werden. Die überspezialisierte Wissenschaftspraxis wird so zu einem Verschiebebahnhof für Probleme und ihrer kostenaufwendigen Symptomhandlungen. Die Pharmaindustrie produziert Antibiotika für die Viehhaltung. Mit der Konsequenz, dass sich diese über Gülleaustrag im Grundwasser anreichern und resistente Keime entstehen. Durch die Suche nach Antibiotika, die auch resistente Keime angreifen profitiert wiederum die Pharmaindustrie. Daneben muss das Trinkwasser aufbereitet werden. Dies macht wiederum den Eintrag von Stoffen bei der Wasseraufbereitung erforderlich, die die Antibiotika binden. So entstehen Problem-Lösungs-Problem-Erzeugungs-Ketten. Die auf die Spitze getriebene Spezialisierung produziert alles: die Nebenfolgen, ihre Unvorhersehbarkeit und die Wirklichkeit, die dieses Schicksal unabwendbar erscheinen lässt.

Disziplinär eingeengte Forschung reicht immer weniger aus, das Gefahrenpotenzial durch Transformation von Forschungsergebnissen in Technologien beurteilen zu können. Es ist eine neue Form von interdisziplinaren Analysen erforderlich, um Risiken wissenschaftlicher Erkenntnisse, die in massentaugliche Technologien transferiert werden können, in Kombination mit politisch-ökonomischem-ökologischem Handeln zu erkennen, um das schleichende Produzieren von Sachzwängen zu reduzieren.

Eine Virtuelle Universität eröffnet sowohl Wissenschaftlern als auch Laien, sich nicht nur zu informieren und sich weiterzubilden, sondern auch ganz neue Möglichkeiten, zum Beispiel als Avatare in einer weltweiten Community Vorteile wie Gefahrenpotenziale bei der Umsetzung konkreter Forschungsergebnisse in Technologien im Vorfeld zu diskutieren und über Kulturgrenzen hinweg zu neuen Ideen und Einschätzungen zu kommen.

Zwei ethischen Prinzipien muss eine globale Virtuelle Universität verpflichtet sein: der Freiheit von Forschung und Lehre und dem Recht der Studierenden, die neuesten wissenschaftlichen Erkenntnisse vermittelt zu bekommen. Jeder Wissenschaftler und jeder Studierende hat die Möglichkeit sich als Avatar mit den Wissenschaftlern, die diese Forschungsergebnisse gefunden haben, auszutauschen. Die Virtuelle Universität bietet auch ein Portal,

Forschungsergebnisse zu veröffentlichen. Ein Navigationssystem, basierend auf Künstlicher Intelligenz, sorgt dafür, dass die so publizierten Ergebnisse auf Neuheit überprüft, mit Ergebnissen aus anderen Disziplinen verglichen und auf Transformationsmöglichkeiten in Technologien untersucht werden.

3.2.1 Prinzipien der Adaptivität

Adaptivität bedeutet, dass sich die Software, die im Hintergrund der virtuellen, bewegungsorientierten 3D-Universität abläuft, den Bildschirminhalt, die Einspielungen auf der 3D-Brille, d. h. den Wissensinhalt auf die kognitiven Fähigkeiten, den Erfahrungen, den physiologischen und physischen Eigenheiten des Studierenden bzw. des sich Weiterbildenden während der Benutzung des Portals der Virtuellen Universität anpasst. Bei der Adaptivität unterscheidet man zwischen automatischer und benutzerorientierter Anpassung. Das Ziel ist es, dass sich das System der Virtuellen Universität im Laufe eines Bearbeitungsprozesses an den jeweiligen psychologischen Zustand des Benutzers selbsttätig anpasst. Aufgrund der Vielzahl an möglichen Interaktionssituationen und Individuen wird die Richtung der Systemänderung jedoch kaum von Beginn an bekannt sein. Aus diesem Grund werden die Veränderungen des präsentierten Wissensinhalts innerhalb eines Regelkreises sukzessive in Bezug auf ihre Wirkung auf das Individuum überprüft und nur jene gewählt, die augenscheinlich eine verbesserte Akzeptanz der Wissensvermittlung aufzeigen.

Das System überprüft laufend die Reaktion des Benutzers auf die Wissensinhalte. Dies erfolgt durch einen Vergleich mit mehreren Zielgrößen. Für die Definition der

Zielgrößen werden Verhaltensmuster der Benutzer auf-
gegliedert, strukturiert und mit den parallel beobachtbaren
psychologischen Zuständen der Benutzer in Beziehung
gesetzt (patterning). Dieser Datenverarbeitungsschritt
beruht hauptsächlich auf korrelative Kausalanalysen. Die
Bewertung der jeweils zusammenhängenden Kenngrößen
von Benutzer, Benutzerdaten und Situation erfolgt aufgrund der Wahrscheinlichkeit ihres Auftretens anhand von
Algorithmen.

Die hinsichtlich der Optimierung der Benutzermerkmale bewerteten Zustände des Systems werden
einer Datenbank für Stimuluspopulationen zugeführt.
Die Stimulusvariablen sind in dieser Datenbank als Gene
kodiert, die ihrerseits bei der Entstehung neuer Stimuluspopulationen der nächsten Generationen evolutiven Veränderungen (cross over, mutation) unterzogen werden
können. Die Optimierung bestimmt schließlich die Wahrscheinlichkeit, mit der die Stimulusvariablen wieder für
die automatische Steuerung von Veränderungen der präsentierten Wissensinhalte herangezogen werden (control).

Adaptionen müssen vom Benutzer nachvollziehbar
sein und sich jederzeit verändern lassen, z. B. durch Ver-
einfachungen des Wissensinhalts auf ein niedrigeres
intellektuelles Niveau. Denn vom Benutzer nicht nach-
vollziehbare Veränderungen und solche, die nicht von ihm
augenblicklich rückgängig gemacht werden können, führen zu einem Absinken des Interesses am dargebotenen
Wissensinhalt.

Der Adaptivitätsprozess ist prinzipiell in drei Schritte
unterteilt. Im ersten Schritt werden die Indikatoren für
eine Adaption ermittelt. Das Interaktionsverhalten des
Benutzers wird analysiert, indem Antworten auf Fragen in
Verbindung z. B. mit einer Recruiting-Software für eine
erste Anpassung benutzt werden, um anschließend die weiteren Interaktionen optimieren zu können.

Diesen ersten Schritt bezeichnet man als afferente Funktion der Adaptivität.

Im zweiten Schritt werden die ermittelten Daten auf der Basis von Modellannahmen über Benutzeranforderungen, Heuristiken oder Ontologien der vom Benutzer ausgewählten wissenschaftlichen Disziplin, ausgewertet. Schlussfolgerungen aus den registrierten Daten der Interaktion werden gezogen, um die geeignetsten Adaptionen zu identifizieren. Innerhalb der zweiten Stufe findet auch das ständige Update des Benutzerprofils durch personenbezogene Algorithmen statt, wie sie bei der Auswertung von Handy-Daten zum Kauf von Produkten eingesetzt werden.

Der Umgang des Benutzers mit dem System ist im Hintergrund stetig zu analysieren, d. h. der Handlungsablauf, wie der Benutzer vorgeht, welche Aufgaben er wie bearbeitet und wie er das System nutzt, muss erfasst und über einen bestimmten Zeitraum protokolliert werden. Die Registrierung der für die Adaptivität relevanten Indikatoren bezieht sich auf vier Dimensionen: den Benutzer und seine Interaktion mit dem System (Benutzermerkmale), die bearbeiteten Aufgaben (Aufgabenmerkmale), die Umgebung einschließlich des Ortes, an dem eine Aufgabenbearbeitung erfolgt (Umgebungsmerkmale) und die Technik, die für die Aufgabenbearbeitung eingesetzt wird, d. h. die Sensoren zur Analyse der Benutzermerkmale und die verwendeten Geräte wie 3D-Brillen. Der dritte Schritt zur Adaptivität, die man auch efferente Funktion nennt, passt die Schlussfolgerungen an den Benutzer an, in Form von Adaptionen von Systemeigenschaften, d. h. zusätzliche oder reduzierte Funktionen, geänderte Inhalte, Funktionsfolgen und 3D-Präsentationen mit 3D-Brille, Querverweise zu anderen Disziplinen über ein intelligentes Navigationssystem.

Die Benutzerinteraktion mit einem steten Update ist die zentrale Funktion für die Adaptivität. Hier liegen die größten inter-individuellen und intra-individuellen Unterschiede und hier liegen die größten Adaptionserfordernisse während der Systemnutzung, d. h. der Softwareanpassung. Beim Benutzer stellen sich Adaptionserfordernisse oftmals erst während der Systemanwendung heraus, da verschiedene Benutzer mit unterschiedlichen Dispositionen das System nutzen bzw. weil sich der Benutzer selbst durch Gewöhnung, Training, Ermüdung, Wissensniveau, kognitiven Fähigkeiten, Erfahrungshorizont etc. während der Benutzung verändert.

Die drei Schritte sind im Prinzip sequenziell voneinander abhängig. Der afferente Schritt, als erster Schritt, stellt die Beobachtungsdaten für die zentralen Analysen und Schlussfolgerungen der inferenten Funktion bereit, deren Ergebnisse werden in der efferenten Funktion umgesetzt. Der Benutzer bemerkt lediglich die Effekte des letzten Schrittes, evtl. ist er in einen Monitoring-Dialog einbezogen. Im Detail bestehen jedoch wechselseitige Abhängigkeiten zwischen den drei Schritten. Der afferente Schritt ermittelt und übermittelt lediglich Indikatoren, welche von den Inferenzalgorithmen benötigen werden. Wie beim Design eines Experiments braucht man für die Beobachtung bereits Beobachtungskategorien, sonst ist die Beobachtung blind. Die Adaptionsalgorithmen wiederum beinhalten nur Auswertungen und Schlussfolgerungen, für die in der efferenten Funktion Adaptionsmechanismen möglich sind. In diesem Sinn verläuft ein rückwärtiger Abhängigkeitsstrang von der efferenten über die inferente zur afferenten Funktion, um die Sammlung und Übermittlung von Adaptionsindikatoren und die Analyse und Schlussfolgerung von Adaptionsmaßnahmen durch Updates auf das tatsächlich umsetzbare Spektrum von

Adaptionen auszurichten und damit ökonomisch sparsam vorzugehen.

3.2.1.1 Realisierung der Adaptivität

Adaptionen können sich beziehen auf:

- die Benutzerschnittstelle (Interaktion und bewegungs-orientierte 3D-Präsentation),
- die Funktionalität (Werkzeuge, welche in die aktive Anwendung einbezogen bzw. ausgeblendet werden),
- die Geltungsdauer der Adaption: momentan bzw. situativ, dokumentspezifisch, sitzungsspezifisch oder permanent bis zum expliziten Widerruf,
- die Quervernetzung (Navigation, Anpassung an das Benutzerniveau innerhalb anderer Disziplinen bzw. Domänen),
- einzelne Benutzer oder Benutzergruppen (Umwandlung der Akteure in Avatare, virtueller Besprechungsraum).

Je umfassender eine Adaption angelegt ist, desto gründlicher kann und muss diese vorbereitet und bezüglich möglicher Veränderung von Wissensinhalten bei Quervernetzung geprüft sein. Insbesondere Adaptionen mit Auswirkung auf die Funktionalität, z. B. bei der Nutzung von 3D-Brillen, mit Wirkung auf den Lernprozess unter Einbindung des Benutzers als Avatar, um sich mit anderen Avataren in einem virtuellen Hörsaal auszutauschen, sind sorgfältig zu analysieren, vorzubereiten und zu gestalten.

Nicht nur bei der Adaptierbarkeit, sondern auch bei der Adaptivität spielen verschiedene Akteure eine Rolle. Das System mit seinen diversen Algorithmen und deren Updates steuert die Adaptivität, d. h. das System initiiert die Adaption und führt sie aus. Dies geht nicht ohne den Benutzer. Der Benutzer ist auch bei der automatischen

Adaption als indirekter Akteur beteiligt, unterstützt durch Deep Learning Algorithmen, die das Verhalten bzw. die Fähigkeiten und die Kenntnisse des Benutzers in den einzelnen Disziplinen stetig anpassen.

Erfassung der Benutzermerkmale

Schon die demografischen Daten (z. B. Alter, Geschlecht, Tätigkeit) eines Benutzers sind wichtig und werden in adaptiven Systemen häufig genutzt. Bereits die Altersangaben eines Anwenders als auch dessen Tätigkeit und Funktion ist ein guter Ansatzpunkt zur Anpassung von Inhalten, Präsentationen, Einsatz von 3D-Brillen und Interaktionsverfahren. Zur weiteren Bestimmung der Anfangsbenutzermerkmale eignet sich beispielsweise ein Algorithmus, der zum Recruiting von Führungskräften eingesetzt und auf einem neuronalen Netzwerk basiert. Der Algorithmus wertet die Sprache aus, die Wortwahl, Stimme und Betonung und analysiert die Mimik. Daraus lassen sich der Kommunikationsstil, das Bedürfnis nach Autonomie, das Streben nach Dominanz, Kontakt, Selbstorganisation, Neugier, Ausdauer und emotionale Stabilität ableiten. Algorithmen, die in Handy-Netzen benutzt werden, können ebenfalls schon verwendet werden, um vom Benutzer Vorlieben, Interessen und Aufgaben zu erfahren.

Darüber hinaus steht dem System i. d. R. durch Eingangsereignisse, wie explizit vom Benutzer oder von externen Quellen ausgehende Indikatoren, eine große Bandbreite an Wissen über Benutzereigenschaften und damit zur Ersteinstufung des Benutzers zur Verfügung. Nachfolgend werden die wichtigsten Eingangsereignisse beschrieben, die von adaptiven Systemen in Hinblick auf mögliche Adaptionen ausgewertet werden.

Fragebogen/Formular

Fragebögen und Formulare sind ein effektives Mittel, mit deren Hilfe der Benutzer Informationen über sich (analog den Algorithmen, die in den sozialen Medien für die Werbung eingesetzt werden) explizit zur Verfügung stellt. Diese Fragebögen, am besten als Multiple Choice, können vom Benutzer angekreuzt werden oder von Algorithmen indirekt abgefragt und so dem System eine Vielzahl von unterschiedlichen Eingangsinformationen zugänglich gemacht werden.

Tests

Über bewegungsorientierte 3D-Montageaufgaben mittels 3D-Brille können dem System weitere Daten über den Benutzer zur Verfügung gestellt werden. In der Regel dienen diese Tests der Feststellung von Wissen, Kenntnisstand und der Fähigkeit des Benutzers, sich im bewegungsorientierten, virtuellen 3D-Raum zurecht zu finden. Dazu können Testergebnisse und -bewertungen auch durch Dritte (z. B. über Avatare) in das System eingepflegt werden.

Sensorik

Neben der erstmaligen Datenerhebung zur Definition des Benutzermerkmals kommen zur laufenden Anpassung mannigfaltige weitere Informationsquellen hinzu. Sensoren, die den Benutzer nicht stören und die im System integriert sind, liefern wertvolle Informationen zum laufenden Update der Benutzermerkmale. Sensoren können beispielsweise benutzt werden, um

- Blutdruck
- EMG
- EEG
- EKG

- Augenbewegungen
- Temperatur (Umgebung, Benutzer)
- Bewegungen
- Analyse der Aufmerksamkeitsdauer bei bewegten und unbewegten 3D-Bildern,
- Gehirnwellen

zu ermitteln und aufbauend auf diesen Messergebnissen optimierte Adaptionen vorzunehmen. Ein Beispiel sind Adaptionen an die Konzentration/Aufgeregtheit eines Benutzers, gemessen durch physiologische Daten wie Pulsschlag, Blutdruck und Hautleitwiderstand.

Der Umgang des Nutzers mit dem System lässt sich anhand von Displaybilder analysieren, die synchron auch die Maus- und Augenbewegungen bzw. die Gesten über eine Kamera des Nutzers zeigen. Über sprachliche Antworten auf Testfragen lässt sich der emotionale Zustand des Benutzers ermitteln.

Mittels eines Reflective Mind Systems, Abb. 3.1, lassen sich noch weitere Informationen, insbesondere zur Strukturierung der Wissensinhalte erhalten. Die Systembausteine, bestehen aus einem Body-Reflector, einem Kommunikations-Controller, einem Bodysimulator und einem Content-Biofeedback-Player. Der Body-Reflector, kaum größer als eine Briefmarke, erfasst das Elektroenzephalogramm (EEG), das Elektrokardiogramm (EKG) und das Elektromyogramm (EMG). Das Hirnstrombild zeigt die Änderungen der physiologischen Bedingungen (Aufmerksamkeit) des Nutzers auf die Darstellung und das Niveau des Contents. Das EKG gibt Auskunft über die Stresssituation und das EMG zeigt die Reaktion des Nutzers der Virtuellen Universität auf das nonverbale Verhalten eines Avatars.

Neben der Aufnahme von EEG, EKG und EMG erfasst der Body-Reflector den Hautwiderstand, die Temperatur, den Impuls und die Geräusche.

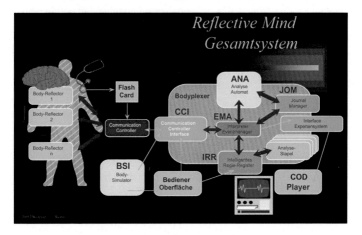

Abb. 3.1 Reflective Mind System

Die Signalübertragung erfolgt drahtlos über die Haut. Sämtliche Sensoren lassen sich in das Gestell einer 3D-Datenbrille integrieren. Der Bodysimulator dient zum Anpassen des individuellen Signalpegels. Die menschliche Haut ist grundsätzlich elektrisch leitfähig. Der Hautwiderstand schwankt allerdings zwischen einigen hundert Ohm bei dünner, feuchter Haut und einigen Millionen Ohm bei dicker, trockener Haut. Wird Schweiß produziert, steigt die Fähigkeit der Haut als Stromleiter zu fungieren stark an. Die Ströme, die dabei über die Hautoberfläche fließen, betragen nur wenige Mikroampere und sind daher völlig ungefährlich.

Die von einem Reflective Mind System ermittelten Messwerte können sowohl Auskunft über das Benutzerverhalten geben als auch Schaltvorgänge triggern. Der Mensch trägt einen kleinen Sender, der das kapazitive Feld dieser Person moduliert. Ein Empfänger demoduliert die Daten und gibt diese an das System weiter. Verwendet man mehrere Sensoren, lassen sich Bewegungen des menschlichen Körpers detektieren.

Damit ist es möglich, sehr komplexe und vor allem berührungslose Mensch-Maschine-Schnittstellen (Human Machine Interfaces, HMI) zu konfigurieren, die im Besonderen für bewegungsorientierte, virtuelle 3D-Simultionen von Bedeutung sind. Fortschritte sind auch beim direkten Steuern von Computern durch kognitive Prozesse unter dem Begriff Brain-Computer-Interface (BCI) erzielt worden[9].

Brain-Computer-Interfaces basieren auf der Beobachtung, dass schon die Vorstellung eines Verhaltens messbare Veränderungen der elektrischen Hirnaktivität auslöst. Beispielsweise führt die Vorstellung, eine Hand oder einen Fuß zu bewegen, zur Aktivierung des motorischen Kortex. In einem Trainingsprozess lernt das Brain-Computer-Interface (also sowohl der Rechner als auch der Mensch), welche Veränderungen der Hirnaktivität mit bestimmten Vorstellungen korreliert sind. Diese Information kann dann in Steuersignale für diverse Anwendungen umgewandelt werden. Ein Beispiel für ein einfaches Brain-Computer-Interface ist eine Auswahl aus zwei Alternativen, indem der Benutzer sich vorstellt, entweder die linke Hand oder aber den rechten Fuß zu bewegen.

Die Kommunikation zwischen Mensch und Maschine ist bei allen bislang entwickelten Brain-Computer-Interfaces nur in einer Richtung möglich, Abb. 3.2. So lernt der Mensch zwar, dem Cpmputer kraft seiner Gedanken etwas mitzuteilen, die Antwort des Computers wird bislang jedoch ausschließlich über die normalen Sinnessysteme des Organismus vermittelt (etwa Bilder, Töne, oder elektrische Reizung der Haut).

---

[9]S. Aliakbaryhosseinabadi, E. N. Kamavuako, N. Jiang, D. Farina, N. Mrachacz-Kersting (Center for Sensory-Motor Interaction, Department of Health Science and Technology, Aalborg University, Aalborg, Denmark; Department of Systems Design Engineering, Faculty of Engineering, University of Waterloo, Waterloo, Canada; and Imperial College London, London, UK).

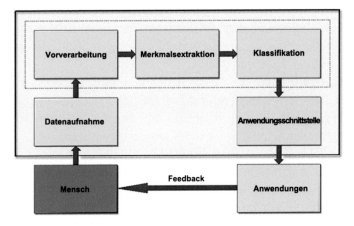

Abb. 3.2 Vereinfachter Aufbau eines Brain-Computer-Interface

Ein weiteres Verfahren, um den Adaptionserfolg zu evaluieren, ist die Abfrage mittels eines Recruiting-Algorithmus. Kameras und Mikrophone zeichnen dabei die Gestik, Mimik und Stimme des Benutzers auf, wobei der Algorithmus dessen jeweilige Gemütslage berechnet und das Verhalten des Avatars anpasst.

Algorithmen

Folgende Algorithmen sind für ein adaptives, virtuelles Wissenssystem mit bewegten 3D-Elementen erforderlich:

1. Algorithmen, die mit virtuellen 3D-Elementen die aktuellen und relevanten Ziele und Aufgaben des Benutzers erkennen und den Content den individuellen Bedürfnissen des Benutzers anpassen.
2. Algorithmen, welche das erarbeitete Wissen des Benutzers speichern und die Aktualisierungen des individuellen Know-hows dokumentieren.

3. Algorithmen, welche das Erfahrungswissen des Benutzers analysieren (verfügt der Benutzer über einen Erfahrungsschatz, der für spezielle Problemlösungen herangezogen werden kann und dafür ausreichend ist?).
4. Algorithmen, welche die Präferenzen und Interessen des Benutzers speichern und aktualisieren
5. Algorithmen, die basierend auf den Lern-Präferenzen des Benutzers den Content neu zusammenstellen.

3.2.1.2 Psychologische Persönlichkeitsmerkmale

Zu den Benutzermerkmalen gehört auch das weite Spektrum psychologischer Persönlichkeitsbeschreibungen, die sich teilweise ebenfalls mittels Algorithmen erkennen lassen. Derartige Merkmale sind z. B.:

- Selbstvertrauen
- Persönliche Einstellungen
- Leistungsbereitschaft
- Tradition
- Kommunikationsstile
- Sprachfähigkeit
- Fähigkeiten und unmittelbare Erfahrungen
- Motivation
- Neugier
- Kontaktfähigkeit
- Autonomie

Anwender sind oftmals nicht gewillt, diesbezügliche Informationen über sich bewusst preiszugeben. Zum einen stehen psychologische Schranken einer Angabe von negativ erscheinenden Merkmalen (z. B. bei geringem Selbstvertrauen, hohem Suchtpotenzial) einer Preisgabe dieser Daten im Weg, zum anderen werden ungewollten Auswirkungen (z. B. bei Leistungsbereitschaft) befürchtet.

Weitere, oftmals schwer bestimmbare und mitunter schnell wechselnde Personenmerkmale sind etwa die Emotionen des Benutzers.

Interessen

Adaptionen an Interessen des Benutzers beziehen sich auf die modular strukturierten Wissensinhalte, für die sich der Benutzer bevorzugt interessiert. Dies kann mehr oder weniger eingebettet sein in die vom Benutzer bearbeiteten Aufgaben. Das Wissen über die Interessen ebenso wie Kenntnisse über Desinteressen eines Benutzers ist eine wichtige Voraussetzung zur Adaption von Inhalten. Eine Interessensidentifikation kann innerhalb der gewählten Disziplin und den Quervernetzungen geschlossen werden, wenn die Inhalte nach relevanten, anhand eines intelligenten Navigationssystems, Kategorien (in Ontologien) strukturiert sind.

Wissen

In den meisten Disziplinen ist der Wissensstand des Benutzers bezogen auf konkretes Faktenwissen, Allgemeinwissen und unmittelbare Erfahrungen direkter Einstieg in die Anpassung.

Das Wissensniveau und die vorhandenen Erfahrungen können beim Einstieg anhand des Ausfüllens eines Fragebogens ermittelt werden, um dann in weiteren Schritten mit den aus dem System abgerufenen Inhalten ergänzt zu werden. Ein Indikator kann die Häufigkeit sein, mit der eine bewegungsorientierte 3D-Anwendung, ein Wissensmodul oder eine Funktion vom Benutzer ausgewählt wird. In Verbindung mit Adaptierbarkeit kann sich der Benutzer auch selbst hinsichtlich des Expertisegrades einordnen, das System würde daraus (anders als bei der alleinigen Adaptierbarkeit) entsprechende Adaptionen ableiten und ausführen. Aus der Häufigkeit der Nutzung bestimmter Funktionen kann auch auf die Interaktionsexpertise geschlossen werden, die in den Bereich von Fertigkeiten (skills) im Umgang mit dem System gehören.

3.2.1.3 Aufgabenmerkmale

Aufgaben beinhalten die Bearbeitung von Handlungsabläufen mit dem Ziel, diese verstehen und in anderer Form nachvollziehen zu können. An diese Handlungsabläufe kann dann das System die benötigten Funktionen und Funktionsfolgen adaptieren. Erforderlich hierzu sind die Ermittlung von Mittel-/Zielrelationen und die Identifikation von Indikatoren, die für eine entsprechende Adaption herangezogen werden können. Die Bereitstellung oder vertiefende Zugänglichkeit und Erläuterung von Handlungsabläufen mit Funktionsfolgen bei wiederkehrenden Aufgaben oder Teilaufgaben sind Beispiele für eine aufgabenorientierte Adaption.

3.2.1.4 Inferenz: Analyse und Schlussfolgerung für Adaption

Die Vorgehensweise eines Benutzers auf dem Portal der Virtuellen Universität muss hinsichtlich seiner individuellen Eigenheiten stetig ausgewertet werden. Die Ergebnisse sind bestimmten Merkmalen in Beschreibungsmustern für Persönlichkeit, Expertisegrad und für die bearbeiteten Aufgaben zuzuordnen. Aus dieser Zuordnung muss aufgrund von Persönlichkeits- oder Lerntheorien oder aufgrund von pragmatischen Effektivitätsüberlegungen bezüglich der zu bearbeitenden Aufgaben geschlossen werden, welche der möglichen alternativen Systemhandhabungsmöglichkeiten angeboten werden sollen. Um die genannten Anforderungen zu erfüllen, müssen im System einer Virtuellen Universität folgende Funktionalitäten realisiert sein:

Wissensrepräsentation

Das Wissen des Systems über die unterschiedlichen Wissensniveaus der Disziplinen, die Benutzer und deren zu bearbeitende Aufgaben zur Lösung von Problemen oder zur Vorbereitung auf eine Zertifizierung muss in einer dem System zugänglichen Art und Weise repräsentiert werden. Das System sollte daher aus Wissenselementen oder Wissensmodulen bestehen, die sich miteinander verknüpfen lassen und ihm in Form einer Mind-Map eine Struktur geben. Dazu sind Informationen über die folgenden Komponenten von besonderer Wichtigkeit:

- Das System muss sich an Veränderungen in den verschiedenen Disziplinen anpassen lassen
- Austauschbarkeit von Systemfunktionen (Algorithmen mit neuronalem Netz)
- Interaktionsmöglichkeiten mit anderen Nutzern direkt oder in Form von Avataren
- Quervernetzungen mittels intelligenter Navigationssysteme
- Hilfen

Das Systemmodell dient als Basis für die Definition einer formalen Semantik für die oben genannten Komponenten und zur abstrakten Darstellung des Systemverhaltens. In Verbindung mit dem Aufgabenmodell ermöglicht das Systemmodell die Klärung der Rolle des Benutzers und bildet somit die Grundlage für Adaptionsleistungen.

Benutzermodell

Das Benutzermodell speichert die Daten, die aktuell über einen Benutzer verfügbar sind. Ein wesentlicher Bestandteil des Benutzermodells ist die Modellierung der Benutzermerkmale. Einerseits enthält ein Benutzermodell Merkmale, z. B. den Namen und das Alter eines Benutzers, deren Aussage sich auf andere Bereiche der Virtuellen Universität übertragen lassen. Fixe oder relativ selten veränderbare Merkmale (Name und Alter; aber auch Intro-/Extrovertiertheit, Visualisierer/Verbalisierer) sind im Prinzip statische Persönlichkeitsmerkmale. Dem stehen dynamische Merkmale gegenüber, welche sich entsprechend oft oder sogar regelmäßig in kurzen Intervallen ändern und die einem stetigen Update unterworfen sein müssen.

3.2.1.5 Inferenzmethoden

Multi-Agenten-Systeme
Multiagentensysteme bestehen aus einer Gruppe von Einzelkomponenten, den Agenten, die autonom, verteilt und „intelligent" als Einheit ihr spezifisches Wissen, ihre Ziele, Fähigkeiten und Pläne abstimmen, um koordiniert zu handeln oder Probleme zu lösen. Autonom bedeutet, dass ein Agent selbst entscheiden kann auf welche Weise er seine Aufgabe erfüllt. Die einzelnen Agenten kooperieren, um bestimmte Ziele zu erreichen: Dabei kann die Steuerung der Entscheidungsfindung dezentral oder zentral ausgelegt werden. Das intelligente Verhalten des gesamten Systems resultiert aus dem individuellen Verhalten der Agenten. Wenn einzelne Aktionen des autonomen Systems während der Planausführung scheitern, muss das System in der Lage sein, selbstständig eine Planrevision auszuführen, um durch Adaption des ursprünglichen Plans auf anderem Wege die vorgegebene Zielsetzung dennoch zu erreichen.

Klassisches Beispiel ist der Ameisenstaat. Eine einzelne Ameise hat ein sehr begrenztes, aber auch sehr funktionelles Verhaltens- und Reaktionsrepertoire. Im selbstorganisierenden Zusammenspiel ergeben sich jedoch Verhaltensmuster, Abläufe und Resultate, die aus menschlicher Sicht „intelligent" genannt werden können. Bestimmte Aspekte der „Intelligenz" (besser „Funktionalität") einer solchen Ameisenkolonie – zum Beispiel

Abläufe der Nahrungssuche – können in Regeln erfasst und mit Computerprogrammen simuliert werden [21].

Die Individuen staatenbildender Insekten agieren mit eingeschränkter Unabhängigkeit, sind in der Erfüllung ihrer Aufgaben jedoch sehr zielgerichtet. Die Gesamtheit solcher Insektengesellschaften ist überaus leistungsfähig, was Forscher auf eine hoch entwickelte Form der Selbstorganisation zurückführen. Zur Kommunikation untereinander nutzen Ameisen beispielsweise Pheromone, Bienen den Schwänzeltanz.

Ohne jede Form einer zentralisierten Oberaufsicht ist das Ganze also mehr als die Summe der Teile. In gewisser Weise ist auch ein Gehirn das Zusammenspiel eines Superorganismus aus für sich „unintelligenten" Individuen, nämlich den Neuronen. Ein Neuron ist annähernd nichts weiter als ein Integrator mit Reaktionsschwelle, genauer, einer sigmoiden Reaktionskurve. Erst durch das komplexe und spezifischen Regeln unterliegende Zusammenwirken von Milliarden von Neuronen entsteht intelligentes Verhalten.

Ein Multiagentensystem definiert sich daher als ein Netzwerk von weitgehend autonom operierenden, lose gekoppelten Softwareeinheiten, den Agenten, wie sie insbesondere für die Erstellung der Benutzermerkmale, der Steuerung der virtuellen, bewegungsorientierten 3D-Simulationen mit 3D-Brille und des intelligenten Navigationssystems, erforderlich sind. Autonom bedeutet, dass ein Agent selbst entscheiden kann auf welche Weise er seine Aufgabe erfüllt. Lose gekoppelt bedeutet, dass die Agenten nicht fest verknüpft sind und nur bei Bedarf miteinander kommunizieren. Eine neue Generation von autonomen Systemen[10]

---

[10]Fachforum Autonome Systeme im Hightech-Forum: Autonome Systeme – Chancen und Risiken für Wirtschaft, Wissenschaft und Gesellschaft. Langversion, Abschlussbericht, Berlin, April 2017.

ist auch in der Lage, mit anderen autonomen Systemen und/
oder einer Gruppe von Menschen gemeinsam ein Problem
verteilt zu lösen.

In der Regel handelt es ich bei Multi-Agenten-Systemen
um offene Systeme, d. h. es ist möglich, Agenten hinzuzu-
fügen oder zu entfernen oder die Umgebung der Agenten
zu entfernen.

Ein Agent im Sinne von Woolridge[11] ist: „An agent is a
computer system that is situated in some einviroment, and
that is capable of autonomous action in this enviroment in
order to meet ist design objectives".

Die wesentlichen Typen der Kommunikation in Multi-
agentensystemen sind:

- Punkt-zu-Punkt
- Broadcast
- Ankündigung
- Signal

Die meist verwendete Nachrichtenform in dynamischen
Netzwerken ist das Broadcasting, alle Agenten erhalten
jede Nachricht und entscheiden dann, ob und wie sie in
Aktion treten.

Ein Multiagentensystem wird prinzipiell durch folgende
Merkmale charakterisiert:

- **Trennung:** Innerhalb des Systems der Virtuellen Uni-
versität übernehmen die Software-Agenten verschiedene
Aufgaben, um die Studierenden an komplexe, neue
Wissensinhalte heranzuführen oder etwa Hilfe zur Lösung
eines komplexen, übergeordneten Problems zu bieten. Die
Agenten bearbeiten ihre Aufgaben und die Einzellösungen

---

[11]An introduction to multiagent systems M Wooldridge John Wiley & Sons.

werden zu einer Komplettlösung zusammengefasst. Dabei erfolgt ein Informationsaustausch zwischen den einzelnen Agenten, um herauszufinden, welcher Agent für das jeweilige Teilproblem geeignet ist.

- **Handlungsfähigkeit:** Da die Agenten relativ eigenständig sind, benötigen sie dementsprechend eigenständige Handlungsprogramme.
- **Action:** Eine Action ist ein gemeinsames, gezieltes Vorgehen der Agenten, das man auch als planvolle Maßnahme bezeichnen kann.
- **Interaktion:** Die Interaktion ist eine durch Kommunikation vermittelte gegenseitige Einwirkung von Agenten. Durch die Interaktion soll eine übergeordnete Aufgabe durch rationale Maßnahmen optimal und effektiv gelöst werden. Planvolle Maßnahmen sind z. B. die Verarbeitung von Feedbacks.

Die Bedeutung von lernenden Agenten, die sich an individuelle Interessen, Präferenzen und Gewohnheiten anpassen und somit auf jeden Benutzer optimal zugeschnitten sind, ist für die Entwicklung von Wissenssystemen nicht nur für das Portal einer Virtuellen Universität, sondern auch für das Wissensmanagement z. B. für eine nachhaltige Produktion von außerordentlicher Bedeutung.

Data Mining

Data Mining ist die systematische Anwendung computergestützter Methoden, um in vorhandenen Datenbeständen Muster, Trends oder Zusammenhänge zu finden. Das Data Mining beschreibt den eigentlichen Vorgang der Analyse von Daten in Bezug auf relevante Zusammenhänge und Erkenntnisse. Data Mining verwendet hierfür Algorithmen aus der Statistik und Verfahren der Künstlichen Intelligenz (künstliche neuronale Netze, lineare

Regression, genetische Algorithmen, regelbasierte Systeme etc.), um große Datenbestände hinsichtlich neuer Querverbindungen, Trends oder Muster zu untersuchen. Data Mining ermöglicht die Analyse und Prognose von Verhaltensweisen und Trends. Data Mining liefert Erkenntnisse und Zusammenhänge, die bisher verborgen blieben oder außer Acht gelassen worden sind, weil sie entweder für nicht entscheidungsrelevant oder für nicht analysierbar gehalten wurden.

Oft wird der Begriff Data Mining synonym zu „Knowledge Discovery in Databases" (im Deutschen „Wissensentdeckung in Datenbanken") verwendet, obwohl es sich im eigentlichen Sinn nur um einen Teilbereich der Knowledge Discovery in Databases handelt. Data Mining extrahiert die Zusammenhänge automatisch und stellt sie übergeordneten Zielen zur Verfügung. Die erkannten Muster können dazu beitragen, die Entscheidungsfindung bei bestimmten Problemen zu erleichtern.

Das sogenannte Text Mining stellt eine Sonderform des Data Mining dar. Es teilt die grundsätzlichen Verfahren des Data Mining zur Informationsgewinnung, wird aber nicht auf strukturierte Daten, sondern auf hauptsächlich unstrukturierte Textdaten angewandt. Mithilfe des Text Mining lässt sich Wissen aus Textdaten extrahieren. Dem Anwender werden automatisch die Kernaussagen von großen Textmengen geliefert, ohne dass ein detailliertes Befassen mit den einzelnen Texten notwendig ist. Beispielsweise können große Mengen von Fachartikeln mit dem Text Mining nach Informationen untersucht werden, die für eigene Projekte von Relevanz sind. Da ein hoher Prozentsatz aller Informationen in einem Unternehmen in Textform vorliegt, stellt das Text Mining eine wichtige und nicht zu unterschätzende Sonderform des Data Mining dar.

Die Schlussfolgerungen und das aus einem Data-Mining-Prozess gewonnene Wissen über Benutzerdaten können benutzt werden, um Personalisierung zu betreiben und adaptive Systeme zu steuern. Die Personalisierung nutzt Data Mining sehr stark und baut darauf auf. Je nach Zweck und Ziel der gesuchten Auswertung verwendet man unterschiedliche Technologien im Data Mining.

Fuzzy-Logik

Die Fuzzy-Logik ist ein wissensbasierter Ansatz, bei dem vorhandenes Wissen zum Prozess in die Verarbeitung mit einfließt. Sie bedeutet vor allem die Verarbeitung unscharfer (engl. fuzzy) Werte(-mengen) mit einer hierzu geeigneten Verknüpfungslogik. Unscharfe Wertemengen ergeben sich aus der Überlegung, dass diskrete Werte nur innerhalb einer erreichbaren Messgenauigkeit als diskret aufzufassen sind.

Algorithmische Anwendungen setzen gewöhnlich voraus, dass für ein Problem ein mathematisches Modell oder eine mathematische Methode existiert. Da die meisten dieser Methoden mit scharf bestimmten Werten arbeiten und viele Probleme hierdurch nur ungenügend beschrieben werden, versucht man mithilfe der unscharfen Informationsanalyse zunächst bestimmte Muster vor zu definieren; im Anwendungsfall bestimmt das System dann das Ausmaß, in dem eine vorgelegte Situation diesen Mustern ähnlich ist, und leitet daraus Schlüsse her. Es können sowohl qualitative als auch quantitative Analysen solcher Datenstrukturen, funktionale Beziehungen oder nicht-dichotome Bildsignale verarbeitet werden. Im Gegensatz zur Fuzzy Control werden dabei sowohl wissensbasierte als auch algorithmische Ansätze benutzt, zum Beispiel bei den Fuzzy-Cluster-Verfahren oder der Fuzzy-Diskriminanz-Analyse.

Die Fuzzy-Logik stellt Variablen, wie zum Beispiel die Temperatur, mit einer Menge von Termen dar (z. B. Gauß-Funktionen oder andere Verteilungen), von denen jeder einen eigenen Namen hat (z. B. „heiß" oder „kalt"). Jedem diskreten Einzelwert wird ein Gewicht für die Zugehörigkeit zu einem Term zugewiesen („Fuzzyfizierung"). Das Maximum des Terms ist der repräsentativste Wert der Fuzzy-Menge. Eine Menge von unscharfen Relationen bestimmt die Zugehörigkeit eines diskreten Eingangswertes zu einer Fuzzy-Menge, worauf weitere Entscheidungen eines Systems basieren können. Im Gegensatz zur klassischen Mengenlehre, bei der jeder Gegenstand entweder zu einer bestimmten Menge gehört oder nicht, können die einzelnen Elemente einer unscharfen Menge dieser auch zu einem bestimmten Grad, den man üblicherweise im Intervall zwischen 0 und 1 wählt, angehören. Dabei bedeutet der Grad 1 die volle und ein Grad von 0 keine Zugehörigkeit. Zwischen diesen Extremwerten gibt es einen kontinuierlichen Übergang von „Element-Sein" zu „Nicht-Element-Sein".

Diese Definition dient der mathematischen Darstellung unscharf abgegrenzter Begriffe. Soll der Begriff „angenehme Raumtemperatur" beschrieben oder – was auf dasselbe hinausläuft – die Menge der angenehmen Raumtemperaturen definiert werden, so könnte diese Menge in der klassischen Theorie nur ein scharf abgegrenztes Intervall sein, etwa von 19 bis 24 Grad Celsius. Dann würde jedoch beispielsweise eine Temperatur von 18,9 Grad als nicht angenehm eingestuft, was dem menschlichen Empfinden in dieser Form nicht entspricht. In unserem Beispiel würde man 18,9 Grad als „vielleicht nicht mehr so angenehm" beurteilen, womit dieser Wert etwa mit dem Zugehörigkeitsgrad 0,8 der unscharfen Menge der angenehmen Raumtemperaturen angehören könnte. Eine unscharfe Menge wird also vollständig beschrieben durch die Zugehörigkeitsfunktion, die – in unserem Beispiel – für jede Temperatur angibt, in welchem Maße sie als angenehm empfunden wird.

Wesentliche Elemente der Fuzzy Logic sind die sogenannten linguistischen Variablen. Ihre Werte sind nicht – wie bei den üblichen numerischen Variablen – Zahlen, sondern Wörter und Ausdrücke (Terme) einer natürlichen Sprache. Da Wörter nicht so präzise wie Zahlen sind, werden sie durch unscharfe Mengen repräsentiert. Ein Beispiel für eine linguistische Variable ist die bereits angeführte Raumtemperatur. Diese könnte die Werte einer Menge von Termen wie „kühl", „angenehm" oder „warm" annehmen.

Bei den wissensbasierten Anwendungen geht man von folgender Grundidee aus: Ist es schwierig oder unmöglich, ein Problem mathematisch adäquat zu formulieren, oder ist für das mathematische Modell eines Problems kein effizienter Algorithmus vorhanden, so versucht man auf menschliches Erfahrungswissen zurückzugreifen und in einem elektronischen Datenverarbeitungssystem das menschliche Problemlöseverhalten nachzubilden. Dazu muss Wissen erfasst und geeignet aufbereitet werden. Insbesondere auf dem Gebiet der Künstlichen Intelligenz ist dafür eine Anzahl von Methoden entwickelt worden.

Neuronale Netze

Ein Neuronales Netz ist eine informationsverarbeitende Struktur, die sich an der stark vernetzten, parallelen Topologie des Gehirns von Säugetieren orientiert. Neuronale Netze verwenden mathematischer Modelle, um die dort beobachteten Eigenschaften biologischer Nervensysteme nachzubilden und adaptives biologisches Lernen zu ermöglichen. Das Besondere am Aufbau eines Neuronalen Netzes ist die große Zahl untereinander verbundener informationsverarbeitender Elemente (analog zu Neuronen), die durch gewichtete Verbindungen (analog zu Synapsen) miteinander interagieren.

Ein typisches Beispiel für die Arbeitsweise von entsprechenden neuronalen Netzwerken ist die Mustererkennung:

Das Ziel des neuronalen Netzwerks ist es, bestimmte Muster zu „erkennen", also bei einem gegebenen Input das Vorhandensein oder Fehlen des Musters anzuzeigen. Ein entsprechendes Netzwerk könnte etwa über zwei Ausgabeeinheiten verfügen, wobei eine Einheit immer dann aktiviert wird, wenn das Muster vorliegt und die andere Einheit aktiviert wird, wenn das Muster nicht vorliegt.

Ein Beispiel dafür ist die Früherkennung von Alzheimer's Disease Neuroimaging Initiative (ADNI). Allerdings sind die Spuren im Frühstadium dieser Erkrankung so schwach, dass sie auch für erfahrene Mediziner kaum erkennbar sind. Die Wissenschaftler trainierten ihr Neuronales Netzwerk mittels einer Datensammlung von tausenden PET-Bildern von Alzheimer-Patienten in sehr frühen Stadien der Krankheit. 90 % dieser Aufnahmen nutzten die Forscher zum Training des Algorithmus, die restlichen 10 % zur Erfolgskontrolle. Für den abschließenden Test musste das Neuronale Netzwerk schließlich 40 Aufnahmen analysieren, die ihr bis dahin noch nicht vorgelegt worden waren. Das Ergebnis war: Der Algorithmus war in der Lage, jeden Fall zuverlässig zu erkennen, bei dem es später zum Ausbruch der Alzheimer-Krankheit kam. Neben der Trefferquote von 100 % beeindruckte die Mediziner vor allem auch die sehr frühzeitige Identifizierung der Krankheitsfälle. Im Schnitt erkannte das Neuronale Netzwerk die Symptome mehr als sechs Jahre vor der tatsächlichen Diagnose der Erkrankung.

Soll also ein solches Netzwerk zu den jeweils erwünschten Ergebnissen führen, so muss es lernfähig sein. Das grundlegende Lernen in neuronalen Netzwerken wird durch die Hebbsche Lernregel realisiert, die bereits 1949 durch den Psychologen Donald Olding Hebb formuliert wurde[12]. Das Lernen in neuronalen Netzen wird

---

[12]Donald Olding Hebb: The Organization of Behavior. 1949.

realisiert, indem die Verbindungen zwischen den Einheiten gewichtet werden und somit zu unterschiedlich starken Aktivitätsausbreitungen führen. Zweigen etwa von einer Einheit A zwei Verbindungen zu den Einheiten B und C ab, so hängt es von der Gewichtung der Verbindungen ab, wie stark sich die Aktivierung von A auf die Aktivierungen von B und C überträgt. Lernen wird nun durch eine Veränderung der Gewichtungen erreicht. Im Falle der Mustererkennung würde ein Netzwerk so trainiert, dass bei der Präsentation eines Musters die Verbindungen zum einen Output gestärkt werden, während bei der Präsentation eines Nicht-Musters die Verbindungen zum anderen Output gestärkt werden. Durch diesen Prozess lernt das Netzwerk auf verschiedene Varianten des Musters mit der richtigen Ausgabe zu reagieren und anschließend neue, bislang unbekannte Varianten des Musters eigenständig zu „erkennen".

Das Lernen geschieht bei Neuronalen Netzen demzufolge durch die Adaption der Verbindungen zwischen den Neuronen. Das Lernen findet beim Training durch Beispiele oder durch verifizierte Input/Output-Datensätze statt, indem der Algorithmus iterativ die Verbindungsgewichte zwischen den Neuronen adaptiert. Diese Gewichte speichern das Wissen zur Lösung spezieller Aufgaben.

Die Stärke Neuronaler Netze liegt in der Flexibilität gegenüber Störungen in den Eingangsdaten und ihrer Lernfähigkeit. Aufgrund ihrer Lerneigenschaft stellen Neuronale Netze einen großen Wert für die Anomalieerkennung dar. Leider lassen sich durch Benutzung von Neuronalen Netze nicht die Ursachen einer Anomalie herausfinden (Blackbox). Für den Bereich der adaptiven Systeme bieten Neuronale Netze eine Unterstützung bei der Analyse von Clickstreams, Benutzerverhalten, Produktaffinität, usw.

3.2.1.6 Psychologische Strategien

Intelligente Navigationssysteme in Kombination mit Multiagenten lassen sich für Informationsabfragen in anderen Disziplinen zu neuartigen Lösungsansätzen von Problem nutzen. Die Verfolgung des Navigationsverhaltens des Benutzers ermöglicht eine Anpassung der Agenten an das Problem des Benutzers, um einen neuartigen Lösungsansatz durch Quervernetzung zu finden.

In einem komplexen System, wie es die Struktur einer Virtuellen Universität ist, ist das Wissen generell auf die verschiedenen Disziplinen verteilt. Die intelligente Navigation hilft beim Austausch des Wissens, wobei das jeweilige Wissen dem Benutzer auf unterschiedlichem Niveau angeboten werden muss. Das Navigationssystem nutzt dabei die Benutzermerkmale und passt die gefundenen Querverweise daran an, sodass der Benutzer, wenn er als Avatar in einem virtuellen Besprechungsraum agieren möchte, sich mit Vertretern der anderen, ihn interessierenden Disziplin auseinandersetzen kann.

Für Adaptionen nach psychologischen Strategien können noch weitere Merkmale herangezogen werden. Vorgeschlagen werden persönlichkeitspsychologische Merkmale wie Umgebungsabhängigkeit vs. Umgebungsunabhängigkeit oder Wahrnehmungsmerkmale wie Visualisierer vs. Verbalisierer bzw. bewegungsorientierter 3D-Darstellung.

Feedback

Die beste Verhaltensanalyse und damit das implizite Gewinnen von Benutzerinformationen (implizites Feedback) gewinnt man anhand einer Falscheinschätzung des Benutzers. Will der Benutzer dem adaptiven System in irgendeiner Form etwas mitteilen (explizites Feedback), sollte ihm dies so leicht wie möglich gemacht werden. Sowohl positives als auch negatives Feedback des Benutzers müssen im Kontrollfluss des Adaptivitätsprozesses berücksichtigt werden, da es im direkten Zusammenhang mit den Leistungen des Systems steht. Das System passt seine Regeln an, falls der Benutzer durch positives oder negatives Feedback die modellgenerierten Annahmen bestätigt bzw. widerlegt.

3.2.1.7 Efferenz: Ausführung von Adaptionsprozessen

Bei der efferenten Funktion des adaptiven Systems müssen die Schlussfolgerungen der Inferenzfunktion in die verschiedenen Algorithmen basierend auf der ausgewählten Inferenzmethode – wobei die wahrscheinlich beste Methode für eine Virtuelle Universität das Multiagentensystem ist – der Systemleistung umgesetzt werden.

Inhalt
Der wichtigste Aspekt der Adaptionsleistung ist die Anpassung der Wissensinhalte an die im Benutzermodell gespeicherten Benutzermerkmale. Dazu wird sowohl die Präsentation in Form und Medium adaptiert als auch Informationsgehalt, -dichte und -tiefe angepasst. Dies ist besonders wichtig bei der Quervernetzung in andere Disziplinen. Für einen Anfänger werden die von ihm gewählten Wissensinhalte zur Orientierung präsentiert, während einem Experten auf seinem Gebiet detaillierte Wissensinhalte angeboten werden. Die Benutzermerkmale, die sich stetig ändern, bestimmen auch darüber, ob zur Darstellung des Wissens eine 3D-Brille sinnvoll ist, erforderlich ist diese indes, wenn der Benutzer als Avatar mit anderen Avataren kommunizieren möchte.

Navigationshilfen

Um dem Benutzer die Orientierung in der Virtuellen Universität mit ihren verschiedenen Disziplinen zu erleichtern, lassen sich Navigationssysteme an die Benutzereigenschaften und -kontexte adaptieren. So lässt sich in einer Mind-Map der aktuelle Einstieg des Benutzers in die Virtuelle Universität als Startpunkt einbeziehen und durch weitere Merkmale (wie Interessen, Präferenzen) ergänzen. Die Darstellung dieser Routen, d. h. der vom Benutzer bearbeiteten Wissensmodule, erfolgt entweder grafisch-visuell als Karte und je nach Wahl mit oder ohne Sprachausgabe.

Formal gesehen bestehen Mind-Maps aus Baumdiagrammen, wobei das einzelne Kästchen des Diagramms ein Wissensmodul enthält. Quervernetzungen zu anderen Moduln werden durch gegenseitige Verknüpfungen dargestellt. Diese weisen eine definierte Semantik auf, d. h., die mit Linien und Pfeilen dargestellten Beziehungen zwischen einzelnen Wissensmoduln besitzen eine definierte Bedeutung. Die Zusammenstellung des veranschaulichten Wissens ist eine Wissensbilanz des Nutzers.

3.2.1.8 Architektur adaptiver Systeme

Die zur Benutzermodellierung verwendeten Algorithmen lassen sich auf verschiedene Schichten aufteilen. Ausgehend von diesen Schichten kann ein vereinfachtes Modell abgeleitet werden, das von spezialisierten Lösungen abstrahiert. Der Informationsfluss eines adaptiven Systems ist ebenfalls auf verschiedene Schichten abgebildet. Abb. 3.3 zeigt die semantische Anreicherung von Information über die Schichten hinweg auf transparente Art und Weise. Vier Hauptschichten können identifiziert werden: Sensor-, Semantik-, Kontroll- und Ausführungsschicht.

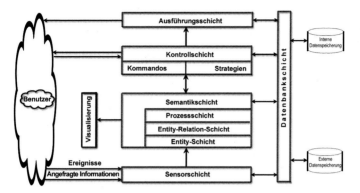

Abb. 3.3   Schichtenansatz für das Design adaptiver Systeme

Die Funktion und Integration der unterschiedlichen Schichten lässt sich anhand eines Beispiels verdeutlichen: Wissensmoduln mit sich an den Benutzer anpassenden Inhalten, werden von einer Gruppe von Studierenden mit unterschiedlichem Wissensstand und Lernpräferenzen benutzt. Während des Lernprozesses bewegt sich der Studierende virtuell entsprechend seinem Benutzerprofil von einem Wissensmodul zum nächsten, liest, lernt und löst Aufgaben. In den Einzelbeschreibungen von Sensorschicht, Semantikschicht, Kontrollschicht und Ausführungsschicht werden die Leistungen der jeweiligen Schicht vereinfacht erläutert und durch Bezugnahme auf das Beispiel konkretisiert.

Sensorschicht

Als erste Schicht des Modells sammelt die Sensorschicht Information. Ein Netzwerk aus Sensoren ist mit den Studierenden verbunden. Diese Sensoren registrieren Veränderungen von Nutzungsmerkmalen durch Interaktionen der Benutzer mit der Umgebung. Die Informationen aus der Umgebung erhalten die Sensoren auf zwei Weisen: über push oder pull – entweder wird eine Datenmenge oder ein Datenstrom ständig zur Sensorschicht übertragen oder die Sensorschicht fordert eine Übertragung explizit an. Eine Abfrage der Sensoren kann auf drei Arten erfolgen: synchron getriggert durch Zeitintervalle, asynchron durch Events oder on-demand. Vor einer Weiterleitung der Sensordaten an die Semantikschicht und vor einer anschließenden Verarbeitung müssen eine Diskretisierung dieses zeitlich diffusen Datenstroms und eine Umwandlung in einen vereinheitlichten Vektor aus Werten erfolgen.

Semantikschicht

Die Semantikschicht reichert die von der Sensorschicht gelieferten Wertevektoren semantisch an, indem die Werte entsprechenden Algorithmen zugewiesen werden, die eine weitere Verarbeitung erlauben. Diese Schicht dient der Wissensrepräsentation in einem adaptiven System, und diese Repräsentierung stellt wiederum den Kontext dar, in dem sich die Benutzer in einem Wissensmodul in einem bestimmten Augenblick befinden. Dieser Kontext deckt vier Dimensionen ab:

- Identität (Präferenzen, Interessen, etc.),
- Location,
- Zeit,
- Umgebung (Beziehungen zu anderen Objekten).

Die folgenden Abschnitte beschäftigen sich mit den inneren Strukturen der Semantikschicht. Es handelt sich um die Entity-Schicht, Entity-Relationship-Schicht und die Prozess-Schicht. Die Semantikschicht deckt den Prozess der Profilgenerierung personalisierender Applikationen vollständig ab und ermöglicht der nachfolgenden Kontrollschicht unterschiedliche Sichtweisen auf die verarbeiteten Daten.

Entity-Schicht

Die Entity-Schicht enthält vorgefertigte Algorithmen, auf deren Attribute jeweils die entsprechenden Informationen aus der Sensorschicht abgebildet werden. Hieraus erfolgt eine Instanziierung dieser Algorithmen.

Entity-Relationship-Schicht
Die auf der Entity-Schicht instanziierten Objekte der Disziplinen können auf unterschiedliche Art und Weise miteinander in Beziehung stehen. Die Entity-Relationship-Schicht modelliert solche Beziehungen und Abhängigkeiten.

Prozess-Schicht

Diese Schicht beobachtet die Evolution oben genannter Objekte und deren Beziehungen untereinander über die Zeit. Die Beobachtung der Entwicklung einzelner Kontexte oder Teilen von Kontexten kann von statistischen Verfahren oder intelligenten Algorithmen unterstützt werden, wie im Kapitel Inferenzmechanismen beschrieben. Die Resultate der Auswertungen dienen dazu, Pläne und Absichten der Benutzer zu erkennen und zu lernen und ein Profil der einzelnen Benutzer zu generieren.

Kontrollschicht

Basierend auf den intelligenten Modellen und aufbereiteten Informationen der Semantikschicht generiert die Kontrollschicht Sequenzen von Befehlen zur Steuerung des adaptiven Systems. Diese Schicht kontrolliert mit diesen Befehlssequenzen die Komponenten der nachfolgenden Ausführungsschicht. Der Kontrollmechanismus ist im einfachsten Fall aus einer Menge von Regeln

aufgebaut, kann aber auch komplexere Strukturen aufweisen. Es existieren zwei Befehlsgruppen, die je nach
Integrationslevel zum Einsatz kommen können:

Strategische Befehle
Komplexere Befehlsstrukturen zur Realisierung von
high-level adaptivem Verhalten bieten strategische Befehle.
Das zugrunde liegende Prinzip, das der Benutzer auf dieser
Ebene als einen essenziellen Unterschied erfahren wird, ist
„Führen und Folgen". Es führt zu der Entscheidung über
aktives oder reaktives Verhalten des Systems, die aufgrund
der Interaktionshistorie eines Benutzers und spezifischen
Schwellwerten getroffen wird.

Basierend auf der angewandten Strategie muss das
System aus verschiedenen adaptiven Methoden eine
auswählen und diese mit spezifischen Parametern instan-
ziieren. Dabei ist zu berücksichtigen, welche Information beim Adaptionsprozess in Betracht gezogen werden
soll. Die drei Unterschichten der Semantikschicht dienen
hier als Grundlage. Zusätzlich muss feststehen, welcher
Teil oder welche Funktionalität der Benutzerschnittstelle
angepasst werden soll und wie. Dies hängt natürlich davon
ab, welche Möglichkeiten der Adaption der Benutzerschnittstelle zur Verfügung stehen.

Ausführungsschicht

Die Ausführungsschicht ist das ausführende Organ eines
adaptiven Systems und stellt die Verbindung mit der
Umgebung her. Sie repräsentiert eine Art Programmier-
schnittstelle und implementiert domänenabhängige
Methoden, die variable Parameter der Umgebung verändern können.

3.2.2 Generalisierung durch Verknüpfung der Wissensinhalte

Sowohl für die Adaption an die Benutzermerkmale, als auch für das stetige Updaten und vor allem für eine Quervernetzung mittels eines intelligenten Navigationssystems zwischen den verschiedenen Disziplinen einer Virtuellen Universität ist das Konzept einer modularen Struktur von Wissensinhalten von grundlegender Bedeutung.

Die Entwicklung und Implementierung einer Methodik für Designs von auf Nutzer adaptierbaren Wissensmodulen mit Simulationen, virtuellen bewegungsorientierten 3D-Animationen und Forschungshinweise, umfasst den gesamten Designprozess vom ersten Entwurf über die Erstellung des Drehbuchs zur Umsetzung in einen ersten Entwurf, der evaluiert werden kann. Grundlage dafür sind Multiple-Choice-Fragen, eingebaut in Algorithmen, die eine Brücke zwischen der Übertragung des Know-hows eines Wissenschaftlers und der Erstellung eines Drehbuchs für das Design eines Wissenschaftsmoduls ist.

Das Design, basierend auf dem Drehbuch der Wissenschafts-Module, berücksichtigt den nutzerorientierten adaptiven Ansatz, der die Heterogenität der Nutzer vom Studierenden ohne Vorkenntnisse bis zum hoch qualifizierten Wissenschaftler der Virtuellen Universität beachtet. Ein typisches Wissensmodul dauert zum Durcharbeiten, je nach vorhandenem Wissensniveau ca. 15 bis 30 min. Den Aufbau eines einzelnen Wissensmoduls zeigt Abb. 3.4.

Jedes Wissens-Modul startet mit einer Orientierung über den Inhalt und bietet dem Nutzer auch die Möglichkeit, sich selbst durch das Modul zu bewegen (textorientiert oder bildorientiert). Es folgt eine Übung, z. B. ein virtuelles Experiment einschließlich der Analyse ob

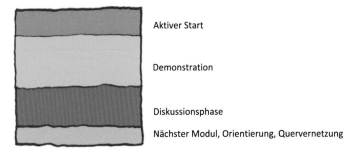

Aktiver Start

Demonstration

Diskussionsphase

Nächster Modul, Orientierung, Quervernetzung

Abb. 3.4 Aufbau eines Wissensmoduls

das Experiment erfolgreich war, oder eine 3D-Simulation mit anschließender Erläuterung des Ablaufs. Anhand der Auswertung der Sensorik lässt sich erkennen, ob der Wissensinhalt des Moduls verstanden wurde oder ob das System den Inhalt absenken muss. Bei Unklarheiten über den Inhalt des Wissensmoduls, Anregungen und Verbesserungen, aber auch zu Fragen nach Problemlösungen kann der Benutzer an einer Diskussionsrunde als Akteur eines Avatars in einem virtuellen Hörsaal teilnehmen, Fragen stellen oder mit anderen Avataren Probleme oder Verständigkeitsschwierigkeiten diskutieren. Auch Fragen zu verschiedenen Items, Produkten, Auswirkungen von möglichen sozialen und politischen Entscheidungen, Prozessen oder Anregungen zu neuen, global zu bearbeitenden Forschungsvorhaben können dort behandelt werden. Darüber hinaus suchen intelligente Algorithmen global nach neuen wissenschaftlichen Erkenntnissen in der entsprechenden Disziplin, die dem entsprechenden Wissensinhalt des jeweiligen Moduls zugeordnet werden können und diese in den Wissensinhalt des Moduls einbauen. Die Wissens-Module sind in aufsteigender Ebene in einem zentralen Datenbanksystem, einer Wissenschafts-Cloud, organisiert. In der letzten Phase wird eine kurze Zusammenfassung des Modulinhalts gegeben, wobei die wichtigsten Aspekte hervorgehoben werden und eine kurze Vorschau auf weitere Module gegeben wird.

Durch die Strukturierung des Zungangs zur Virtuellen Universität in Form von Wissensmodule wird auch dem Phänomen der fehlenden Umsetzung von Wissen begegnet. Dies hängt mit „gefrorenem Wissen" zusammen, dem Umstand also, dass Wissen vorhanden ist, sich aber nicht in mittelbare Erfahrungen bzw. nicht zur Problemlösung bzw. zur Bearbeitung von Aufgaben umsetzen lässt. Ein typisches Beispiel ist ein an einer Universität erworbenes theoretisches Wissen, das der Nutzer in seinem beruflichen Kontext nicht umsetzen kann.

Die sich an den Benutzer anpassenden Wissenschaftsmodule mit der Quervernetzung zu anderen Disziplinen ist das Herz einer Virtuellen Universität. Es beginnt von der der Qualitätssicherung und -verbesserung durch stetige Evaluation bis hin zur Ressourcenallokation, Zeitplanung und Einbindung neuester wissenschaftlicher Erkenntnisse. Von grundlegender Bedeutung für den Zugang zur Virtuellen Universität ist es, den Inhalt der Wissensmodule verschiedener Disziplinen auf die Benutzer anzupassen. Die Funktionsweise eines Roboters einschließlich der Steuerung durch die Künstliche Intelligenz, ist sowohl für den Ingenieur als auch für den Chirurgen von Bedeutung.

Der Prozess des Entwurfs- und Moduldesigns, Abb. 3.5, ist ein wesentlicher Bestandteil für die Benutzeradaption, das Update und zur Aufrechterhaltung von Standards. Es bestimmt die Verortung der Virtuellen Universität für Erst- und Weiterbildung in der Gesellschaft, um den Auftrag für Lernen, Lehren und Forschen zu verwirklichen und dadurch Studierende und sich Weiterbildende zu motivieren.

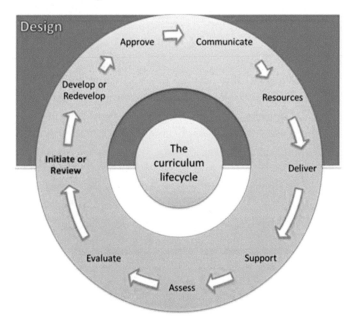

Abb. 3.5 Lebenszyklus eines Wissensmoduls

Die Anzahl der Studierenden aus verschiedenen Ländern in den unterschiedlichen Disziplinen, Finanzierung von Forschungsprojekten durch die öffentliche Hand und Unternehmen, Arbeitsangebote an die Absolventen, verbesserte Chancen am Arbeitsmarkt – das sind die wichtigsten Informationsquellen für die stetige Evaluation der Virtuellen Universität. Weitere Aspekte können die Transformation wissenschaftlicher Erkenntnisse in Technologien bzw. in die praktische Umsetzung sein.

Aufstiegsmöglichkeiten und Chancen auf eine befriedigende Arbeit, gefolgt von persönlicher Entwicklung, waren bisher die wichtigsten Gründe, eine Universitätsausbildung in Betracht zu ziehen. Ein wichtiger Aspekt, der innerhalb der Disziplinen immer mehr an Bedeutung gewinnt, ist die Diskussion über die Auswirkungen der

Künstlichen Intelligenz in den Disziplinen, die sehr unterschiedlich sein kann – die künftig indes in allen Disziplinen spürbar sein wird. Kompetenzentwicklung auf dem Gebiet der Künstlichen Intelligenz ist eine universelle Anforderung, die sowohl über die einzelnen Disziplinen als auch über ein einzelnes Land hinausgeht.

Eine Virtuelle Universität bietet für Arbeitgeber über die Bearbeitung von Testaufgaben die Möglichkeit, Qualifikation und Kompetenzen von wissenschaftlichem Personal zu erkennen – analog zu den Verfahren der Personalsuche über die schon in der Praxis angewandten Recruiting-Algorithmen. Zudem können Arbeitgeber Wissensmodule auch direkt herunterladen und diese mit unternehmensinternen Inhalten ergänzen. So können Unternehmen eine vom Wettbewerb abgeschirmte eigene Wissensbibliothek aufbauen, um damit Produktinnovationen zu befördern oder Mitarbeiter unternehmensspezifisch weiterzubilden.

Das Design eines Wissensmodells, Abb. 3.6, sollte aus semantischer Sicht eine Sammlung von Ressourcen aufweisen, in die die Benutzeradaption integriert sind. Das Modell sollte drei Ebenen umfassen. Die semantisch höchste Ebene ist die Umsetzung der Benutzermerkmale in die Anpassung der Wissensmodule; sie besteht aus einer Sammlung inhaltlicher Komponenten, dem System der Benutzeradaption, der Umwandlung des Benutzers in einen Avatar und einem intelligenten Navigationssystem für die Quervernetzung zu anderen Disziplinen. Auf der niedrigsten Modellebene sind die eigentlichen wissenschaftlichen Inhalte angesiedelt, die mittels Simulationen, virtuellen 3D-bewegungsorientierten Animationen und Diensten verdeutlicht werden. Dienste sind: virtuelles Forum als Basis für die Kommunikation in Form von Avataren, der direkte Telefonchat, Skype und vieles mehr.

Die aktiven Handlungen, die ein Nutzer bei der Bearbeitung eines Wissensmoduls durchführt, sind prinzipiell nach dem Ablauf eines Theaterstücks modelliert. Ein

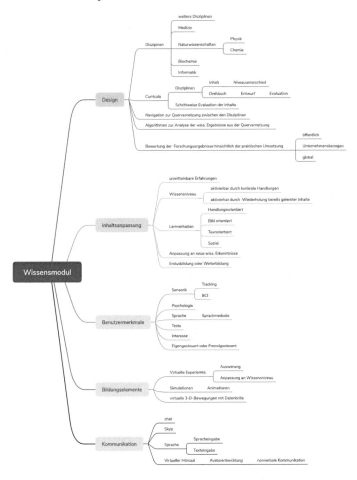

Abb. 3.6 Rohstrukturierung eines Wissensmoduls

Spiel hat Handlungen, und in jedem Akt eine oder mehrere Rollen, die der Benutzer auswählen kann. Die Handlungen in einem Spiel folgen einander in einer Sequenz
(obwohl komplexeres Sequenzierungsverhalten innerhalb einer Handlung stattfinden kann). Innerhalb eines
Akts ist jede Rolle mit einer Aktivität verknüpft, der der

Nutzer automatisch folgen kann (passive Anpassung), oder er kann in eine andere Rolle schlüpfen (aktive Anpassung).

Kompetenzbasierte Wissensvermittlung basiert auf den Anforderungen von Unternehmen, gesellschaftlichen und politischen Vorgaben an die Absolventen einer Universität, und ist damit ein institutioneller Prozess, bei dem Wissen darauf konzentriert ist, was Vertreter der Institutionen glauben, was Absolventen verschiedener Disziplinen wissen müssen, um mit komplexen Situationen umgehen zu können.

Die Herausforderung besteht nun darin zu analysieren, welche Kompetenzen in den unterschiedlichen Wissensniveaus und mit den unmittelbaren Erfahrungen der Benutzer gebündelt werden können, um die optimale Zusammensetzung für die Bearbeitung der nächsten Wissensmodule bereitzustellen. Im Wesentlichen ist die Bearbeitung eines kompetenzorientierten Wissensmoduls ein Prozess und kein Produkt.

Das Design von Wissensmodule sollte folgende Aspekte berücksichtigen:

- Ermittlung der Kompetenzen, die in einer Disziplin am gefragtesten sind und darauf aufbauend die Inhalte der Wissensmodule.
- Entwicklung von Prüfungs- und Zertifizierungsinitiativen, die nach der Bearbeitung von Wissensmodulen dem Bearbeiter helfen, seine dadurch erlangten Kompetenzen, die Steigerung seiner mittelbaren Erfahrungen sowie seinen Wissenszuwachs selbst prüfen zu können, um gegebenenfalls eine zertifizierte Prüfung an der Virtuellen Universität (online) abzulegen.
- Entwicklung von Online Prüfverfahren – analog den Recruiting-Methoden für die Auswahl von Kandidaten für offene Stellen – mit dem Arbeitgeber die Kompetenzen von künftigen Mitarbeitern prüfen können.

Bei der Entwicklung von Wissensmodellen ist es in der ersten Phase sinnvoll, zunächst auf die Curricula von international renommierten Eliteuniversitäten zurückzugreifen. Insbesondere gilt dies für naturwissenschaftliche, technische, medizinische und biologische Disziplinen als auch für Informatik mit dem Sektor Künstliche Intelligenz. Für das große Gebiet der Geisteswissenschaften sollte man Lehrpläne nationaler Universitäten nutzen. Analog gilt dies für den Sektor der Ökonomie. Quervernetzungen können in Aussagen divergieren. Die in der Virtuellen Universität angebotenen Wissensmodule werden laufend evaluiert.

Die wichtigste Frage der Studierenden an einer Virtuellen Universität lautet: was ist der Lohn meiner Anstrengungen. Ein differenziertes Indikatoren-System muss die verschiedenen Aspekte des Ergebnisses, Abb. 3.7, bezogen auf die Nutzung der Virtuellen Universität mit ihren auf den Benutzer adaptierten Wissensmoduln analysieren. Am schwierigsten dürften die persönlichen

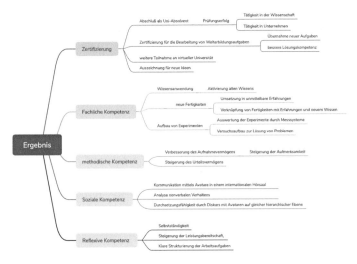

Abb. 3.7 Aspekte der Ergebnisqualität

Indikatoren für eine Erfolgskontrolle sein. Diese Kriterien übersteigen weitgehend die Instrumente empirischer Evaluation. Es ist aber trotz kaum lösbarer Indikatorprobleme und Prognosedefizite wichtig, solche Horizonte aufzuzeigen, um gezielt die Verbesserung der Virtuellen Universität vornehmen zu können.

3.2.2.1 Virtuelle Praktika und Experimente

Ein Experiment dient zur Prüfung einer Hypothese, die zeigen soll, wie ein bestimmter Prozess oder ein bestimmtes Phänomen funktioniert; es ist ein Verfahren, um eine Hypothese zu stützen, zu widerlegen oder zu validieren. Experimente müssen wiederholbar und die Ergebnisse logisch analysierbar sein, d. h. die Abläufe eines Experiments müssen ständig kontrolliert und überwacht werden, um alle Faktoren, die die Genauigkeit oder Wiederholbarkeit des Experiments oder die Fähigkeit zur Interpretation der Ergebnisse beeinträchtigen würden, auszuschließen.

Ursache-Wirkung-Beziehung, Abb. 3.8
Die intuitiven Vorgehensweisen bei Versuchen, wie das Ändern eines Faktors nach dem anderen (one factor at a time) oder nach dem Prinzip Versuch und Irrtum (trial and error), bringen nur durch Zufall ein optimales Versuchsergebnis hervor. Die Einzelwirkungen und Wechselwirkungen von Einflussfaktoren werden dabei nicht erkannt.

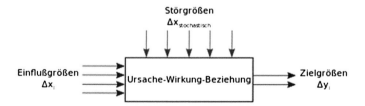

Abb. 3.8 Ursache-Wirkung-Beziehung

Im Gegensatz zur „althergebrachten" Vorgehensweise, bei der in einer Versuchsreihe nur ein Faktor variiert wird, werden bei faktoriellen Ansätzen mehrere Faktoren (Parameter) gleichzeitig verändert. Die Versuchspläne müssen dazu die folgenden Aspekte berücksichtigen:

- Anzahl der zu untersuchenden Faktoren (mind. 2)
- Art der zu untersuchenden Faktoren (nominal (= qualitativ) oder quantitativ)
- Bestehende Informationen
- Gewünschte Genauigkeit/Zuverlässigkeit der Ergebnisse

Ein optimales Design von Experimenten sollte Teilfaktor- und Versuchspläne für Wirkungsflächen beinhalten. Mit Screening-Konzepten kann mit relativ wenigen Versuchen der Einfluss vieler Faktoren gleichzeitig untersucht werden, um zu erkennen, welche der Faktoren inferenzstatistisch signifikant sind, also die Ausgangsvariablen verändern. Mit Wirkungsflächenplänen lässt sich der Zusammenhang zwischen den wenigen wichtigen Faktoren und den Zielgrößen im Detail untersuchen, um optimale Einstellungen der Faktoren zu ermitteln.

Mit der statistischen Versuchsplanung[13], eine Methodik zur systematischen Planung und statistischen Auswertung von Versuchen, kann der funktionale Zusammenhang von Einflussparametern und den Ergebnissen mit geringem Aufwand ermittelt und mathematisch beschrieben werden.

Ein Experiment kann jedoch auch darauf abzielen, eine „Was-wäre-wenn" -Frage zu beantworten, ohne eine spezifische Erwartung zu haben, was das Experiment offenbart, oder um vorherige Ergebnisse zu bestätigen. Die Ergebnisse können dann Entdeckungen sein. Bei vielen

---

[13]Introduction to Mathematical Statistics. Hogg, Craig: Prentice Hall.

Experimenten fallen die Messdaten in Form stochastisch schwankender Zahlenwerte an und müssen dann mit statistischen Methoden einschließlich statistischer Tests ausgewertet werden.

Vom Experiment zu unterscheiden ist die bloße wissenschaftliche Beobachtung – beispielsweise in Astronomie, Geologie, Biologie – bei der nicht in das beobachtete System eingegriffen wird. Experiment und wissenschaftliche Beobachtung haben gemeinsam, dass sie im Allgemeinen auf einer Theorie mit daraus folgenden Hypothesen fußen und dass sie planmäßig durchgeführt werden [22].

Entwurf von Experimenten

Der Entwurf von Experimenten hat im Prinzip die Aufgabe, die Variation von Information unter Bedingungen zu beschreiben oder zu erklären, von denen angenommen wird, dass sie die Variation widerspiegeln. In seiner einfachsten Form zielt ein Experiment darauf ab, das Ergebnis vorherzusagen, indem eine Änderung der Vorbedingungen eingeführt wird, die durch eine oder mehrere unabhängige Variablen repräsentiert wird, die auch als „Eingabevariablen" oder „Vorhersagevariablen" bezeichnet werden. Es wird allgemein angenommen, dass die Änderung einer oder mehrerer unabhängiger Variablen zu einer Änderung einer oder mehrerer abhängiger Variablen führt, die man auch als „Ausgangsvariablen" oder „Antwortvariablen" bezeichnet. Das experimentelle Design kann auch Kontrollvariablen identifizieren, die konstant gehalten werden müssen, um zu verhindern, dass externe Faktoren die Ergebnisse beeinflussen. Experimentelles Design beinhaltet nicht nur die Auswahl geeigneter unabhängiger, abhängiger und kontrollierter Variablen, sondern auch die Planung des Experiments unter statistisch optimalen Bedingungen.

Design-Schwerpunkt muss die Berücksichtigung von Validität, Zuverlässigkeit und Reproduzierbarkeit sein.

Experimente können, wie erwähnt, viele unabhängige Variablen beinhalten. Die Effekte von drei Eingangsvariablen lassen sich mittels acht experimenteller Bedingungen auswerten, dargestellt in Form der Ecken eines Würfels, Abb. 3.9.

Dies kann je nach Verwendungszweck und verfügbaren Ressourcen mit oder ohne Replikation durchgeführt werden. Es liefert die Auswirkungen der drei unabhängigen Variablen auf die abhängige Variable und mögliche Wechselwirkungen.

Vermeidung falscher Schlussfolgerungen

Falsche Schlussfolgerungen aus Experiment-Ergebnissen, die häufig dem Zeitdruck oder auf einem fehlerhaften Experimententwurf geschuldet sind, gefährden die Glaubwürdigkeit der Wissenschaft. Dieser Entwicklung kann Einhalt geboten werden, wenn an zwei oder drei verschiedenen Stellen die gleichen Experimente durchgeführt werden.

Eine Möglichkeit, solche Fehler in der Datensammlungsphase bei Experimenten mit Probanden z. B. in der Medizin,

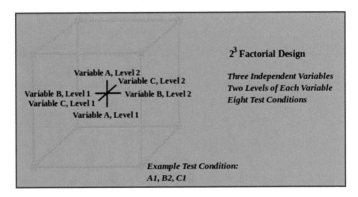

Abb. 3.9 Würfelplot für faktorielle Gestaltung (H. Frey)

Biologie oder Soziologie zu vermeiden, ist die Verwendung eines Doppel-Blind-Designs. Bei einem Doppel-Blind-Design werden die Teilnehmer zufällig experimentellen Gruppen zugewiesen, aber der Forscher ist nicht darüber informiert, welche Teilnehmer zu welcher Gruppe gehören. So wird ausgeschlossen, dass der Forscher die Reaktion der Teilnehmer auf eine Intervention interessengeleitet beeinflussen kann. Experimentelle Designs mit nicht offengelegten Freiheitsgraden sind ein Problem [23]. Dies kann zu einem bewussten oder unbewussten „P-Hacken" führen: mehrere Dinge ausprobieren, bis das gewünschte Ergebnis erzielt ist. Es beinhaltet typischerweise die Manipulation – möglicherweise unbewusst – des Prozesses der statistischen Analyse und der Freiheitsgrade, bis sie eine Zahl unterhalb der $p < 0,05$ statistischen Signifikanz ergeben[14,15]. Daher sollte das Versuchsdesign eine klare Aussage dazu enthalten, wie die durchzuführenden Analysen vorzunehmen sind. P-Hacking kann durch Vorregistrierungen verhindert werden, bei denen Forscher ihren Datenanalyseplan an die Virtuelle Universität senden, bei der sie ihre Arbeit veröffentlichen möchten, bevor sie ihre Datenerfassung starten, sodass keine Datenmanipulation möglich ist.

Diskussionsthemen beim Aufbau eines experimentellen Designs

Ein experimentelles Design oder eine randomisierte klinische Studie erfordern eine sorgfältige Abwägung mehrerer Faktoren, bevor das Experiment tatsächlich durchgeführt wird[16]. Ein experimentelles Design ist die Erstellung eines

---

[14]„Science, Trust And Psychology In Crisis". KPLU. 2014-06-02. Retrieved 2014-06-12.

[15]„Why Statistically Significant Studies Can Be Insignificant". Pacific Standard. 2014-06-04. Retrieved 2014-06-12.

[16]Ader, Mellenberg & Hand (2008) Advising on Research Methods: A consultant's companion.

detaillierten experimentellen Plans im Vorfeld des Experiments. Folgende Aspekte sollten berücksichtigt werden:

1. Wie viele Faktoren hat das Design und sind die Ebenen dieser Faktoren festgelegt oder zufällig?
2. Sind Kontrollbedingungen notwendig und was sollten sie sein?
3. Manipulationsprüfungen; Hat die Manipulation wirklich funktioniert?
4. Was sind die Hintergrundvariablen?
5. Was ist die Stichprobengröße. Wie viele Einheiten müssen gesammelt werden, damit das Experiment verallgemeinerbar ist und genügend Leistung hat?
6. Welche Relevanz haben Wechselwirkungen zwischen Faktoren?
7. Welchen Einfluss haben die verzögerten Effekte von substanziellen Faktoren auf die Ergebnisse?
8. Wie wirken sich Reaktionsverschiebungen auf Selbstberichtmaßnahmen aus?
9. Wie durchführbar ist die wiederholte Verabreichung der gleichen Messgeräte an die gleichen Einheiten zu verschiedenen Anlässen? Mit einem Post-Test und Follow-up-Tests?
10. Gibt es nicht vorhersehbar Variablen?
11. Sollte der Klient/Patient, Forscher oder sogar der Analytiker der Daten für Bedingungen blind sein?
12. Wie ist die Möglichkeit der späteren Anwendung verschiedener Bedingungen auf die gleichen Einheiten?
13. Wie viele Kontrollfaktoren sollten berücksichtigt werden?

Kausale Attributionen

Im reinen experimentellen Design wird die unabhängige (Prädiktor-)Variable vom Forscher manipuliert, das heißt, jeder Teilnehmer der Forschung wird zufällig aus der Population ausgewählt und jeder ausgewählte Teilnehmer wird zufällig Bedingungen der unabhängigen Variablen zugewiesen. Nur dann ist es möglich, mit hoher Wahrscheinlichkeit zu bestätigen, dass der Grund für die Unterschiede in den Ergebnisvariablen durch die unterschiedlichen Bedingungen verursacht wird. Daher sollten die Forscher nach Möglichkeit das experimentelle Design gegenüber anderen Designtypen wählen. Die Art der unabhängigen Variablen erlaubt jedoch nicht immer eine Manipulation. In diesen Fällen müssen sich Forscher bewusst sein, dass sie keine kausale Zuordnung bescheinigen, wenn ihr Design dies nicht zulässt

Statistische Kontrolle

Ein Design-Prozess sollte vor der Durchführung von Experimenten unter statistischen Aspekten betrachtet werden. Wenn dies nicht möglich ist, ermöglichen eine geeignete Blockierung, Replikation und Randomisierung[17] die sorgfältige Durchführung von Experimenten [24]. Zur Kontrolle von Störvariablen setzen die Forscher Kontrollprüfungen als zusätzliche Maßnahmen ein. Die Prüfer sollten sicherstellen, dass unkontrollierte Einflüsse (z. B. Glaubwürdigkeitswahrnehmung der Quelle) die Ergebnisse der Studie nicht verzerren. Eine Manipulationsprüfung ist ein Beispiel für eine Kontrollprüfung. Manipulationsprüfungen ermöglichen Ermittlern, die Hauptvariablen zu isolieren, um die Unterstützung zu stärken, dass diese Variablen wie geplant funktionieren.

Eine der wichtigsten Anforderungen an experimentelle Forschungsdesigns ist die Notwendigkeit, die Auswirkungen

---

[17]Probability, Random Variables and Stochastic Processes. Papoulis, McGraw, Hill.

von falschen und intervenierenden Variablen zu eliminieren. Im einfachsten Modell führt Ursache (X) zur Wirkung (Y). Aber es könnte eine dritte Variable (Z) geben, die (Y) beeinflusst, und X ist möglicherweise nicht die wahre Ursache. Z wird als Störvariable bezeichnet und muss kontrolliert werden. Dasselbe gilt für dazwischenliegende Variablen (eine Variable zwischen der angenommenen Ursache (X) und der Wirkung (Y)) und vorstehende Variablen (eine Variable vor der angenommenen Ursache (X), die die wahre Ursache ist). Wenn eine dritte Variable beteiligt ist und nicht gesteuert wurde, wird die Beziehung als eine Beziehung nullter Ordnung bezeichnet. In den meisten praktischen Anwendungen von experimentellen Forschungsdesigns gibt es mehrere Ursachen (X1, X2, X3). In den meisten Designs wird jeweils nur eine dieser Ursachen manipuliert.

Physik, Chemie und verwandte Fächer

In den Naturwissenschaften kann ein Experiment entsprechend den erhofften Erkenntnissen aufgebaut und kontrolliert durchgeführt werden. Die Ergebnisse müssen durch andere Wissenschaftler an anderen Orten, zu anderer Zeit reproduzierbar – als Kriterium der Glaubwürdigkeit – nachvollzogen werden können.

In vielen naturwissenschaftlichen Experimenten werden bestimmte Größen als unabhängige Variablen einer Situation systematisch verändert und die dadurch hervorgerufenen Änderungen anderer Größen, der abhängigen Variablen, gemessen. Andere, grundsätzlich veränderliche Größen, die aber im jeweiligen Experiment nicht variiert werden, werden oft als Parameter oder Einflussgrößen bezeichnet. Die klassische Physik ging davon aus, der Einfluss der Beobachtung selbst auf den beobachteten Gegenstand könne immer durch geeignete Maßnahmen vernachlässigbar klein gehalten werden. Die Einsicht, dass jeder Beobachter das Beobachtungsergebnis spezifisch beeinflusst, etwa durch Einbringen von Messungenauigkeiten, hat beispielsweise auf dem Gebiet der Astronomie zum Begriff der persönlichen Gleichung geführt [25]. Bei Experimenten mit Quantenobjekten lässt sich der Einfluss der Beobachtung jedoch grundsätzlich nicht vermeiden.

Ein Experiment trifft unmittelbare Aussagen nur über die mit der Versuchsanordnung präparierte Situation. Jedoch können über den Begriff der Widerspruchsfreiheit auch Theorien überprüft werden, die Aussagen über prinzipiell Unbeobachtbares treffen, wie sie in der Theoretischen Physik auftreten.

Ingenieurwissenschaften, Technik

Experimente in den Ingenieurwissenschaften und in der Technik ähneln manchmal in Ausführung und Eigenschaften den Experimenten der naturwissenschaftlichen Forschung, so beispielsweise die Experimente der Werkstoffprüfung, mit denen Materialkennwerte wie Festigkeit oder Härte bestimmt werden.

Wichtiger als Experimente sind in den Ingenieurwissenschaften jedoch die Tests. Im Gegensatz zu Experimenten sind Tests nicht kausal orientiert („welche Folgen entstehen aus gegebenen Ursachen?"), sondern oft final orientiert („durch welche Mittel wird ein gegebener Zweck erreicht?"). Während Experimente sich auf Theorien beziehen, prinzipiell ergebnisoffen sind – auch wenn es Vermutungen über den Ausgang gibt – und unter möglichst idealen Rahmenbedingungen, also mit möglichst geringem Einfluss der Umgebung durchgeführt werden, wählt man für Tests gerade realitätsnahe Rahmenbedingungen. Anhand von Prototypen hergestellt mittels der 3D-Druck Technik in Kombination mit eventueller Wärmebehandlung, mechanischer Nachbearbeitung, Inspektion und Qualitätsprüfungen des Prototyps, sowie der sinnvollen Automation wird die

Funktionstüchtigkeit geplanter Produktion von Bauteilen getestet. Häufig und universell einsetzbar für komplexe Simulationen ist z. B. die Finite-Elemente-Methode[18]. Numerische Rechenverfahren werden auch zum Testen von neu entwickelten Mikrochips eingesetzt, wobei der Entwurf eines höchst integrierten Chips von Softwareprogrammen abhängig ist.

Beispiel für Vorteile von faktoriellen Experimenten
Das einfachste faktorielle Experiment enthält zwei Ebenen für jeden von zwei Faktoren. Angenommen, ein Ingenieur möchte die Gesamtleistung untersuchen, die von jedem der zwei verschiedenen Motoren A und B verwendet wird, die mit zwei verschiedenen Geschwindigkeiten, 2000 oder 3000 U/min, laufen. Das faktorielle Experiment würde aus vier experimentellen Einheiten bestehen: Motor A bei 2000 U/min, Motor B bei 2000 U/min, Motor A bei 3000 U/min und Motor B bei 3000 U/min. Jede Kombination einer einzelnen Ebene, die aus jedem Faktor ausgewählt wird, ist einmal vorhanden.

Dieses Experiment ist ein Beispiel für ein 22 (oder 2 × 2) faktorielles Experiment, Abb. 3.10, das so genannt wird, weil es zwei Ebenen (die Basis) für jeden von zwei Faktoren (Kraft oder hochgestellt) oder # Ebenen # Faktoren berücksichtigt, die 22 = 4 ergeben faktorielle Punkte.

Psychologie, Sozialwissenschaften

Bei psychologischen und sozialwissenschaftlichen Experimenten sind die Einflussgrößen in der Regel weniger exakt steuerbar. Die strenge Reproduzierbarkeit kann hier

---

[18]David Roylance: Finite Element Analysis. (PDF; 348 kB), abgerufen am 10. Mai 2017.

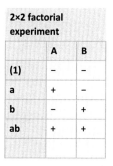

2×2 factorial experiment		
	A	B
(1)	–	–
a	+	–
b	–	+
ab	+	+

Abb. 3.10 Beispiel für ein 22 faktorielles Experiment

nicht gefordert werden; stattdessen werden die Validität und die Reliabilität betrachtet. Die Kontrolle von Störfaktoren ist ein entscheidender Teil des Experiments.

Dazu werden die experimentellen Behandlungsbedingungen den Versuchsgruppen, diesen wiederum die Probanden nach dem Zufall („randomisiert") zugewiesen. Dadurch werden Scheinerklärungen ausgeschlossen, nach denen z. B. ein Verhalten als Effekt der experimentellen Behandlung bezeichnet wird, das tatsächlich bereits vorher bestanden hat – nicht die neue Behandlungsmethode hat zu den besseren Ergebnissen geführt, die Probanden dieser Versuchsgruppe hatten schon vor der Untersuchung einen besseren Gesundheitszustand. Der Grad, in dem tatsächlich randomisiert wird, ist ein Merkmal zur Unterscheidung der Typen des Experiments. Diese Beschränkung ist insbesondere bei Experimenten in der Klinischen, Pädagogischen, Arbeits- und Organisationspsychologie von Belang.

Biologie, Medizin, Pharmakologie

Soweit Experimente in Biologie, Medizin, Pharmakologie usw. mit Gruppen von Individuen arbeiten, sind die oben genannten Begriffe des Forschungsdesigns auch hier wichtig. In der Medizin werden solche Experimente meist als klinische Studien bezeichnet. In der Arzneimittelentwicklung dienen sie beispielsweise zur Ermittlung der Dosis-Wirkungs-Beziehung, aber auch der Nebenwirkungen.

Labor- und Feldexperimente und Quasi-Experimentelle Designs

Die verschiedenen Arten von Experimenten lassen sich folgendermaßen voneinander abgrenzen Abb. 3.11:

- Laborexperimente gegen Feldexperimente: Laborexperimente ermöglichen eine weitgehende Kontrolle eventueller Störvariablen. Feldexperimente finden in der „natürlichen" Umgebung statt.
- Randomisierte   Experimente gegen Quasi-Experimente: siehe Entwurf von Experimenten

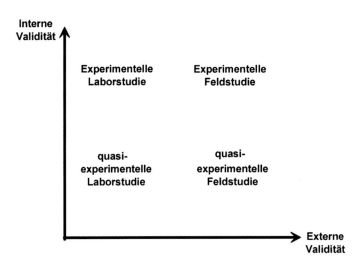

Abb. 3.11 Abgrenzung von Labor- und Feldexperimenten

Das Problem der objektiv gültigen Messung stellt sich in den Sozialwissenschaften in verschärfter Weise, weil hier Beobachter und Beobachteter in einer sozialen Interaktion aufeinander einwirken[19].

Quasi-Experimente

Der Begriff „Experiment" impliziert normalerweise ein kontrolliertes Experiment, aber manchmal sind kontrollierte Experimente prohibitiv schwierig oder unmöglich. In diesem Fall greifen die Forscher auf natürliche Experimente oder Quasi-Experimente zurück[20]. Natürliche Experimente beruhen ausschließlich auf Beobachtungen der Variablen des untersuchten Systems und nicht auf der Manipulation von nur einer oder wenigen Variablen, wie sie in kontrollierten Experimenten auftreten. Soweit möglich versuchen sie, Daten für das System so zu sammeln, dass der Beitrag aller Variablen bestimmt werden kann und die Auswirkungen der Variation in bestimmten Variablen in etwa konstant bleiben, sodass die Auswirkungen anderer Variablen erkennbar sind. Das Ausmaß, in dem dies möglich ist, hängt von der beobachteten Korrelation zwischen erklärenden Variablen in den beobachteten Daten ab. Wenn diese Variablen nicht gut korreliert sind, können natürliche Experimente die Kraft kontrollierter Experimente erreichen. Gewöhnlich besteht jedoch eine gewisse Korrelation zwischen diesen Variablen, was die Zuverlässigkeit von natürlichen Experimenten im Vergleich zu dem, was bei Durchführung eines kontrollierten Experiments erreicht werden könnte, verringert. Da natürliche Experimente normalerweise in unkontrollierten Umgebungen stattfinden,

---

[19]https://de.wikipedia.org/wiki/Experiment#cite_note-11
[20]„Types of experiments". Department of Psychology, University of California Davis. Archived from the original on 19 December 2014.

werden Variablen aus unentdeckten Quellen weder gemessen noch konstant gehalten, und diese können illusorische Korrelationen in untersuchten Variablen erzeugen.

Ein großer Teil der Forschung in Disziplinen wie Wirtschaft, Politikwissenschaft, Geologie, Paläontologie, Ökologie, Meteorologie und Astronomie, beruht auf Quasi-Experimenten.

Feldexperimente

Feldversuche werden so genannt, um sie von Laborexperimenten zu unterscheiden, die wissenschaftliche Kontrolle durch das Testen einer Hypothese in der künstlichen und hochkontrollierten Einstellung eines Labors erzwingen. Häufig in den Sozialwissenschaften und insbesondere in ökonomischen Analysen von Bildungs- und Gesundheitsinterventionen verwendet, haben Feldexperimente den Vorteil, dass Ergebnisse in einer natürlichen Umgebung und nicht in einer konstruierten Laborumgebung beobachtet werden. Aus diesem Grund wird bei Feldexperimenten manchmal eine höhere externe Validität angenommen, als bei Laborexperimenten. Wie natürliche Experimente leiden Feldversuche unter der Möglichkeit einer Kontamination: Experimentelle Bedingungen können im Labor mit höherer Genauigkeit und Sicherheit kontrolliert werden. Dennoch können einige Phänomene (z. B. die Wahlbeteiligung bei Wahlen) nicht ohne weiteres in einem Labor untersucht werden.

Bei Rückkopplung mit der Kontrolle eines Beobachters, Black-Box-Modell, Abb. 3.12, ist die Beobachtung auch ein Experiment.

Eine Beobachtungsstudie wird verwendet, wenn es unpraktisch, unethisch, kostenintensiv (oder anderweitig ineffizient) ist, ein physisches oder soziales System in ein

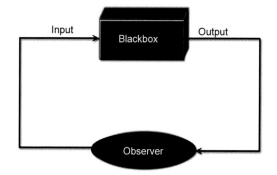

Abb. 3.12 Black-Box Modell

Labor zu integrieren, Störfaktoren vollständig zu kont-
rollieren oder eine zufällige Zuordnung zu verwenden.
Es kann auch verwendet werden, wenn Störfaktoren ent-
weder begrenzt oder gut genug bekannt sind, um die
Daten im Hinblick auf sie zu analysieren (obwohl dies
selten ist, wenn soziale Phänomene untersucht werden).
Damit eine Beobachtungswissenschaft gültig ist, muss der
Experimentator Störfaktoren kennen und berücksichtigen.
In diesen Situationen haben Beobachtungsstudien einen
Wert, weil sie oft Hypothesen vorgeben, die mit randomi-
sierten Experimenten oder durch Sammeln neuer Daten
getestet werden können.

Grundsätzlich sind Beobachtungsstudien jedoch keine
Experimente. Beobachtungsstudien fehlen definitions-
gemäß die Manipulationen, die für Baconsche Experimente [26] erforderlich sind. Darüber hinaus beinhalten
Beobachtungsstudien (z. B. in biologischen oder sozialen
Systemen) oft Variablen, die schwer zu quantifizieren oder
zu kontrollieren sind. Beobachtungsstudien sind begrenzt,
da ihnen die statistischen Eigenschaften von randomisierten Experimenten fehlen. In einem randomisierten Experiment leitet die im experimentellen Protokoll spezifizierte

Methode der Randomisierung die statistische Analyse, die normalerweise auch durch das experimentelle Protokoll spezifiziert wird. Ohne ein statistisches Modell, das eine objektive Randomisierung widerspiegelt, stützt sich die statistische Analyse auf ein subjektives Modell. Schlussfolgerungen aus subjektiven Modellen sind in Theorie und Praxis unzuverlässig. In der Tat gibt es mehrere Fälle, in denen sorgfältig durchgeführte Beobachtungsstudien konsequent falsche Ergebnisse liefern, das heißt, wenn die Ergebnisse der Beobachtungsstudien inkonsistent sind und sich auch von den Ergebnissen von Experimenten unterscheiden. Zum Beispiel zeigen epidemiologische Studien von Dickdarmkrebs konsistent positive Korrelationen mit Brokkolikonsum, während Experimente keinen Nutzen finden.

Regel für den Aufbau und die Durchführung wissenschaftlicher Experimente

Die Regeln für Anlage und Durchführung wissenschaftlicher Experimente und für ihre Dokumentation, d. h. geeignete schriftliche Darstellung (siehe Versuchsprotokoll) werden manchmal als Experimentatorik bezeichnet.

- In einem Experiment unterscheidet sich die Beobachtung von der unsystematischen Wahrnehmung durch ihre angestrebte Beobachterunabhängigkeit. Bei jedem Versuch ist auszuschließen, dass die Erwartungen – oder sogar die bloße Anwesenheit – des Experimentators das Versuchsergebnis beeinflusst. Effekte, die zu Fehldeutungen führen können, wie der Konfundierungseffekt in der Psychologie oder ein Artefakt (Sozialforschung), aber auch etwa Gravitationskräfte, die eine Person auf eine physikalische Versuchsanordnung ausübt, müssen durch die konkrete Versuchsanordnung vermieden werden.

- Die Dokumentation muss hinreichend aussagekräftig sein. Sie sollte u. A. bekannte oder mögliche Unsicherheiten und Messfehler nennen und diskutieren. Sie soll nicht nur über Fakten und herrschende Bedingungen, sondern auch über Hypothesen und Absichten Bescheid geben; zumindest darf nichts Wesentliches übergangen werden. Welche Tatsachen wesentlich sind und welche nicht, ist von Disziplin zu Disziplin verschieden. Während die Kleidung des Experimentators in einem physikalischen Experiment offensichtlich seiner Wahl überlassen werden kann, kann sie in psychologischen Experimenten das Verhalten der Versuchsperson beeinflussen (z. B. den Experimentator als respekteinflößend oder eben das Gegenteil erscheinen lassen).

- Alle beobachteten Vorgänge müssen dokumentiert werden, auch fehlgeschlagene Versuche (kein Resultat) und solche, die ein anderes als das erwartete Resultat hervorbringen, denn auch oder gerade diese können Information liefern und manchmal zu neuen Hypothesen führen. Die Unterschlagung einzelner Versuchsdaten, die das Ergebnis beeinflussen würden, kann nahezu unbewusst geschehen; dies ist besonders wichtig bei Versuchen, die ein statistisches Argument aufbauen.

Das Experiment im Recht

Rechtliche Problemlösungen werden oft experimentierend gesucht, d. h. in einem Vorgriff der produktiven Fantasie entworfen, anschließend überprüft und, wenn sie die Probe nicht bestehen, korrigiert. Bei dieser Suche nach möglichen Lösungen gibt das bisherige Recht die Ausgangsbedingungen und den Verständnishorizont für die experimentierende Praxis vor, d. h. für das versuchsweise Weiterschreiten in der Entwicklung des Rechts. Hierbei ist der Wunsch, das Recht dem Wandel der Lebensverhältnisse anzupassen, stets auch gegen das Interesse an

Rechtssicherheit abzuwägen, also gegen das Interesse, überkommene Dispositionsgrundlagen nicht zu gefährden. Die erwogenen „Verbesserungen" des Rechts sind darauf zu prüfen, ob sie hinreichende Chancen haben, befolgt und durchgesetzt zu werden, und ob das gebotene Verhalten geeignet ist, den rechtspolitischen Endzweck zu erreichen. Auch sind unerwünschte Nebenwirkungen einer Regelung zu bedenken. Darüber hinaus müssen die erwogenen Regelungen für das vernunftgeleitete Gerechtigkeitsempfinden der Mehrheit konsensfähig sein.

Wenn das Recht mit Erwartungen konfrontiert wird, die es nicht einlösen kann, kommt es zwangsläufig zu Enttäuschungen. Nun ist der Vorwurf, das Recht wird mit dem Transfer von wissenschaftlichen Erkenntnissen in Technologien immer komplizierter, nicht von der Hand zu weisen. Komplexe Probleme in modernen Gesellschaften bedingen auch komplexes Recht. Das Konzept der naturwissenschaftlichen Theoriebildung gilt im Prinzip auch für die Entwicklung des Rechts: Es sollte so einfach wie möglich sein, es sollte die Komplexität der Gesellschaft abbilden.

3.2.2.2 Umsetzung von Experimenten in der Virtuellen Universität mittels Augmented Reality (AR)

Erster Schritt zur Umsetzung von naturwissenschaftlichen Experimenten und technologischen Tests, kombiniert mit mathematischen Methoden und numerischen Verfahren, ist die Planung des Designs und die Abschätzung von Adaptionsansätzen. Im nächsten Schritt wird das Design in ein Drehbuch umgewandelt, anhand dessen die Experimente und Praktika in verschiedenen Videosequenz aus verschiedenen Perspektiven aufgenommen werden, wobei die Bewegungen bzw. die Handlungen bei Aufbau und Durchführung des

Experiments mit dokumentiert werden müssen. Die Videosequenz dient als Vorlage für die Erstellung der virtuellen,
bewegungsorientierten 3D-Darstellung. Grundlage dafür sind
Programme zur Erstellung von komplexen Videospielen.

In einer weiteren Phase wird der Entwurf mit Augmented Reality (AR) in eine virtuelle Umgebung mit interaktiven Elementen überführt, wobei die Objekte, die sich
in der realen Welt befinden, durch computergenerierte
Wahrnehmungsinformationen, über mehrere sensorischen
Modalitäten, einschließlich visuell, auditiv, haptisch, somato-
sensorisch, „ergänzt" werden [27]. Prinzip dieses Ansatzes
ist es, eine computergenerierte Umgebung zu schaffen, die
so überzeugend ist, dass Nutzer genauso reagieren wie im
echten Leben. Ein wichtiger Aspekt dabei ist die Kombination von Augmented-Reality-Technologie und Heads-
Up-Display-Technologie (HUD). Dies bedeutet, den
sensorischen Input von außen zu blockieren und visuelle und
auditive Signale zu verwenden, um die virtuelle Welt wirk-
licher erscheinen zu lassen. Der Weg dorthin wird immer
kürzer; so ist z. B. die Microsofts HoloLens-Brille schon
recht bequem zu tragen. In den amerikanischen Forschungs-
labors arbeitet man bereits an Hologrammen, um die reale
Welt noch exakter in eine virtuelle Welt zu übertragen.

Mithilfe fortschrittlicher AR-Technologien lassen sich
die Informationen, über die umgebende reale Welt des
Benutzers durch seine Handlungen, interaktiv und digital
manipulieren. Informationen über die Umwelt und ihre
Objekte z. B. in Form von Experimenten, werden der realen Welt überlagert. Diese Information kann virtuell[21,22]
oder real, z. B. die Darstellung von nicht sichtbaren, aber

---

[21]5 April 2012 at the Wayback Machine., Augmented Reality On.
[22]Phenomenal Augmented Reality, IEEE Consumer Electronics, Volume 4,
No. 4, October 2015, cover + pp 92–97.

messbaren oder berechenbaren Informationen wie die Form und Verteilung von elektromagnetischen Wellen in einem Raum [28] sein. Augmented Reality bietet somit enormes Potenzial für die Übertragung von mittelbarem Wissen in unmittelbares Wissen, basierend auf dem Prinzip Learning by Doing. Die Vorteile von AR und HUD ergänzen sich hier.

Hardware

Hardware-Komponenten für Augmented Reality sind: Prozessor, Display, Sensoren und Eingabegeräte. Moderne mobile Computergeräte wie Smartphones und Tablet-Computer verfügen bereits über diese Bauteile, wie eine Kamera, MEMS-Sensoren, Beschleunigungsmesser, GPS oder Festkörperkompass, was sie zu geeigneten AR-Plattformen macht[23].

Mikroelektromechanische Systeme (MEMS) sind mikromechanische Sensoren, häufig mit beweglichen Teilen. Bei noch feinerer Strukturierung in den Nanobereich spricht man von nanoelektromechanischen Systemen (NEMS). MEMS bestehen aus Komponenten mit einer Größe zwischen 1 und 100 μm. MEMS-Vorrichtungen haben im Allgemeinen eine Größe von 20 μm bis zu einem Millimeter; in Arrays angeordnete Komponenten (z. B. digitale Mikrospiegel) können mehr als 1000 mm^2 betragen. Sie bestehen in der Regel aus einer zentralen Einheit, die Daten verarbeitet (der Mikroprozessor) und mehreren Komponenten, die mit der Umgebung interagieren, wie etwa Mikrosensoren.

---

[23]Metz, Rachel. Augmented Reality Is Finally Getting RealTechnology Review, 2 August 2012.

Display

Beim Augmented-Reality-Rendering nutzt man verschiedene technologische Systeme, wie optische Projektionssysteme, Monitore, Handheld-Geräte und Displaysysteme. Moderne HMDs bzw. Datenbrillen verwenden oft Sensoren für eine Überwachung mit sechs Freiheitsgraden, die es dem System ermöglichen, virtuelle Informationen an die reale Welt anzupassen und so die Kopfbewegungen des Benutzers danach auszurichten. Gestensteuerungen für vollständiges virtuelles Eintauchen in ein Testprogramm für eine Nutzung einer neuen Technologie sind bereits üblich.

Kontaktlinsen

Kontaktlinsen mit AR-Bildgebung sind in Entwicklung bzw. bereits auf dem Markt. Diese bionischen Kontaktlinsen können die in die Linse eingebetteten Anzeigeelemente einschließlich integrierter Schaltkreise, LEDs und eine Antenne für die drahtlose Kommunikation enthalten.

Tracking

Moderne mobile AR-Systeme verwenden eine oder mehrere der folgenden Tracking-Technologien, die zur Adaption von Wissensinhalten geeignet sind: Digitalkameras und/oder andere optische Sensoren, Beschleunigungssensoren, GPS, Gyroskope, mikromechanische Kompasse, RFID (Nahfeldkommunikation). Diese Technologien bieten unterschiedliche Grade an Genauigkeit und Präzision.

Computer

Mit der Steigerung der Leistungsfähigkeit von Computern, der Verbesserung von mikromechanischen Systemen, der Ausweitung von Clouds und weltweit verfügbaren leistungsfähigen Datenübertragungsnetzen werden Augmented Reality und Virtual Reality in Kombination mit der Künstlichen Intelligenz die reale Welt einschließlich der Aus- und Weiterbildung schon in Kürze drastisch verändern. Laut Time Magazine wird in etwa 15–20 Jahren vorausgesagt, dass Augmented Reality und Virtual Reality die primäre Nutzung für die Computer-Interaktion sein werden.

Software und Algorithmen

Die Software muss aus Kamerabildern von der Kamera unabhängige reale Koordinaten ableiten und in virtuelle übertragen. Dieser Prozess wird als Bildregistrierung bezeichnet und verwendet verschiedene Methoden der Computer-Vision, hauptsächlich im Zusammenhang mit Video-Tracking[24].

Die erste Stufe der Anwendung dieser Methode besteht darin, in den Kamerabildern interessierende Punkte, Referenzmarken oder optischen Fluss zu erkennen. Dieser Schritt kann Feature-Erkennungsmethoden wie Eckenerkennung, Blob-Erkennung, Kantenerkennung oder Schwellenwertbildung und andere Bildverarbeitungsmethoden verwenden[25]. Die zweite Stufe stellt aus den in der ersten Stufe erhaltenen Daten ein reales Weltkoordinatensystem wieder her. Bei einigen Methoden wird davon ausgegangen, dass Objekte bzw. Experimente mit bekannter Geometrie (oder Referenzmarkierungen)

---

[24]Maida, James; Bowen, Charles; Montpool, Andrew; Pace, John. Dynamic registration correction in augmented-reality systemsArchived 18 May 2013 at the Wayback Machine., Space Life Sciences, NASA.

[25]Bajura, Michael; Neumann, Ulrich. Dynamic Registration Correction in Augmented-Reality Systems University of North Carolina, University of Southern California.

vorhanden sind. In einigen dieser Fälle sollte die Szenen-3D-Struktur vorher berechnet werden. Wenn ein Teil der Szene unbekannt ist, kann simultane Lokalisierung und Kartierung (SLAM) relative Positionen abbilden. Wenn keine Informationen über die Szenengeometrie verfügbar sind, wird die Struktur aus Bewegungsmethoden wie der Bündelanpassung verwendet. Zu den mathematischen Methoden der zweiten Stufe gehören projektive (epipolare) Geometrie, geometrische Algebra, Rotationsdarstellung mit Exponentialkarte, Kalman- und Partikelfilter, nichtlineare Optimierung, robuste Statistik.

Entwicklung

Die Implementierung von Augmented Reality erfordert ein in sich stimmiges Design der Anwendungen. Da sich das AR-System stark auf die Immersion des Benutzers und die Interaktion zwischen dem Benutzer und dem System stützt, kann Design den Wissenserwerb erheblich erleichtern und die Kreativität erhöhen. Für die meisten Augmented-Reality-Systeme kann eine ähnliche Designrichtlinie eingehalten werden. Im Folgenden werden einige Überlegungen zum Entwurf von Augmented Reality-Anwendungen ausgeführt.

Interaktionsdesign

Der Zweck von Interaction Design besteht darin, den Benutzer nicht durch die Organisation der präsentierten Informationen zu verfremden oder zu verwirren. Da die Benutzerinteraktion und die -merkmale von den Eingaben des Benutzers abhängen, müssen Designer die Systemsteuerelemente leicht verständlich und zugänglich machen.

Der aufregendste Faktor der Augmented-Reality-Technologie ist die Möglichkeit den 3D-Raum für Kopien von 2D-Schnittstellen innerhalb einer einzigen AR-Anwendung zu nutzen. AR-Anwendungen sind kollaborativ, ein Benutzer kann auch eine Verbindung zu einem anderen

Gerät herstellen und virtuelle Objekte im Kontext der anderen Person anzeigen oder ein Experiment gemeinsam durchführen.

Visuelles Design

Es ist wichtig, die zwei Hauptobjekte in AR bei der Entwicklung von VR-Anwendungen zu beachten: 3D-volumetrische Objekte, die manipulierbar sind und realistisch mit Licht und Schatten interagieren, sowie animierte Medienbilder wie Bilder und Videos, die meist traditionelle 2D-Medien sind und in einem neuen Kontext für Augmented Reality gerendert werden. Wenn virtuelle Objekte auf eine reale Umgebung projiziert werden, ist es eine Herausforderung für Augmented-Reality-Anwendungsentwickler, eine perfekt nahtlose Integration relativ zur realen Umgebung sicherzustellen, insbesondere mit 2D-Objekten. Als solche können Designer Objekten Gewicht verleihen, Tiefenkarten verwenden und verschiedene Materialeigenschaften auswählen, die die Präsenz des Objekts in der realen Welt hervorheben.

Universitäre Hochschulerst- und -weiterbildung

Erste Ansätze zu einer virtuellen Hochschule zeigen Entwicklungen in den technischen und naturwissenschaftlichen Disziplinen. AR-Apps bieten Maschinenbaukonzepte, Mathematik oder Geometrie zum Selbstlernen. Mithilfe von Chemie-AR-Apps können Studenten die räumliche Struktur eines Moleküls mithilfe eines in der Hand gehaltenen Markerobjekts visualisieren und mit ihm interagieren. Anatomiestudenten können verschiedene Systeme des menschlichen Körpers in drei Dimensionen visualisieren[26].

---

[26]„Anatomy 4D – Qualcomm". Qualcomm. Archived from the original on 11 March 2016. Retrieved 2 July 2015.

Medizinisch

AR bietet Chirurgen mit einem Heads-up-Display die Möglichkeit, Patientendaten mit funktionalen Videos zu überlagern.

3.3 Wissensorganisation

Die Kombination Navigationssystem- mit einem Deep-Learning-Programm ist im Prinzip das Gedächtnis der individuellen und kollektiven Wissensorganisation. Durch den stetigen, automatischen Einbau der neuen wissenschaftlichen Erkenntnisse (Update) vergrößert sich der Wissensinhalt (Gedächtnisinhalt) sowohl der persönlichen als auch der kollektiven Wissensorganisation und zwar ohne eine Aktion des Nutzers bzw. der intentionellen Nutzung der Virtuellen Universität.

Der Aufbau einer strategisch strukturierten Organisation von Wissen gewinnt sowohl für Lehrende als auch für Studierende und sich Weiterbildende (individuelle Organisation von Wissen) als auch für Unternehmen und Forschungsinstitutionen (kollektive Wissensorganisation) zunehmend an Bedeutung. Wissen versteht man in diesem Zusammenhang als vernetzte Information. Entsprechend dieser Definition werden aus Informationen Wissensinhalte, wenn sie in einem Kontext stehen, der eine angemessene Informationsnutzung möglich macht. Eine entsprechende Begriffsverwendung hat sich nicht nur in der Informatik, sondern auch in der Psychologie, der Pädagogik und den Sozialwissenschaften durchgesetzt.

Die Wissensorganisation umfasst nicht nur die schnelle Bereitstellung von Wissen zur Lösung eines Problems oder einer Aufgabe, sie muss auch die unmittelbaren und mittelbaren Erfahrungen des Individuums mit dem Wissen, bzw. die in einer Institution vorhanden Kenntnisse (kollektives Knowhow) und Fähigkeiten miteinander verknüpfen. Wobei man sich darüber im Klaren sein muss, dass eine globale Virtuelle Universität sowohl auf individuellen als auch auf kollektiven wissenschaftlichen Erkenntnissen einschließlich mittelbarer und unmittelbarer Erfahrungen beruht, d. h. aus einer Aggregation menschlicher Erkenntnis. Sowohl die individuelle wissenschaftliche Erkenntnis als auch das kollektive Wissen (häufig auch als Schwarmintelligenz bezeichnet) erweisen sich in der globalisierten Welt als Schüssel zu einem nachhaltigen Wohlstand unter Berücksichtigung des Klimaschutzes, der Ressourcenschonung und einer ökologischen Landwirtschaft.

Die Differenz zwischen individuellem und kollektivem Wissen manifestiert sich in wissenschaftlicher Erkenntnis einerseits und dem Wissen darüber, wie diese in Technologie, Medizin, Informatik, Soziologie oder Ökonomie transferiert wurde oder wird andererseits. Da jede Erfahrung auf Sinnesinformationen basiert, die bereits durch den eingeschränkten biologischen Wahrnehmungsapparat gefiltert und unbewusst interpretiert werden und somit individuell ist, müssen individuell gewonnene wissenschaftliche Erkenntnis gesellschaftlich überprüft werden.

In diesem Zusammenhang ist ungeklärt, inwieweit und unter welchen Bedingungen Institutionen oder Organisationen einen Verwertungsanspruch auf persönliches Wissen und Knowhow ihrer Mitglieder haben – insbesondere dann, wenn Mitarbeiter auf Zeit beschäftigt werden oder Mitarbeiter von besonders innovativen Institutionen des Wettbewerbs zum Transfer von Knowhow abgeworben wurden. Etwas salopp formuliert stellt sich die Frage: Zukaufen oder selbst forschen und entwickeln?

Persönliches Wissen, das wissenschaftliche Erkenntnisse und Erfahrungen beinhaltet, die den Transfer in praktische

Nutzung bzw. in Technologien ermöglichen, sind zunächst einmal geistiges Privateigentum. Dies gilt insbesondere dann, wenn jemand etwa zur Erweiterung des Knowhows einer Institution oder Organisation angeworben und eingestellt wurde. Eine etwas andere Situation ergibt sich allerdings, wenn diese Person ihre wissenschaftlichen Erkenntnisse ausgeweitet hat, indem sie das kollektive Wissen der Virtuellen Universität nutzt. Die Nutzung daraus gehört nach gegenwärtiger Rechtsprechung der Organisation bzw. Institution. Ist die Basis einer Innovation kollektives Wissen (wissenschaftliche Erkenntnisse gekoppelt mit Knowhow) verschwimmen die Rechtspositionen der am Ergebnis Beteiligten.

Die Zielsetzungen von persönlicher und kollektiver Wissensorganisation unterscheiden sich grundsätzlich: Bei der persönlichen Wissensorganisation baut sich ein Individuum ein eigenes, intelligentes Datenbanksystem auf. Das Individuum verknüpft das darin enthaltene Wissen mit seinen unmittelbaren und mittelbaren Erfahrungen und ggf. mit mit Resultaten aus Diskussionen etwa mit Avataren in der Virtuellen Universität. Anhand der modular aufgebauten und an das Individuum adaptierten Inhalte der Virtuellen Universität kann es seine wissenschaftlichen Erkenntnisse optimieren und seine mittelbaren Erfahrungen verbessern. Problematisch dabei ist, dass sich wissenschaftliche Erkenntnisse in mittelbare Erfahrungen(Kenntnisse) vom Nutzer beschreiben und an die Wissensmodule anbinden lassen, die individuellen unmittelbaren Erfahrungen (Fertigkeiten) schwer beschreibbar und eine Ankopplung an die Wissensmodule daher kaum realisierbar sind.

Bei der kollektiven Wissensorganisation hingegen umfasst die Speicherung von wissenschaftlichen Erkenntnissen alle Wissenschaftsdisziplinen, mit denen sich die jeweilige Institution beschäftigt, was im Prinzip eine mathematische Modellierung des kollektiven Wissens zur Folge hat. Die Anbindung unmittelbarer Erfahrungen einzelner Personen bzw. Beschäftigten an die entsprechenden Wissenschaftsmodule gelingt nur in seltenen Fällen, denn diese sind meist nicht dazu bereit, ihre unmittelbaren Erfahrungen ihrer Institution zur Verfügung zu stellen. Persönliche unmittelbare Erfahrungen im Rahmen von Handlungsverflechtungen in kollektives Wissen zu übertragen ist daher grundsätzlich utopisch, da unmittelbare Erfahrungen immer subjektiv sind und nicht in kodifizierbare Form gebracht werden können. Durch die Hereinnahme von Expertenwissen in eine kollektive Wissensorganisation wird versucht dies teilweise auszugleichen. Dabei werden allerdings meist mittelbare Erfahrungen integriert, deren Nutzen mehr als zweifelhaft ist, da Experten in der Regel nicht in der Lage sind, ihr Knowhow in ontologischer Form beschreiben zu können.

Unter Ontologien sind meist sprachlich gefasste und formal geordnete Darstellungen einer Menge von Begrifflichkeiten und der zwischen ihnen bestehenden Beziehungen in einem bestimmten Gegenstandsbereich zu verstehen. Sie werden dazu genutzt, Wissen zu digitalisieren, um es in formaler Form zwischen Anwendungsprogrammen und Diensten austauschen zu können. Im Unterschied zu einer Taxonomie, die nur eine hierarchische Untergliederung bildet, stellt eine Ontologie ein Netzwerk von Informationen mit logischen Relationen dar. Ontologien enthalten Inferenz- und Integritätsregeln, also Regeln zu Schlussfolgerungen und zur Gewährleistung ihrer Gültigkeit. Da Ontologien über eine hohe semantische Ausdrucksstärke verfügen, sind sie geeignet, auch komplexe Datenmodelle oder Repräsentationen von Wissen und mittelbare Erfahrungen von Individuen zu dokumentieren. Die Entwicklung von

Ontologien hat in den letzten Jahren dazu beigetragen, Wissensrepräsentation in Künstliche-Intelligenz-Systemen zu implementieren.

Zur Vereinfachung der Struktur von Ontologien wird zwischen explizitem und implizitem Wissen differenziert. Diese Unterscheidung wurde 1966 von Michael Polanyi eingeführt [29].

Wissensinhalte sind nach Polanyi explizit, wenn ein Nutzer darüber bewusst verfügt und sie gegebenenfalls auch sprachlich beschreiben kann. Implizite Inhalte sind dagegen nicht auf eine solche Weise verfügbar. Die implizite Dimension des Wissens spielt sowohl in der Forschung beim Design von Experimenten und auch in der Nutzung von kollektivem Wissen eine zunehmend wichtige Rolle, da sich zeigt, dass viele Wissensinhalte eine Kombination mit unmittelbaren Erfahrungen nicht explizit vorhanden sind. Beispiele dafür sind:

- Das sprachliche Wissen ist zu weiten Teilen nur implizit verfügbar (vgl. Sprachgefühl), da selbst kompetente Sprecher nur einen Bruchteil der semantischen, syntaktischen und pragmatischen Regeln einer Sprache angeben können [30].
- In der Künstliche-Intelligenz-Forschung ist implizites Wissen eine große Herausforderung. Es hat sich nämlich gezeigt, dass komplexes explizites Wissen häufig weitaus leichter zu verarbeiten ist als scheinbar unkompliziertes implizites Wissen. So ist es einfacher, ein künstliches System zu schaffen, das Theoreme beweist, als einem System beizubringen, sich unfallfrei durch eine Alltagsumwelt zu bewegen.

In der Interaktion dieser beiden Wissensarten mit der Umwelt kann neues Wissen geschaffen werden. Wie neues kollektives Wissen entsteht, kann mit der Wissensspirale,

auch SECI-Modell genannt (**S**ocialization, **E**xternaliza-
tion, **C**ombination, **I**nternalization), verdeutlicht werden.
Das SECI-Modell ist ein dynamisches Modell, mit dem der
Übergang vom impliziten auf explizites Wissen erläutert
wird und das den Prozess der kollektiven Wissens-
beschaffung und Wissensweitergabe in Institutionen zu verdeutlichen sucht (Abb. 3.13).

Die Vorstellung der Übertragung von theoretischem Wissen, mittelbaren und unmittelbaren Erfahrungen und die
damit verbundene Wissensveränderung und Knowhow-Er-
höhung kann, gemäß dem Konzept der Wissenschafts-
spirale, entweder auf individueller oder auf organisationaler
Ebene, mit den oben erwähnten Einschränkungen, erfolgen.
Das Konzept der Wissensspirale ist eine Idee, die den Übergang vom persönlichen zum kollektiven Wissen beschreiben
soll. Entwickelt wurde das Modell von den beiden japa-
nischen Wissenschaftlern Ikujiro Nonaka und Hirotaka
Takeuchi [31]. Nonaka/Takeuchi unterscheiden in ihrem
Konzept der Wissensspirale vier Formen:

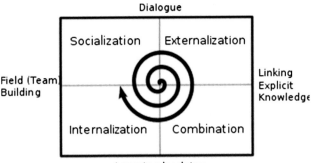

Abb. 3.13 Wissensspirale

- Sozialisierung: Implizites Wissen gründet lt. Nonaka/
  Takeuchi auf Erfahrung. Die Autoren gehen davon aus,
  dass ein Mensch auch ohne Sprache unmittelbar implizites
  Wissen von anderen Menschen erwerben kann. Für das
  Entstehen wissenschaftlicher Erkenntnisse insbesondere
  durch die unmittelbare Erfahrung, die durch Experimentieren auf unterschiedlichem Niveau entsteht, ist diese
  Annahme allerdings mit Skepsis zu betrachten. Auch
  die Sozialisierung über Avatare, die sich über Problemlösungen austauschen, führt nicht zu implizitem Wissen.
- Externalisierung: Implizites Wissen, welches bereits durch
  eine Sozialisierung erworben wurde, soll sich entsprechend
  dem Konzept der Wissensspirale in explizites Wissen
  wandeln lassen. Dabei spielt die bildliche Sprache (wie
  etwa Metaphern, Hypothesen oder Konzepte) nach den
  Autoren eine entscheidende Rolle. Allerdings gilt: ein Bild
  sagt mehr als tausend Worte. Die Umwandlung von implizitem in explizites Wissen durch sprachliche Erläuterung,
  verliert mittels adaptiver bewegungsorientierter, virtueller
  3D-Elemente an Bedeutung.
- Kombination: Entsprechend der Idee der Wissensspirale soll neues explizites Wissen entstehen, indem
  man verschiedene Bereiche, die sowohl theoretisches Wissen als auch mittelbare und unmittelbare
  Erfahrungen umfassen, miteinander verbindet. Wissen
  soll, analog dem Konzept der Virtuellen Universität,
  innerhalb und außerhalb einer Institution gesammelt
  und anschließend kombiniert, editiert oder verarbeitet
  werden. Durch diesen Prozess kann eine komplexe und
  systemische Form von Wissen erzeugt werden.
- Internalisierung: Explizites Wissen wird in implizites
  Wissen umgewandelt. Die individuellen Erfahrungen,
  die bereits aus den drei vorigen Arten der Wissens-
  umwandlung gemacht wurden, werden hier nochmals
  durch eine intensive Auseinandersetzung verarbeitet.

Durch eine ständige Anwendung des expliziten Wissens geht dieses sozusagen in die täglichen Handlungen ein und wird so zur Gewohnheit. Am Ende des Prozesses steht somit wieder implizites Wissen. Diesmal jedoch in einer neuen verbesserten Form, und der Wissensgenerierungsprozess beginnt von Neuem.

Alle diese Prozesse interagieren mit- und untereinander und formen so die Spirale. Das Wissen, welches in diesen vier Formen geschaffen wird, ist jeweils verschieden. Um dieses Modell richtig zu verstehen, ist es notwendig, sich klarzumachen, dass eine Institution nur dann innovatives Wissen hervorbringen kann, wenn auch die Übergänge zwischen dem expliziten und dem impliziten Wissen in die organisationalen Abläufen integriert sind, gefördert und kommuniziert werden.

Das Wissen, welches durch diese Umwandlung geschaffen wird, ist jeweils verschieden:

- Sozialisation: führt zu sympathetischem Wissen; Beispiel: technische Fähigkeiten, mentale Modelle
- Externalisierung: ergibt konzeptuelles Wissen
- Kombination: erzeugt systemisches Wissen; Beispiel: Technologien für Prototypen, neue Komponenten

Generell gilt: Wissen ist eine Ressource, die sich durch Gebrauch und beim Teilen mit anderen nicht vermindert, sondern vermehrt.

3.3.1 Wissenserfassung

Das Erfassen wissenschaftlicher Erkenntnisse und deren Koppelung mit mittelbarer sowie unmittelbarer Erfahrung zum Aufbau und zur Aktualisierung eines persönlichen bzw.

einer kollektiven Organisation von Wissen ist im Prinzip ein gleichartiger Prozess: Die von dem Portal der Virtuellen Universität heruntergeladenen Wissensmodule lassen sich mittels eines Data-Mining-Systems strukturieren und über eine Mind-Map verknüpfen. Die mittelbaren und unmittelbaren Erfahrungen werden den wissenschaftlichen Erkenntnissen zugeordnet und bei Bedarf über ein intelligentes Navigationssystem abgerufen. Die neuesten wissenschaftlichen Erkenntnisse aus den unterschiedlichen Disziplinen werden in die entsprechenden Wissenschaftsmodule der verschiedenen Disziplinen kontinuierlich eingearbeitet.

Die Kombination von Navigations- mit einem Dataminig- oder Multiagentensystem bzw. mit einem Neuronalen Netzwerk macht im Prinzip das Gedächtnis der individuellen und kollektiven Organisation des Wissens aus. Durch den stetigen, automatischen Einbau der neuen wissenschaftlichen Erkenntnisse (Update) vergrößert sich der Wissensinhalt (Gedächtnisinhalt) sowohl des persönlichen als auch des kollektiven Wissens. Die Wissensmodule der Virtuellen Universität beinhalten somit immer den neuesten Stand von Forschung und Entwicklung. Durch Adaption findet eine Anpassung an den individuellen Benutzer, entsprechend seinem Wissensniveau und seinen Erfahrungen statt, sodass das individuelle Wissen – bei entsprechender Motivation – gesteigert wird. Soll dagegen das kollektive Wissen einer Institution erhöht werden, muss das individuelle Wissen zum kollektiven Wissen der Institution zusammengefasst werden. Da individuelles Wissen nur schwer mit anderem individuellen Wissen vergleichbar ist und die Beziehungen zwischen internen Knowhow-Trägern und Knowhow-Nachfragern innerhalb einer Institution traditionell oft persönlicher Natur (Anreger, Coaches, Sponsoren oder Unterstützer) sind und diese meist auf langfristig aufgebautem Vertrauen beruhen (Seilschaften), ist die Virtuelle Universität ein neuer, innovativer Ansatz, individuelles Wissen, in kollektives Wissen einer Institution umzusetzen. Doch auch hier ist für die Umsetzung ein Medium (Mitarbeiterworkshop, Online Assessment) erforderlich. In der Praxis bedeutet das, dass ein geeigneter Mix aus individuellem Knowhow und dessen Kodifizierung gefunden werden muss, was allerdings bei unmittelbaren Erfahrungen (Fertigkeiten) nicht funktioniert.

3.3.2 Wissensvermittler: Navigator durch die Virtuelle Universität

Die Virtuelle Universität hat somit ihre eigenen Wissensinhalte und vergibt eigene Abschlüsse, die in der Regel den Lehrplänen und Abschlüssen einer konventionellen Universität ähneln. Die Ähnlichkeit von Curricula und Studienstrukturen für Studierende kann als gleichwertige Bewertung gesehen werden. Jenen Studierenden, die sich ohne dem Ziel einer Zertifizierung „nur" weiterbilden wollen, bietet die Virtuelle Universität die Chance, sich eine eigene Wissensdatenbank aufzubauen, in der sich ihre eigenen unmittelbaren Erfahrungen integrieren lassen. Bei einem Stellenwechsel kann diese persönliche Wissensdatenbank als ausschlaggebender Teil einer Bewerbung herangezogen werden oder bei einer internen Stellenbesetzung einer Institution hilfreich sein.

Jedes Wissensmodul, unabhängig vom Wissensniveau des Nutzers, enthält mindestens zwei Stichworte. Der Wissensvermittler erkennt diese Stichworte bei der Spracheingabe des Nutzers und ordnet der Anfrage das entsprechende Wissensmodul zu. Der Wissensvermittler ermöglicht sowohl die Suche in der personenorientierten Wissensdatei als auch die gleichzeitige Suche in den verschiedenen Wissensdateien der unterschiedlichen Disziplinen der Virtuellen Universität.

Die kognitiv unterstütze Suche zeigt inhaltlich relevante Dokumentenbezüge auf und visualisiert diese in Form einer Mind-Map, Abb. 3.14.

Die visuell unterstützte Darstellung der Suchergebnisse zeigt alle inhaltlich relevanten Wissensinhalte zum Suchbegriff auf. Zusammengehörige Dokumente werden automatisch erkannt und in themenbezogenen Clustern von Dateien als Mind-Map dargestellt. Der über Sprache zu steuernde Wissensvermittler ist für die Nutzung einer 3D-Brille besonders wichtig – besonders dann, wenn Wissensinhalte von bewegungsorientierten, virtuellen Darstellungen mathematische Funktionen beinhalten oder auf empirischen Studien beruhen.

Um die Wissens-Module der Virtuellen Universität mit aktuellem Wissen aufzufüllen, steht den Wissenschaftlern einer entsprechenden Disziplin ein Content-Management-System der Virtuellen Universität zur Verfügung. Darüber hinaus suchen intelligente Algorithmen mittels Methoden der Künstlichen Intelligenz nach neuen wissenschaftlichen Erkenntnissen in den Disziplinen, die einem entsprechenden Wissensinhalt eines Moduls zugeordnet werden können und aktualisieren das Modul automatisch.

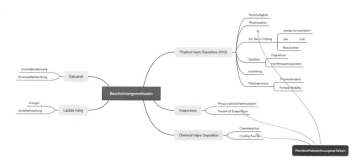

Abb. 3.14 Beispiel einer Mind-Map mit Querverbindungen, die Wissensmodule liegen hinter Stichwortenden und öffnen sich durch Anklicken oder durch sprachliche Eingabe

Die Nutzung von Wissenschaftsmoduln mit einer unterschiedlichen Betrachtungsweise eines konkreten Problems fördert den Problemlösungsprozess.

3.4   Analyse der Besitzverhältnisse

Die Inhalte der Wissensmodule, die Software zur Adaption an die Nutzer, das intelligente Navigationssystem zur Quervernetzung und die Software zu Erstellung eines dem Akteur angepassten Avatars sind immaterielle Güter, ebenso der individuelle Wissenspool eines Nutzers in dem der seine unmittelbaren, subjektiven Erfahrungen mit den Wissensinhalten zusammengeführt hat. Und wie bei allen immateriellen Gütern sind die Grenzen des Eigentums und der rechtlichen Verfügung weniger klar als bei materiellen Dingen.

Immaterielle Güter, wie beispielsweise der Aufbau eines individuellen Wissenspools unter Verwendung eines Navigationssystems in Verbindung mit einer Mind-Map gehören demjenigen, der es geschaffen hat. Es sei denn, der individuelle Wissenspool wird mit kollektivem Wissen einer Institution gespeist. Auch fehlt die mit dem physischen Besitz einhergehende Kontrollmöglichkeit.

Baut sich nun ein Mitarbeiter einer Intuition bzw. eines Unternehmens einen Wissenspool auf – unter Verwendung eines Navigationssystems verbunden mit einer Mind-Map –, so kann es sich dabei um einen Auftrag, eigenes Interesse im Rahmen seiner Tätigkeit oder um das Zusammenstellen von Wissen handeln, das mit seinen beruflichen Aufgaben nichts oder wenig zu tun hat.

Ein Wissenspool, der im Auftrag einer Institution bzw. eines Unternehmens entstanden ist, gehört der Institution respektive dem Unternehmen uneingeschränkt. Andererseits kann ein Mitarbeiter über einen Wissenspool, den er ohne Anweisung und aus eigenem Interesse aufgebaut hat, frei verfügen.

Die Abgrenzung zwischen der inhaltlichen Gestaltung (Design) der Wissensmodule und der Portal-Software, ist vorzunehmen, wenn Wissenschaftler neue Wissensinhalte erstellen oder anpassen. Das Knowhow der Wissenschaftler entspricht dem von Veröffentlichungen oder Buchtexten, und diese sind wie Software ein immaterielles Gut. Die Wissenschaftler können beispielsweise für ihre Arbeit an den Weiterbildungsmoduln über einen Schlüssel, beispielsweise deren Nutzungshäufigkeit, entschädigt werden.

Während der Schwerpunkt bei der Erstellung und Überarbeitung von Wissenschaftsmoduln das Wissen und die Recherchemethoden der beteiligten Wissenschaftler ist, liegt der Schwerpunkt bei der Softwareentwicklung auf der Analyse. Dabei geht es darum, eine genaue Spezifikation zu erstellen, diese in einzelne Abschnitte aufzugliedern und zu strukturieren. Der Designentwurf für den Ablauf von Experimenten ist ein konkretes Beispiel dafür. Darauf folgt als nächster Schritt die Drehbucherstellung mit konkreten Handlungsanweisungen. Bis zu diesem Punkt muss noch keine Zeile Code produziert werden. Erst zum Schluss werden diese Handlungsanleitungen in Softwarecode umgesetzt. Software wird heute zwar nur noch selten von Grund auf neu entwickelt; sie wird aus verschiedenen Komponenten zusammengesetzt. Aber selbstredend braucht eine Virtuelle Universität permanent Software-Entwicklerteams.

Die Entwicklung der Software setzt erhebliche Investitionen voraus. Aus einer wirtschaftlichen Perspektive soll die Software deshalb denjenigen gehören, die diese Investitionen aufbringen. Zur Konsolidierung, stetigen Weiterentwicklung und Evaluation wird der rechtliche Schutz von Software immer wichtiger, auch unter dem Aspekt, dass das Konzept der Adaption des Portals der Virtuelle Universität von den Menschen in den verschiedenen Kulturkreisen akzeptiert werden muss.

Computerprogramme gelten grundsätzlich als urheberrechtlich geschützt. Geschützt ist allerdings nicht die der Software zugrunde liegende Idee, nicht das Konzept und auch nicht die der Algorithmen, sondern lediglich die Form, das heißt der Softwarecode.

Ob auch das Design von Experimenten innerhalb von Wissensmoduln, Entwurfsmaterial wie Spezifikationen oder Programm-Beschreibungen urheberrechtlichen Schutz genießen, ist kontrovers, abhängig von staatlichen Rechtsnormen und dem Einfluss von Softwareunternehmen. Neben dem eigentlichen Programmcode ist auch die Gestaltung der virtuellen, bewegungsorientierten 3D-Simulationen in Kombination mit der 3D-Brille und der Sprachsteuerung schützenswert.

Weiterhin können einzelne Wissensmodule, welche von den Wissenschaftlern erstellt werden, für sich allein betrachtet urheberrechtlichen Schutz genießen, wobei auch hier gilt, dass nie die darin verkörperten Ideen geschützt sind, sondern nur die konkrete Form.

Indes ist es nicht sinnvoll, Technik und Logik der Virtuellen Universität über die Form zu schützen, wenn es doch die Ideen sind, die das Wesentliche ausmachen. Vielleicht mag dabei auch eine Rolle spielen, dass am Anfang der Softwareentwicklung die Formulierung von Entwicklungssprachen stand, wobei es dann nur noch ein kleiner Schritt war, die Parallele zwischen Sprache und literarischem Werk einerseits und Entwicklungssprache und Software andererseits zu ziehen.

Die Erstellung von Design, Drehbüchern, Spezifikationen und die Umsetzung in Software bzw. Algorithmen kostet viel Zeit. Aber im Verhältnis zu den Möglichkeiten, die eine Virtuelle Universität für die Entwicklung sowohl von Schwellen- als auch für Entwicklungsländer und für die Innovationsfähigkeit von Industrieländer bietet – nämlich die Adaption an die Nutzer, unabhängig von Sprache und kulturellem Umfeld, ihrer raschen Verbreitungsmöglichkeit und ihrer hohen Anwendungsbreite – sind die Entstehungskosten vergleichsweise gering. Der Anteil der Arbeit an den einzelnen Wissensmoduln ist so betrachtet nahezu homöopathisch.

Diese Entwicklung könnte der Keim für eine Gesellschaft sein, die mit der kapitalistischen Form der Warenproduktion bricht. Die technischen Komponenten reifen gerade: Selbstlernende Algorithmen, Künstliche Intelligenz, mächtige Clouds, gekoppelt mit immer leistungsfähigeren PC's, und eine weltweite, allumfassende Vernetzung. Damit kann Wissen anders vermehrt und optimiert werden, und zwar besser als einem Kapitalverhältnis unterworfen, bei dem der Gewinn im Vordergrund steht. Im Grunde ähnelt das Verhältnis zwischen Wissensproduktion und Kapitalanlegern einer wechselseitigen Geiselhaft: Jede Seite verfügt über das, was die andere braucht. Sie ist aber nur bereit es herzugeben, wenn die andere ihre eigene Daseinsweise aufgibt.

Diese Situation lässt sich vermutlich erst auflösen, wenn es sehr großen Teilen der Gesellschaft gelingen sollte, sich aus der Wertform zu lösen und dabei gleichzeitig den stofflichen Reichtum weitgehend zu erhalten – eine Perspektive, die sich zur Zeit nicht abzeichnet. Brynjolfsson und McAfee [32] halten fest: „Technischer Fortschritt, vor allem bei den digitalen Technologien, löst eine beispiellose Umverteilung von Vermögen, d. h. Eigentum und Einkommen aus."

3.4.1 Wer bestimmt über die Form und den Wissensinhalt?

Seit den Tagen Galileis richtete sich die naturwissenschaftliche Forschung auf der Grundlage und im Wechselspiel mit der Mathematik nach dem Grundsatz: Naturprozesse werden in dem Maße erkannt und beschreibbar, in dem sie sich künstlich reproduzieren lassen. Nach Max Born sucht man in der Physik die für eine Naturerscheinung gemäße Mathematik und betrachtet diese, nachdem sie sich als passend erwiesen hat, als die physikalische Wirklichkeit [33]. Die Naturwissenschaften erzeugen auf diese Weise ein nomologisches Wissen, das sich in technologisches Wissen transferieren lässt, obwohl sich im Allgemeinen die Anwendungschancen erst nachträglich ergeben.

Ist die Erstellung naturwissenschaftlicher Wissensmodule im Allgemeinen politisch oder gesellschaftlich unbedenklich, gilt dies für die Transformation naturwissenschaftlicher Erkenntnisse in Technologien und deren Umsetzung in technologische Wissensmodule nur beschränkt. Technische Systeme werden zunehmend von digitalen Technologien gesteuert und kontrolliert. Dies gilt es beim Entwurf von technologisch orientierten Wissensmoduln offenzulegen und anzusprechen, insbesondere für Innovationen, über deren Wirkungen sich die Menschen erst im Nachhinein den Kopf zerbrechen, oder deren Bewältigung sie gar in unverantwortlicher Weise späteren Generationen überlassen. Technisch orientierte Module sind daher stets so organisiert, dass sie immer die Querverbindungen zu den naturwissenschaftlichen Moduln aufzeigen, auf deren Basis der Transfer in die entsprechende Technologie beruht.

Sind naturwissenschaftliche und biologische Wissensinhalte unproblematisch, werden Erkenntnisse bei Disziplinen wie der Medizin, der Gentechnologie, der Ökonomie, der Psychologie, der Soziologie und der Rechtswissenschaft häufig infrage gestellt, da das Wissen dieser Disziplinen hauptsächlich auf Experimenten beruht, deren Ergebnisse von Experten oft unterschiedlich interpretiert werden.

Bei den Rechtswissenschaften ist dies besonders auffällig, da diese von kulturellen und geschichtlichen

Unterschieden geprägt sind. Hinzu kommt, dass auch Algorithmen Fehlurteile unterlaufen. In den USA beispielsweise werden Gerichtsurteile bereits auf der Basis des Algorithmus „Compas" [27] gefällt. Der Einführung lag der Glaube zugrunde, dass Algorithmen neutral und vorurteilsfrei urteilen würden, statt, wie oftmals der menschliche Richter, Minderheiten zu benachteiligen. Das Problem an der Sache war allerdings: Algorithmen werden mit Daten aus der Vergangenheit gefüttert, aus denen sie lernen. Vorurteile und Diskriminierungen verfestigen sich somit auch in den Algorithmen.

Es liegt auf der Hand, dass sich im Zuge der Digitalisierung auch die ökonomischen Theorien massiv verändern werden: Seitdem aufgrund der immer kapitalintensiveren technischen Entwicklungen die Unternehmenskonzentrationen zugenommen haben und zunehmen, damit die Zahl der international agierenden Großkonzerne wächst und deren Gewinne steigen, geraten Wirtschaftstheoretiker unter Druck, weil sie ganz offensichtlich immer weniger in der Lage sind zu erklären, was eigentlich vorgeht. Selbst die modernsten Methoden, wie z. B. von Algorithmen erzeugten Modelle und Planspiele, sagen immer weniger über den Funktionsablauf einer Volkswirtschaft aus.

Die Idee, eine auf mathematischen Beschreibungen basierende Ökonomie zu entwickeln, stößt auf erhebliche Schwierigkeiten, wenn man die bisherigen Ergebnisse der Volkswirtschaftslehre analysiert. Dann zeigt sich nämlich, dass die Sozial- und Wirtschaftswissenschaften über keine einzige ökonomische Theorie verfügen – so einleuchtend

---

[27]Sam Corbett-Davies, Emma Pierson, Avi Feller and Sharad Goel (October 17, 2016). „A computer program used for bail and sentencing decisions was labeled biased against blacks. It's actually not that clear". *The Washington Post*. Retrieved January 1, 2018.

und erkenntnistheoretisch sie auch im jeweils aktuellen Einzelfall sein mag – die nicht aufgrund der stetigen Steigerung der Produktivität und Effizienz durch den technischen Fortschritt, künftig im Verbund mit der Künstlichen Intelligenz, an Bedeutung verlöre.

Bei einer Analyse dieser wenigen hier angesprochenen Disziplinen, die auf experimentellen Erkenntnissen beruhen wird deutlich, dass das Design der Wissenschaftsmodule der Virtuellen Universität die unterschiedlichen nationalen und kulturellen Befindlichkeiten berücksichtigen muss. Durch die Möglichkeit der Quervernetzung können die unterschiedlichen Bewertungen erläutert werden. Darüber hinaus bietet die Virtuelle Universität mit ihren virtuellen Hörsälen, einen Diskurs über die unterschiedlichen Bewertungen an, wobei die Diskutanten als Avatare teilnehmen und somit anonymisiert sind. Der Austausch zwischen den Disziplinen wird auf diese Weise intensiv gefördert, Abb. 3.15.

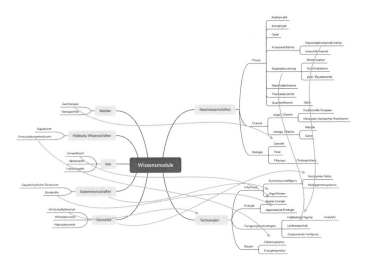

Abb. 3.15   Quervernetzung

Durch die Anwendung von Methoden der Künstlichen Intelligenz wird gegenwärtig vieles für realisierbar oder machbar gehalten, was nicht machbar ist. Andererseits wird aber auch vieles voreilig für nicht machbar gehalten, was machbar sein könnte. Die Menge des Denkbaren ist weit größer als die des Machbaren, aber was jeweils machbar ist, kann nur begrenzt gewusst werden. Es gibt darüber nur mehr oder weniger gut begründete Vermutungen. Es ist Aufgabe der Naturwissenschaftler, der Informatiker und der Techniker in Zusammenarbeit mit Gesellschafts- und Geisteswissenschaftlern solche Vermutungen zu prüfen und zu helfen, diese in Wissensinhalte zu überführen, die sich adaptiv auf das intellektuelle Niveau des Nutzers anpassen und seine Erfahrungen und seine Lernkapazitäten berücksichtigen. In gigantischen Datensammlungen gespeichertes Wissen regt das Individuum noch lange nicht zum selbstbestimmten Lernen und damit zum Denken an, noch kann man es als kollektive Intelligenz bezeichnen, sondern es ist nur Rohmaterial. Denken bedeutet die Fähigkeit, anhand von miteinander vernetzten Fakten – die sich aufgrund der Digitalisierung und den Werkzeugen der virtuellen Realität in ihrer Vernetzung zunehmend leichter zugänglich offenbaren – sich zwischen verschiedenen Alternativen entscheiden zu können, um damit auch politische Entscheidungsprozesse besser zu verstehen und bewusst beeinflussen zu können.

3.4.2 Zertifizierung anhand der Untersuchung konkreter Probleme

Im Unterschied zu staatlichen Universitäten erfolgt die Qualifizierung von Studierenden und sich Weiterbildenden an der Virtuellen Universität grundsätzlich anhand von Problembeschreibungen und konkreten

Aufgaben, die aktuell in Wissenschaft und Technik diskutiert werden und für deren Lösung nach Innovationen gesucht wird. Um nun den Betrieb der Virtuellen Universität zu gewährleisten und Wissensmodule mit aktuellen Problemstellungen zu entwerfen und herzustellen, ist eine unabhängige Organisationseinheit erforderlich, die mit den Forschern aus den verschiedenen Disziplinen die Wissensmodule entwirft und realisiert.

3.4.3 Evaluierung

Diese Organisationseinheit muss sich auch mit öffentlichen und privaten Forschungseinrichtungen über den Content der Wissensmodule austauschen. Sie hat zudem die Aufgabe mit öffentlichen Institutionen über die Rahmenbedingungen von Zertifikationen zu verhandeln, und zwar abhängig von dem Niveau und den kreativen und selbstständigen Problemlösungsvorschlägen. Eine reine Abarbeitung von Wissenschaftsmoduln, um Scheine zu bekommen, ist allerdings ganz offensichtlich kontraproduktiv. Die Organisationseinheit hat auch die Aufgabe, die Wissenschaftsmodule der Virtuellen Universität abhängig von den jeweiligen Adaptionen an die Benutzermerkmale zu evaluieren und darüber eine transparente Berichterstattung zu gewährleisten.

Methoden der internen und externen Evaluation sollen kombiniert werden. Selbst- und Fremdevaluation haben ihren je eigenen Stellenwert und ergänzen einander. Selbstevaluation der Wissensmodule kombiniert mit dem Wissensvermittler als virtuellem Tutor bildet die Basis für eine unternehmensspezifische Fremdevaluation.

Jeder Evaluationsprozess befasst sich je nach Disziplin mit unterschiedlichen Zielgruppen. Dazu kommt der Unterschied zwischen experimentellen, die Natur beschreibenden Experimenten und Technologien beschreibenden Methoden.

Daraus ergibt sich eine Vielzahl von unterschiedlichen Zielvorstellungen und Funktionen für eine Evaluationsmaßnahme. Die Problematik Ziel und Funktion kann also nicht pauschaliert werden. Dennoch lassen sich für eine Evaluation folgende übergeordnete Funktionen definieren:

- die Steuerungs- und Optimierungsfunktion (Anpassung an den Benutzer, Einsatz eines Wissensvermittler als Tutor)
- die Bewertungs- und Beurteilungsfunktion (Inhalte der Wissensmodule in Abhängigkeit vom Wissensniveau und der Lernfähigkeit des Benutzers)
- die Kontrollfunktion (Auswertung von Sensoren, Gefühlstracking, Kommunikation mit Avataren in virtuellen Räumen, Anwendung von neuem Wissen zur Lösung von Aufgaben und Problemen)

Ein wichtiger Aspekt der Evaluation ist die Untersuchung des Umgangs mit der Datenbrille für bewegungsorientierte Handlungen und deren Analyse hinsichtlich einer verbesserten unmittelbaren Erkenntnis.

Die Erhebung evaluationsbezogener Daten sollte unter der Einhaltung folgender Kriterien erfolgen:

- Objektivität,
- Validität,
- Reliabilität (Zuverlässigkeit)

Daten für die Evaluation lassen sich aus den Anpassungsschritten an die Benutzermerkmale, den Anforderungen des Wissensvermittlers, den physiologischen Sensordaten und dem Navigationssystem herausfiltern. Die Auswertung der Daten erlaubt dann die interne Optimierung des Portals der Virtuellen Universität.

Für eine externe Evaluation eignet sich vermutlich am besten die Transferanalyse, mit der geklärt werden kann, ob das über erworbene Wissen im Rahmen von Projekten mit Unternehmen und Forschungsinstitutionen praktisch umgesetzt wurde, und wie die Probanden die Wissensmodule und deren Quervernetzung zur Lösung von Aufgaben und Problemen genutzt haben. Bei der externen Evaluation ist indes klar zwischen Studierenden und sich Weiterbildenden zu unterscheiden.

Mit der kontinuierlichen Evaluation wird gewährleistet, dass sich der Inhalt der Wissenschaftsmodule immer auf dem aktuellen Wissensstand befindet und dass darüber hinaus die Wissenschaftler mit dem umfassendsten Wissen bzw. Knowhow in ihren Disziplinen in die Erstellung der Wissenschaftsmodule eingebunden werden.

Problembearbeitung: Einbeziehung von Unternehmen und Forschungsinstitutionen

Die Bearbeitung von Forschungs- oder Entwicklungsaufgaben oder die Erstellung experimenteller Untersuchungen im Auftrag von Unternehmen oder Forschungseinrichtungen dienen dazu, das von den Studierenden bzw. sich Weiterbildenden erarbeitete Wissen in die Praxis umzusetzen. Die Studierenden können bei der Bearbeitung der Projekte parallel die dafür erforderlichen Wissensmodule aufrufen und als Avatar mit Studierenden bzw. sich Weiterbildenden über die Bearbeitung ihres Projektes austauschen. Unmittelbare Erkenntnis wandelt sich dadurch in mittelbare und kollektive Erkenntnis. Die angebotenen Projekte setzen indes eine genaue Beschreibung der erhofften Erkenntnisse bzw. der Innovationen voraus. Sinnvoll sind außerdem Informationen über Wirtschaftslage, Personal, Ausstattung, Standort, Knowhow, Produkte oder der Fertigungstiefe der beteiligten Unternehmen und Institutionen.

Literatur

1. Solow, R.M.: The production function and the theory of capital. Rev. Econ. Stud. **23**, 103–107. (1955)
2. Solow, RM.: The last 50 years in growth theory and the next 10. Oxford Rev. Econ. Policy **23**(1): 3–14. https://doi.org/10.1093/oxrep/grm004. (2007)
3. Guilford, J.P.: Some changes in the structure of intellect model. Educ. Psychol. Measur. **48**, 1–4 (1988)
4. Osborn, R.: Applied Imagination: Principles and Procedures of Creative Thinking. Oxford Rev. Econ. Stud. (rev. ed. 1963) (1953).
5. Zwicky, F.: Entdecken, Erfinden, Forschen im morphologischen Weltbild. Baeschlin Verlag (1971)
6. Chomsky, N.: Syntactic Structures. Den Haag, Mouton (1957)
7. Roth, G.: Das Gehirn und seine Wirklichkeit, Kognitive Neurobiologie und ihre Philosophischen Konsequenzen. Suhrkamp, Frankfurt (1995)
8. Shannon, C.: The mathematical theory of communication. Bell Syst. Tech. J. **27**, 379–423, 623–656 (1948)
9. Weaver, W.: The mathematics of communication. Sci. Am. **181**, 11–15 (1949)
10. Weaver, W.: Recent Contributions to the Mathematical Theory of Communication, S. 95–117. The University of Illinois Press, Urbana, Ill (1995)
11. Wiener, N.: Cybernetics of Control and Communication in the Animal an in the Machine. Wiley, New York (2019)
12. Wiener, N.: The Human use of Human beings. Cybernetics and Society. Avon, New York (1954)
13. Miller, G.A.: What is information measurement? Am. Psychol. **8**, 3–11
14. Miller, G.A.: The human link in communication systems. Proc. Nat. Electron. Conf. **12**, 395–400
15. Miller, G.A.: The Psychology of Communication. Seven Essays. Allen Lane the Penguin Press, London

16. Levelt, W.J.M.: Speaking: The intention to articulation. The MIT Press, A Bradford Book, Cambridge (1969)
17. Grice, H.P.: Logic and conversation. In: Grice, H.P. (Hrsg.) Studies in the Way of Words, S. 22–40. Harvard University Press, Cambridge (1989a).
18. Grice, H.P.: Meaning. In: Grice H.P. (Hrsg.) Studies in the Way of Words, S. 213–223. Harvard University Press, Cambridge (1989b)
19. Boden, M.A.: Die Flügel des Geistes. Kreativität und Künstliche Intelligenz, S. 38. München: dtv (1995)
20. Hambrick, D.Z., Oswald, F.L., Altmann, E.M., Meinz, E.J., G. Fernand: Deliberate practice: is that all it takes to become an expert? Intelligence **45**, 34–45, ISSN 0160–2896. https://doi.org/10.1016/j.intell.2013.04.001. (2014)
21. Miller, P.: Die Intelligenz des Schwarms. Was wir von Tieren für unser Leben in einer komplexen Welt lernen können. Campus, Frankfurt a. M., ISBN 978–3-593–38.942-4 (2010)
22. Dunning, T. (2012). Natural Experiments in the Social Sciences: a Design-Based Approach. Cambridge: Cambridge University Press. ISBN 978–1107698.000.
23. Simmons, J., Nelson, L., Simonsohn, U.: False-Positive Psychology: undisclosed Flexibility in Data Collection and Analysis Allows Presenting Anything as Significant. Psychological Science. Washington: Association for Psychological Science. **22**(11), 1359–1366. https://doi.org/10.1177/0956797611417.632.issn0956-7976. pmid22006061. (2011) Zugegriffen: 29 Jan. 2012
24. Bisgaard, S.: Must a process be in statistical control before conducting designed experiments? Quality Engineering, ASQ **20**(2), 143–176 (2008)
25. Hinkelmann, K., Kempthorne, O.: Design and Analysis of Experiments, Volume I: Introduction to Experimental Design (Second ed.). Wiley. ISBN 978–0-471–72.756-9 (2008)
26. Friedrich Wilhelm Bautz: BACON, Francis. Biographisch-Bibliographisches Kirchenlexikon (BBKL). Bd. 1, 2., unveränderte Aufl., S. 330–331. Bautz, Hamm. 1990, ISBN 3–88.309-013–1 (1975)

27. Schueffel, Patrick: The Concise Fintech Compendium. School of Management Fribourg/Switzerland, Fribourg (2017)

28. Mann, S., Feiner, S., Harner, S., Ali, M.A., Janzen, R., Hansen, J., Baldassi, S.: Wearable Computing, 3D Aug* Reality, Photographic/Videographic Gesture Sensing, and Veillance. Proceedings of the Ninth International Conference on Tangible, Embedded, and Embodied Interaction – TEI, 14. ACM, 497–500. https://doi.org/10.1145/2677.199.2683.590.isbn9781450333054. (2015)

29. Polanyi, Michael: The Tacit Dimension. Doubleday, Garden City (1966). ISBN 0-8446-5999-1

30. Chomsky, N.: Aspects of the Theory of Syntax. MIT Press, Cambridge (1965)

31. Nonaka, I., Takeuchi, H.: Die Organisation des Wissens – Wie japanische Unternehmen eine brachliegende Ressource nutzbar machen. Aus dem Engl. von Friedrich Mader. Campus, Frankfurt a. M. ISBN 3–593-35.643–0 (1997)

32. Brynjolfsson, E., McAfee, A., Pyka, P.: The second machine age. Wie die nächste digitale Revolution unser aller Leben verändern wird, 2. Aufl. Kulmbach: Börsenmedien AG (2015)

33. Born M. (1963). Vortrag auf dem Nobelpreisträgertreffen 1963 in Lindau: „Symbol undWirklichkeit". www.home.arcor.de/eberhard.liss/erkenntnis+-thesen/born-symbole.htm.

4

Informativ-kommunikative Perspektiven einer Virtuellen Universität

Inhaltsverzeichnis

Mit der Weiterentwicklung und Verbesserung der technischen Möglichkeiten wurden die virtuellen Welten immer komplexer. Mittlerweile lassen sich beliebige Objekte und ganze Umgebungen detailgenau in 3D abbilden. Das wohl bekannteste Beispiel einer virtuellen 3D-Welt ist Second Life. Wurden Avatare zunächst in Lernprogrammen als menschliches Gesicht implantiert, das auf Fehler bei Tests oder Montagevorgängen aufmerksam machte und den Nutzer bzw. Lerner aufforderte, den Fehler zu korrigieren, kamen Avatare in den letzten Jahren zunehmend als statische Platzhalter von Internet-Usern im Rahmen von Chats und Muds (das Akronym MUD steht für die Begriffe

© Springer-Verlag GmbH Deutschland, ein Teil von Springer
Nature 2020
H. Frey und D. Beste, *Virtuelle Universität,* Technik im Fokus,
https://doi.org/10.1007/978-3-662-59531-2_4

„Multi-User" oder „Multiple-User" sowie „Dungeon" bzw. „Dimension" oder „Domain") zum Einsatz.

In letzter Zeit wurden verstärkt Anstrengungen unternommen, Avatare auch für die Übermittlung dynamischer Verhaltensinformation einzusetzen. Avatar-Konferenzen sind nun aber keineswegs als eine schlichtere Form des Bildtelefons oder der Videokonferenz anzusehen. So ermöglicht die Nutzung von Datenbrillen einen eleganten Einstieg in die virtuelle Realität als Avatar, um sich „leibhaftig" an einem virtuellen Ort zu besprechen oder auszutauschen. Eine virtuelle 3D-Welt ist eine computerbasierte, persistente, simulierte Umwelt, die darauf ausgerichtet ist, dass ihre Nutzer über Avatare – also ihre künstlichen Stellvertreter – darin interagieren. Der weltweite Erfolg von virtuellen 3D-Welten Verbindung mit den stark sinkenden Kosten für die Erstellung von 3D-Welten, der globale Zuwachs bei Breitband-Internetzugängen und die massiven Investitionen von Unternehmen in Second Life wird dazu führen, dass das Internet sich von einer 2D-Umgebung in eine 3D-Umgebung verwandeln wird.

Die Analyse zur Selbstwahrnehmung, wobei man unter Selbstwahrnehmung die Wahrnehmung der eigenen Person versteht, zeigt, dass Eigenrepräsentation in virtuellen Welten die Präzision von Kommunikation erhöhen kann, jedoch Teilnehmer ihre Charaktere oftmals nicht dem eigenen Aussehen nach gestalten. Jensen untersuchte [1] wie Menschen ihren Avatar in virtuellen Welten interpretieren, wenn sie kommunizieren oder interagieren. Aus der Motivation, sich in virtuelle Welten zu begeben, lässt sich die Gestaltung der Avatare nachvollziehen. Jensen bezieht sechs Punkte der Motivation aus den Studien von Yee [2]. Die Faktoren sind Beziehungen, Manipulation, Absorption, Immersion, Eskapismus und Errungenschaften.

Jensen fügt hier noch die Kreativität und Erkundungs-motivation hinzu, was insbesondere für die Kommunikation innerhalb und außerhalb der Virtuellen Universität von Bedeutung ist. Die Motivationsfaktoren führen dazu, dass ein Avatar, mit dem der Akteur in die virtuelle Welt eintaucht, je nach Situation gestaltet und ausgeprägt wird.

Dies bedeutet, dass sich die Nutzer des Portals der Virtuellen Universität mithilfe eines selbst gewählten digitalen Körpers, eines persönlichen Avatars, begegnen und mithilfe einer Multikanal-Kommunikationsumgebung besprechen können. Auf diese Weise kann eine große Bandbreite verbaler und nicht-verbaler Nachrichten ausgetauscht werden.

4.1 Eigenschaften von Avataren, die nonverbale Reaktionen zeigen

Second-Life-Nutzer zeigen, dass diese schon nach kurzer Zeit virtueller 3D-Kommunikation über Avatare eine vertrauensvolle Bindung zu einander aufbauen [3]. Dieses Ergebnis stimmt mit den in Face-to-Face-Experimenten ermittelten Laborbefunden überein, was dafür-spricht, dass Menschen die Kommunikation mithilfe von Avataren schon nach kurzer Zeit als adäquates Substitut zu tatsächlicher Face-to-Face-Kommunikation akzeptieren können – sofern sie erfahren im Umgang mit dem Kommunikationsmedium sind. Die Verwendung eines individuellen 3D-Avatar-Körpers stellt einen zentralen Unterschied zu bisherigen computermediierten Kommunikationstechnologien dar.

Virtuelle 3D-Welten zeichnen sich gegenüber anderen Kommunikationsmedien durch eine Reihe von vergleichs-weise einzigartigen Eigenschaften aus. So ermöglichen sie nicht nur den Austausch über, sondern auch das Sammeln von gleichzeitigen, geteilten Erfahrungen in Echtzeit, etwa durch den gemeinsamen Besuch eines virtuellen Hörsaals zur Lösung von Problemen oder einfach zur Besprechung von Aufgaben. Weitere Eigenschaften derartiger Welten sind die räumliche Navigation und der Einsatz von Körpersprache sowie multimediale Inhalte, soziale Interaktion und nicht zuletzt Vertrautheit bei gleichzeitiger Erhaltung der Anonymität, sofern das durch den Nutzer gewünscht ist.

Virtuelle 3D-Welten können für die Unterstützung aller Aktivitäten innerhalb und außerhalb der Virtuellen Universität eingesetzt werden. So ermöglichen sie etwa kollaborative Aufgabenbearbeitung zwischen an verschiedenen Orten lernenden Studierenden, erlauben die Simulation von Offline-Umgebungen zu sehr niedrigen Kosten, ermöglichen anonymes Feedback, erlauben die Durchführung virtueller Fokusgruppen verschiedener Disziplinen.

Obgleich die Online-Repräsentation sehr flexibel zu gestalten ist und Veränderungen hinsichtlich Geschlecht, Gesellschaftsschicht, Alter oder sozialökonomischem Hintergrund mit geringem Zeit- und Kostenaufwand möglich sind, gibt es Hinweise darauf, dass die Online-Repräsentation Wirkung sowohl auf das Verhalten der Nutzer als auch der Interaktionspartner hat. So wurden eindeutige Zusammenhänge zwischen der Avatar-Repräsentation und dem Verhalten der Person beobachtet. Offenbar haben die Teilnehmer eine Präferenz für die Auswahl solcher Avatare, die zumindest teilweise mit ihrer Offline-Repräsentation übereinstimmen und bevorzugen eine solche Repräsentation, die weder zu nah am Leben noch zu abstrakt ist. Nach Slater und Usoh [4] kann man vier kritische Funktionen des physischen Körpers identifizieren: Physische Verkörperung,

Interaktionsmedium, Kommunikationsmedium und soziale Repräsentanz. Diese Funktionen lassen sich auf die Repräsentanz von Avataren in virtuelle Welten übertragen.

Nach Metzner-Szigeth [5] gibt es drei Möglichkeiten eine eigene virtuelle Identität zu bilden:

- eine realitätsgetreue Darstellung, d. h. eine Online-Darbietung entsprechend der Offline-Identität,
- eine rein der Fantasie entsprechende Darstellung, die keine Gemeinsamkeit mit der realen Welt aufweist,
- ein Patchwork aus beiden Möglichkeiten, also z. B. reale Merkmale in Kombination mit erfundenen oder variierten Kennzeichen.

Der Begriff virtuelle Identität kann nicht grundsätzlich als Antonym für die reale Identität, die sogenannte Offline-Identität verstanden werden. Es ist jedoch festzustellen, dass im Gegensatz zur Face-to-Face-Kommunikation der Sender alle identitätsrelevanten Zeichen und Daten bewusst transformiert und versendet [6], was zu einer konstruierten Selbstdarstellung führt.

Kommunikation lässt sich, ähnlich wie Kognition am besten im Rahmen der Theorie der mentalen Modelle untersuchen [7]. Diese besagt, auf Kommunikation zwischen Systemen mit Künstlicher Intelligenz und Menschen angewandt, dass ein Sender über ein Selbstmodell, ein Empfängermodell, ein Situationsmodell und ein Diskursmodell verfügt. Im Selbstmodell ist das gespeicherte Wissen und seine Kommunikationsabsichten repräsentiert. Das Empfängermodell enthält, was der Mensch oder die Künstliche Intelligenz über Wissen, Können, Intelligenz, Emotionen, Motive und Absichten des Empfängers weiß bzw. gespeichert ist. Das Situationsmodell beschreibt, wie der Sender die Kommunikationssituation bewertet, und das Diskursmodell gibt wieder, was bisher schon von beiden Parteien kommuniziert worden ist. Die Formulierung der Nachricht hängt wesentlich von diesen Modellen ab. Signalisiert der Vergleich von Selbst- und Empfängermodell Ungleichgewicht zwischen den Parteien, so wird die Nachricht dem angepasst. Das Diskursmodell protokolliert den Kommunikationsverlauf, erlaubt also eine Art Monitoring daraufhin, dass man sich dem Kommunikationsziel auch nähert. Mit seiner Hilfe werden unnütze Wiederholungen vermieden und die für einen kohärenten Fortgang der Kommunikation notwendigen Informationen ausgewählt.

Das Problem bei der Analyse von Kommunikationsschwierigkeiten zwischen Avataren mit ihren Nutzern ist, dass die Kommunikationspartner das Vorhandensein und das Ausmaß konsensueller Bereiche in der Sachebene erkennen, in der Beziehungsebene aber nur teilweise. Das Wissen darüber, ob und inwieweit man sich versteht, muss ebenso durch Versuch und Irrtum in selbstreferenzieller Weise ausgelotet werden wie die Bedeutung von Worten, Gesten, Mimik und Gebärden. Der Avatar, der mich darstellt, testet mit jedem Satz und jeder Geste, ob der Avatar meinem Avatar gegenüber mich verstanden hat oder nicht, und er tut dies genauso (gleichgültig, ob dies bewusst oder – wie meist – unbewusst- geschieht). Die Selbstreferenzialität dieses Prozesses besteht darin, dass ich bzw. mein Avatar als Kommunikationspartner derjenige bin, der darüber entscheiden muss, ob Kommunikation gelingt oder nicht, und dabei kann ich mich bzw. mein Avatar irren. Dadurch ist es den Nutzern oder Aktoren hinter den Avataren möglich, sich mit dem Avatar zu identifizieren.

Aufbauend auf der Analyse der sprachlichen Kommunikation ist es möglich einen Katalog verschiedener

Bewertungskriterien in Bezug auf die Erlebnistiefe in virtuellen Welten zu erstellen.

Eine Rolle zwischen der Kommunikation von Avataren spielt auch der Einfluss der nonverbalen Kommunikation auf die Informationsvermittlung. Die nonverbale Kommunikation, die ca. 55 % menschlicher Kommunikation umfasst [8], wird durch die Selbstwahrnehmung der Person, die hinter dem Avatar steht, modifiziert. Eigenrepräsentation in virtuellen Welten kann die Präzision von Kommunikation erhöhen. Da jedoch Teilnehmer ihre Charaktere oftmals nicht dem eigenen Aussehen entsprechend gestalten, geht Vertrauen in den Avatar verloren, wenn er mit anderen kommuniziert oder interagiert. Aus der Motivation sich in virtuelle Welten zu begeben, lässt sich die Gestaltung der Avatare nachvollziehen. Die wesentlichen Faktoren im Rahmen der Kommunikation zwischen Avataren in einem virtuellen Hörsaal einer Virtuellen Universität sind Beziehungen, Erfahrungsaustausch, Kreativität und Erkundungsmotivation. Danach werden Avatare mit bestimmten Eigenschaften erstellt, weil es in der realen Welt nicht möglich ist, oder weil sich die Akteure hinter den Avataren nach bestimmter Art und Weise ausdrücken wollen.

Die Befunde der nonverbalen Kommunikationsforschung [9] zeigen, dass Gestik und Mimik des Avatars nicht die eigenen Emotionen des Akteurs hinter dem Avatar widerspiegeln, sie bringen nur teilweise die Emotionen des Akteurs hinter dem angesprochenen Avatar zum Schwingen. Die nonverbale Kommunikation erzeugt auf diese Weise innere Bereitschaftszustände, sie prägt die Einstellung zum Gegenüber und stellt dadurch schon früh die Weichen für den Verlauf und das Ergebnis der kommunikativen Bemühungen.

Nonverbale Botschaften sind nicht einfach eine Alternative zur Sprache bzw. schriftlichen Botschaft, denn die Unterschiede zwischen beiden Kommunikationssystemen sind beträchtlich. Das Dekodieren von und das Reagieren auf nonverbale Botschaften geht normalerweise sehr viel unmittelbarer und automatischer vonstatten, als das bei verbalen Botschaften der Fall ist. Verbale Botschaften müssen gewöhnlich auch sehr viel sorgfältiger enkodiert und dekodiert werden, weshalb man erheblich länger braucht, bis eine verbale Äußerung verstanden, interpretiert und man sich für eine geeignete Erwiderung entschieden hat. Nonverbale Botschaften sind auch sehr viel seltener Gegenstand bewusster Interpretation und Aufmerksamkeit als Sprache.

Nonverbale Kommunikation unterscheidet sich von Sprache noch auf andere Weise: Information über Einstellungen und Emotionen wird nonverbale tendenziell effektiver übermittelt als verbal. Diese eminente Bedeutung der nonverbalen Kommunikation beruht allerdings nicht auf dem charakterologischen oder emotionalen Ausdrucksgehalt, der diesen Phänomenen häufig zugeschrieben wird, sondern resultiert aus der enormen Suggestivkraft, die Gestik, Mimik, Körperhaltung auf den Betrachter ausüben: Das nonverbale Verhalten zeigt zwar nicht das wahre Gesicht des Akteurs hinter einem Avatar, aber es legt fest, was das Gegenüber für das wahre Gesicht hält. Mit Programmen zur Erstellung von Avataren können Gesten, Emotionen, Mimiken zu Kommunikationsintentionen kombiniert werden.

Diesen Intentionen gilt es Phoneme und damit Mundstellungen zu zuordnen. Durch die Lippensynchronisation lässt sich ein neuer Grad an Verhaltensrealismus generieren, da nunmehr das Gesprochene mit den Mundstellungen des Avatars übereinstimmt. Basierend auf der

Mimikanalyse erkennt der Computer, welche Emotionen gerade durchlebt und welche grundlegende Stimmung dem Nutzer zugeordnet werden kann. Darauf basierend können die Morpher des Gesichts, den Emotionen und Stimmungen angepasst werden. Durch genügend Morpher für die Ausdrücke überrascht, traurig, angeekelt, glücklich, wütend und ängstlich können typische emotionale Gesichtsausdrücke abgedeckt werden. Zur Mimik gehören allerdings noch subtilere Ausdrücke, wie Augenbrauen hochziehen, welche zum Beispiel auf mangelndes Zutrauen in einer Kommunikation schließen lassen. Durch die mangelnde Eindeutigkeit der Denotationen können solche Mimikhinweise, die von dem individuellen Aktor hinter dem Avatar abhängig sind, noch nicht standardisiert werden. Es wird aber bereits an Algorithmen gearbeitet, die über den Avatar den Akteur identifiziert, um derartige Hinweise zu erkennen.

So können Menschen durch Spiegelneuronen intuitiv Gesten wie Winken, Lächeln und Nicken verstehen und erkennen, was ihnen ihr Gegenüber sagen möchte. Andererseits können Menschen quasi Gedanken lesen, indem sie sich vorstellen, was ihr Gesprächspartner gerade denkt oder empfindet.

Diese Fähigkeit wird Theory of Mind [10] genannt. Die Theorie ist nicht nur eine wissenschaftliche Beschreibung, sondern auch eine Fähigkeit, die Menschen in ihrem Kopf tragen. Durch die Fähigkeit der Theory of Mind sind Menschen in der Lage, Vorhersagen zu treffen oder die Sätze ihres Gegenübers zu beenden. Mithilfe neuronaler Netze versucht man den Avataren die Kunst der Theory of Mind beizubringen. So sollen Avatare künftig erkennen, wessen Akteur hinter welchen Avatar steckt.

Aufbauend auf der ausführlichen Analyse der Kommunikationskanäle und der Faktoren, welche

Erlebnistiefe in virtuellen Welten beeinflussen, ist es möglich, einen Katalog verschiedener Bewertungskriterien in Bezug auf den Kommunikationserfolg zu erstellen. Diese Informationen müssen über ein Entscheidungssystem gebündelt und interpretiert werden. Aus der Menge der Informationen zu Emotion, Gestik und Mimik des Nutzers wird die Kommunikationsintention des Avatars berechnet.

Schüttelt zum Beispiel ein Nutzer den Kopf, während er sich in einer Konversation befindet, deutet dies auf Ablehnung hin. Wird der Kopf hingegen geschüttelt, während der Nutzer alleine ist, kann dies ein Zeichen von Traurigkeit bedeuten. Je nachdem ob sich der Nutzer in einer Konversation befindet, sich einer annähert oder alleine steht, müssen die Informationen unterschiedlich interpretiert werden. Ist der Interaktionszustand definiert, muss ein Algorithmus die Intention der Kommunikation bestimmen. Im Speziellen ist dies für die Gesten- und Mimikerkennung von Bedeutung. Bereits durch unterschiedliche Lokalisierung des Nutzers kann eine Gestik oder Mimik etwas Verschiedenes bedeuten. Während das Kopfnicken in Deutschland allgemein als Zustimmung interpretiert wird, gibt es beispielsweise Orte in Griechenland, wo Kopfnicken Ablehnung bedeuten kann. Aus der Stimmenanalyse lassen sich dem Gesprochenen Phoneme zuordnen.

Diesen Phonemen wiederum können Viseme, also Mundstellungen, zugeordnet werden. Die Stimmenanalyse erkennt in Echtzeit Phoneme, welche dann als Viseme auf den Avatar übertragen werden. Durch die Lippensynchronisation lässt sich ein neuer Grad an Verhaltensrealismus generieren, da nunmehr das Gesprochene mit den Mundstellungen des Avatars übereinstimmt. Es gibt mehrere Wege, um Gesten zu erkennen und auf einen Avatar zu übertragen. Der optimale Weg ist die

Eins-zu-Eins-Übertragung der Geste auf das Polygonnetz des Avatars. Ein Algorithmus muss die Geste verfolgen und darauf basierend eine Gestenintention berechnen.

Basierend auf der Mimikanalyse erkennt der Computer, welche Emotionen der Aufgenommene gerade durchlebt und welche grundlegende Stimmung dem Nutzer zugeordnet werden kann.

Darauf basierend können die Morpher des Gesichts den Emotionen und Stimmungen angepasst werden. Durch genügend Morpher für die Ausdrücke überrascht, traurig, angeekelt, glücklich, wütend und ängstlich können typische emotionale Gesichtsausdrücke abgedeckt werden. Zur Mimik gehören allerdings noch subtilere Ausdrücke, wie Augenbrauen hochziehen, welche zum Beispiel auf mangelndes Zutrauen in einer Kommunikation schließen lassen.

4.2 Virtueller Hörsaal

Für ein soziales Umfeld, wie es zur Kommunikation zwischen den Nutzern der Virtuellen Universität zur Diskussion von neuen Ideen, der Lösung von Problemen, der Bearbeitung von Aufgaben und der Disziplin übergreifender Bearbeitung von Forschungs- und Entwicklungsprozessen erforderlich ist, eignet sich ein System von virtuellen Hörsälen, in die sich die Studierenden bzw. die sich Weiterbildenden als Avatare einloggen können. Darin findet soziale Präsenz am besten durch einen eigenrepräsentierten Avatar statt und wird, wie in der Realität, von den Akteuren hinter den Avataren unterschiedlich erfahren. Ein optimaler Einstieg in die 3D-Welt eines virtuellen Hörsaals bietet sich mit einem Avatar an, der als Wissenschaftssprache Englisch benutzt und anhand dessen Gestaltung erkennbar ist, aus welchem Kulturkreis der Akteur hinter dem Avatar kommt.

Die virtuelle 3D-Welt ist eine computerbasierte, persistente, simulierte Umwelt, mit deren großtechnischem Einsatz unter Verwendung von Notebooks, der virtuellen Bibliothek, um das Jahr 2020 gerechnet wird.

Anbieter von virtuellen Bürowelten, wie beispielsweise Sun's Projekt „Wonderland" oder auch firmenspezifische Sektionen in Second Life für Kunden wie IBM, die die standortverteilte, kollaborative Entwicklung, Zusammenarbeit und Schulung ermöglichen, zeigen die Möglichkeiten auf, die in der Kombination von Hörsaal und Avatar-Kommunikation liegen.

Die Möglichkeit, gleichzeitig, aber an verschiedenen Orten der Welt über wissenschaftliche Erkenntnisse zu diskutieren, ist für die Transformation neuer wissenschaftlicher Erkenntnisse in Technologien bzw. praxisorientiertes Wissen relevant. Kommunikation mithilfe von 3D-Welten bietet eine Reihe von Effizienzvorteilen, wie die Einbindung von Unternehmen und Forschungsinstitutionen und ermöglicht eine Integration von externen Ideen- bzw. Auftraggebern.

Literatur

1. Jensen, C., Farnham, S.D., Drucker, S.M., Kollock, P.: The effect of communication modality on cooperation in online environments. In: Proceedings of the SIGCHI conference on Human factors in computing systems. Den Haag, Niederlande, S. 470–477 (2000)
2. Yee, N., Bailenson, J.: The proteus effect: the effect of transformed self-representation on behavior. Hum. Commun Res. **33**(3), 271–290 (2007)
3. Fiedler, M., Haruvy, E., Li, S.: Choice between trust games with different multipliers and social distance: a virtual world experiment, working paper (2008)

4. Slater, M., Usoh, M.: Body centred interaction in immersive virtual environments. In: Thalmann, N.M, Thalmann, D. (Hrsg.) Artificial Life and Virtual Reality, S. 125–148. Springer, New York (1994)

5. Metzner-Szigeth, A.: Cyber-Identitäten und Virtuelle Gemeinschaften – Sozial-Psychologische Überlegungen. In: Nicanor, U., Metzner-Szigeth, A. (Hrsg.) Netzbasierte Kommunikation, Identität und Gemeinschaft, S. 43–89. trafo Verlag Weist, Berlin (2006)

6. Misoch, S.: Identitäten im Internet – Selbstdarstellung auf privaten Homepages. Universitätsverlag, Konstanz (2004)

7. Johnson-Laird, P.N.: Mental models. Towards a cognitive science of language, interference and consciousness. Cambridge University Press, Cambridge, UK (1983)

8. Person to Person: Ways of Communicating (Harper & Row 1979), ISBN 0–06-318097-9, with Peter Trower

9. Kempter, G.: Das Bild vom Anderen. Skriptanimation als Methode zur Untersuchung spontaner Attributionsprozesse, Habilitationschrift bei S. Frey

10. Jantke, K.P.: Sebastian Drefahl Theory of Mind Modeling and Induction: Ausdrucksfähigkeit und Reichweite. ADISY Tech Report 03/2016 (2016)

5

Politisch-soziologische Aspekte

Inhaltsverzeichnis

Die stetige Strukturverkleinerung der Computerchips, der Trend zur Parallelverarbeitung und die damit verknüpfte Steigerung der Verarbeitungsgeschwindigkeit von Algorithmen führt bereits jetzt zu einer Umwälzung der Kommunikation zwischen Computer und Mensch; hinzu kommt der globale Einstieg in die 3D-Welt. Der Nutzer setzt die Datenbrille auf, legt das Headset an und taucht als Avatar in eine andere Welt, als sei er wirklich dort. Es öffnet sich damit eine Möglichkeit für jedermann, sich mit Naturwissenschaft, Technologie, Medizin, Soziologie usw. direkt auseinanderzusetzen und in die Welt der Erkenntnisse

© Springer-Verlag GmbH Deutschland, ein Teil von Springer
Nature 2020
H. Frey und D. Beste, *Virtuelle Universität,* Technik im Fokus,
https://doi.org/10.1007/978-3-662-59531-2_5

einzudringen. Prinzipiell sind wissenschaftliche Erkenntnisse unbegrenzt und ihre stetige Verfolgung ist in der gegenwärtigen Situation der Menschheit des mit den entsprechenden Fähigkeiten versehenden Individuums Pflicht, und diese Pflicht lässt sich immer weniger auf nationale Universitäten und Forschungsinstitutionen beschränken.

Neue wissenschaftliche Erkenntnisse gründen meist auf kollektivem Wissen. Das Ergebnis ist die Spezialisierung, die bei der ungeheuerlichen Vermehrung des Wissensstoffes in den verschiedenen Disziplinen und der für diese entwickelten, immer subtiler werdenden Mess- und Analysemethoden zur immer weiteren Fragmentierung des Wissens führt. Der einzelne Wissenschaftler verzichtet innerhalb seiner Disziplin an neuen wissenschaftlichen Erkenntnissen mitzuarbeiten – außer seiner Zuständigkeit in einem begrenzten Zweig. Der totale Wissensbestand wächst, das Wissen des einzelnen Wissenschaftlers nimmt relativ ab. Die Kluft zwischen den einzelnen Disziplinen wird größer, und dazwischen bildet sich Unverständnis zwischen den Vertretern der Disziplinen aus.

Hinzu kommt, dass die Theorien der Wissenschaft, die das Verhalten der realen Welt versuchen zu beschreiben, nicht als fertig oder abgeschlossen anzusehen sind. Diese Theorien erfahren vielmehr unter dem Zwang neuer Erkenntnisse und aufgrund von neuen Daten eine beständige Verfeinerung und Umstrukturierung. Eine wissenschaftlich begründbare Beschreibung von Handlungsverflechtungen einzelner Disziplinen ist daher grundsätzlich utopisch, da wissenschaftliche Prozesse keineswegs auf einem einzelnen Gebiet beruhen, dem alle anderen funktional untergeordnet werden können. Weder ein als materielle Basis ausgewähltes ökonomisches System noch ein humanistisch orientiertes Wertesystem wie beispielsweise im normativen Funktionalismus bieten die

Grundlage für eine makrosoziologische Theorie unter der Perspektive des naturwissenschaftlichen Fortschritts.

Fasst man die Auswirkungen biologischer Erkenntnis und technischer Entwicklung auf den Menschen näher ins Auge, zeigt sich, dass hier ein wechselseitiges Bedingungsverhältnis vorliegt, das in der Abstraktion und zum Zweck der analytischen Differenzierung in zwei Komponenten aufgeteilt werden kann:

- die naturwissenschaftlichen Erkenntnisse und deren Umsetzung in Technologien und Verfahren, und
- die Formung des Menschen und dessen Beziehungen untereinander durch die Technologien und neue Verfahren.

Nur unter Berücksichtigung dieser beiden Aspekte, die sich zwar begrifflich trennen lassen, sachlich aber eine Einheit bilden, ist eine ausgewogene Beurteilung möglich. So schafft sich einerseits der Mensch durch technologisch-biologische Handlungen eine neue konkrete Umwelt, indem er die Natur verändert und ausbeutet. Das Leben in der so geschaffenen Umwelt wirkt als prägende Kraft auf den Menschen zurück, wobei eine der wesentlichen Fragen darin besteht, wie dieser Einfluss gegenüber sozialen, politischen, kulturellen und geistigen Faktoren abzugrenzen ist und ob diese Abgrenzung überhaupt noch möglich ist.

Der Einfluss beginnt mit der Gewöhnung an die durch technologische und biologisch-medizinische Innovationen bewirkten Erleichterungen und Verbesserungen der menschlichen Existenzvoraussetzungen und dem mit dieser Gewöhnung unweigerlich verknüpften Verlust der Fähigkeit, ohne solche Erleichterungen je wieder existieren zu wollen bzw. zu können. Aus der Inanspruchnahme von Erleichterungen, gepaart mit Bequemlichkeit, wächst der

Wunsch, durch immer neue Innovationen, das Maß an Erleichterungen und damit an Lebensqualität zu erhöhen. Auch setzt nach einiger Zeit das Nachdenken darüber ein, ob eine Innovation auf einem Gebiet durch Modifikation auch für ein anderes Gebiet nützlich und einzusetzen wäre, wobei allzu häufig der Unterschied in den Randbedingungen für die beiden in Erwägung gezogenen Disziplinen nicht oder nur unvollständig bedacht wird.

Der Prozess, wissenschaftliche Erkenntnisse in Technologien bzw. in praktische Prozesse zu transferieren, findet laufend statt. Erscheint eine neue Technologie am Horizont, die jeden betrifft, wie es die Digitalisierung ist, dann ist sie gewöhnlich etwas unausgegoren, was die gesellschaftlichen Wirkungen betrifft. Die Technologie hat zunächst noch viele Mängel, doch diese werden im Laufe der Weiterentwicklung ausgebessert. Die sozialen Aspekte einschließlich er ökologischen Aspekte wie etwa des Ressourcenverbrauchs und deren Folgewirkungen werden dagegen meist verdrängt, wenn ökonomische Vorteile zu erwarten sind.

Die Logik der Übertragung wissenschaftlicher Erkenntnisse in Technologien und deren Folgen ist nicht rational nachvollziehbar. Das heißt jedoch nicht, dass dieses Ereignis en détail notwendig vorbestimmt und vom Menschen unbeeinflusst stattfindet. Doch wer ist der Mensch? Nicht ihr oder ich: es ist der kollektive Täter und die kollektive Tat, nicht der individuelle Täter und die individuelle Tat, die hier eine Rolle spielen; und es ist die unbestimmte Zukunft viel mehr als die gegenwärtige Wissensexplosion, die den Blick auf die gesellschaftlichen Auswirkungen eintrübt.

In gigantischen Datensammlungen gespeichertes Wissen regt das Individuum noch lange nicht zum selbstbestimmten Lernen und damit zum Denken an, noch kann man es als kollektive Intelligenz bezeichnen, sondern es ist nur Rohmaterial.

Die Debatte, um Einflusspotentiale der Politik gegenüber dem technischen Wandel, ist von einer eigentümlichen Ambivalenz durchzogen. Einerseits wird auf vielfältige Weise auf die begrenzten Steuerungs- und Interventionskapazitäten des Staates gegenüber den Akteuren der Modernisierung in Industrie und Forschung verwiesen. Anderseits bleibt bei aller Kritik der systemnotwendigen oder vermeidbaren Beschränkungen des politischen Handlungsspielraums die Fixierung auf das politisch-bürokratische System der Aus- und Weiterbildung, insbesondere an den Universitäten, bestehen. Die Probleme des Ressourcenverbrauchs, der Klimaveränderung, des Energieverbrauchs, automatische, von intelligenten Algorithmen gesteuerte Fertigungssysteme, usw. wurden bisher meist verdrängt: Es besteht erstens die Gefahr, dass gerade das politisch-bürokratische System Entscheidungen immer mehr verschleppt und letztlich beim aktiven Nichtstun landet. Zweitens ist zu erwarten, dass es zu einem Glaubwürdigkeitsverlust kommt, da auf Entwicklungen nur bürokratisch reagiert wird und dadurch den Vorwurf mangelnder Transparenz aufkommen lässt.

Wurde bisher hauptsächlich statisch gelernt, um Wissen aufzunehmen, wird Wissen künftig selbst- und problemorientiert vermittelt werden müssen. Und hier eröffnet die Virtuelle Universität mit ihren selbstlernenden Algorithmen und der Vernetzung in die unterschiedlichsten Wissensgebiete Möglichkeiten und Chancen, dass das Individuum Lernen als ein von ihm selbst angeregten Prozess begreift, der Spaß macht, und nicht als eine ihm von außen durch gesellschaftliche Konventionen aufgezwungene Bürde.

Daraus folgt, dass eine Virtuelle Universität als Studium Generale strukturiert werden muss. Eine Institution, die ihrer Aufgabe, Menschen auf eine ungewisse und sich rasant verändernde Zukunft vorzubereiten, gerecht wird, muss von dem Ansatz, die Reproduktion standardisierten Wissens mit guten Noten zu belohnen, so schnell wie möglich Abstand nehmen. Neben der Fähigkeit zum kreativen Problemlösen und der Kompetenz, sich immer wieder in neue Zusammenhänge einzuarbeiten, brauchen die zum Lernen motivierten Menschen auch ein gesundes Selbstvertrauen, sodass sie bereit sind, sich auch mit noch unbekannten Herausforderungen auseinanderzusetzen.

5.1 Virtuelle Universität- ein Modell für die weltweite Aufklärung

Aufklärung, so verstehen Soziologen [1] den Begriff, ist die Vermittlung von Erkenntnissen und Einsichten, zu denen jedermann fähig ist, sie also keineswegs auf wissenschaftlicher Beweisführung oder gar wissenschaftliches Problemverständnis angewiesen sind, dafür aber das Individuum von der intellektuellen Vormundschaft von staatlichen, politischen und von wissenschaftlichen und pseudowissenschaftlichen Autoritäten befreien. Unter diesem Aspekt ist die soziologische Aufklärung zwiespältig. Sie stellt den maßgeblichen Einfluss der Naturwissenschaften auf die Lebenswirklichkeit des Individuums infrage, deren Erkenntnisse bewiesen werden können, nicht aber die Geisteswissenschaften, zu der die Soziologie zu zählen ist.

Die von der Soziologie verallgemeinerten Erkenntnisinteressen sind rationalisierte Partikularinteressen, die in ihrem Herrschaftsegoismus durch die Monopolisierung der Definition von Rationalität verhüllt werden. Den umfassendsten Begriff einer soziologischen Aufklärung formuliert Luhmann [2], wenn er sie als Reduktion von Komplexität und zugleich als das Reflexiv werden von Aufklären selbst bestimmt.

Damit meint er, dass die unheimliche Vielzahl an Möglichkeiten des Handelns und des stetig zunehmenden Erkenntniszuwachs reduziert werden muss auf ein sinnhaft erlebbares Format (was immer das auf das Individuum bezogen auch sein mag); die Steigerung von Informationen, der Erwerb von immer mehr Wissen, (so Luhmann) wirke handlungshemmend; zu viel Wissen kläre nicht mehr auf, sondern würde sich in der Ferne des vorhandenen, aber nicht gewussten Wissens verlieren. Der „Mechanismus", dass durch Forschung und Entwicklung laufend neues Wissen und damit auch Technologien generiert werden, sollte nach Luhmann auf einen erfassbaren und erlebbaren Sinn für den Einzelnen beschränkt werden, diese im Grunde anti-wissenschaftliche Tendenz, ist seiner Meinung nach erforderlich, um das Abgleiten in Esoterik und Pseudowissenschaft zu verhindern, das Individuum in seiner Lebenswelt zu stabilisieren und es so gegen populistische Tendenzen zu wappnen.

Diese Vorstellungen von Luhmann entsprechen indes nicht der Realität. Naturwissenschaftliche Erkenntnisse und deren mathematische Beschreibung lassen sich nicht in Dateien einsperren, die nur ausgewählten Wissenschaftler zugänglich sind; ebenso wenig lässt sich der Transfer wissenschaftlicher Erkenntnisse in Technologien verhindern, hinzu kommt, dass sich die Sozialwissenschaftler nur mit nicht nachvollziehbaren Theorien mit der Globalisierung der Digitalisierung und der damit verbundenen Aufklärung von nicht westlich geprägten Gesellschaften auseinander gesetzt haben. Bemerkenswert bleibt, die Sozialwissenschaft beschreibt die Wirkung von

Innovationen auf die Gesellschaft im Rückblick. Es besteht die Gefahr, dass sich die Sozialwissenschaften so nah an die Geschichte anschmiegen, dass sie keinerlei aussagekräftige Theorie gesellschaftlicher Entwicklung mehr bieten, sondern nur mehr eine abstrakte Wiedergabe abgelaufener Entwicklungen.

Soziologische Theorien, die gesellschaftliche Prozesse aus dem Handeln der Gesellschaftsmitglieder zu begreifen versuchen und dabei nicht auf historische Entwicklungen zurückgreifen und auf Anleihen bei anderen wissenschaftlichen Disziplinen verzichten, sind ebenfalls mangelhaft. Aus dem Handeln begreifen, ist im soziologischen Kontext mehr als missverständlich, da sich gesellschaftliche Prozesse nicht intentional erklären lassen. Ist es schon im mikrosoziologischen Bereich naiv und im makrosoziologischen Bereich vollends absurd, soziale Prozesse als absichtlich erzeugt aufzufassen. Nicht beabsichtigte Folgen der Übertragung wissenschaftlicher Erkenntnisse in Technologien sind nicht vereinzelte Betriebsunfälle gesellschaftlicher Entscheidungen, sondern der unausweichliche Regelfall. Auch wenn die beabsichtigten Folgen von Entscheidungen eintreten, haben diese weitere Folgen, die selbst nicht mit-intendiert waren und den ursprünglich in un-intendierter Weise entsprechen, aber auch zuwiderlaufen können. Der bloßen Vorstellung solcher Folgen von Entwicklungen wie der Einführung der Künstlichen Intelligenz ist für eine Vielzahl von Betroffenen und ihres Verhältnisses zu den Intentionen schon aus kognitiven Gründen enge Grenzen gesetzt.

Durch die 3D-Welt, die Leistungssteigerung von Chips im Zusammenwirken mit der Cloud-Technologie und der Künstlichen Intelligenz bietet sich im Rahmen einer Virtuellen Universität die Chance, nicht nur die Transformation naturwissenschaftlicher Erkenntnisse in technische Produkte nachvollziehen zu können, sondern in

Verbindung mit Sozialwissenschaften deren Theorien über diese Prozesse zu reflektieren. Dabei werden Fragen nach der Struktur der gesellschaftlichen Arbeitsteilung, der Distribution des Wohlstandes in den diversen Weltregionen und nach dem Umgang mit der Natur aufgeworfen. Die Fragen zum Umgang mit der Natur richten sich nicht einfach defensiv auf die Verteidigung der natürlichen oder tradierten Umwelt, sondern auch offensiv auf die Legitimität der Ausdifferenzierung der Genese des technischen Fortschritts.

5.2 Eingrenzung der Politik durch die Dynamik des Entstehens von neuem Wissen

Wissen ist weder gut noch böse, noch ist es neutral. Diese Tatsache und daraus abgeleitet, dass dies für Technologien ebenfalls gilt, wie der amerikanische Technikhistorikers Melvin Kranzberg [3] formulierte, sollte man die Entwicklung einer Virtuellen Universität betrachten.

Nicht nur in den Sozial- und den Wirtschaftswissenschaften wurden in den letzten Jahren viele Vorstellungen über die Wirkungen neuer Technologien beerdigt, die zuvor als sakrosankt galten. So geht die ökonomische Theorie immer noch davon aus, dass Individuen mehr und besser arbeiten, je mehr Lohn sie erhalten und diesen Lohn schnellstmöglich in Konsumgüter umsetzen. Das setzt allerdings voraus, dass Menschen ausschließlich extrinsisch zu motivieren sind. Die intrinsische Motivation wird dabei negiert. Intrinsisch motivierte Menschen werden erst bewusst aktiv, wenn Fehlentscheidungen bzw. Versagen in einen Erfolg umgemünzt werden sollen.

Die Diskussion über die Transformation von wissenschaftlichen Erkenntnissen in Technologien und deren Wirkungen lähmen immer mehr die politischen Entscheidungen. Beispielsweise sind sich 99 % der Klimaforscher in der Welt einig darüber, dass es eine von den Menschen gemachte Erderwärmung gibt. Ein paar wenige, allerdings geschickte Lobbyisten haben diese wissenschaftliche Erkenntnis systematisch und lautstark bezweifelt, sodass inzwischen aus der Tat- eine Ansichtssache wurde. „Eventuell täuschen sich die Wissenschaftler ja, wer weiß das schon" ist natürlich leichter zu akzeptieren als „Wir machen die Schöpfung kaputt und müssen anders leben".

Lassen sich Nahprognosen der Wirkungen des Transfers naturwissenschaftlicher Erkenntnisse in Technologien noch einigermaßen durch wissenschaftliche Methoden in einem bestimmten Rahmen sinnvoll beschreiben und daraus deren Eintreten vorhersagen, ist dies trotz immer leistungsfähigerer Computersysteme nicht mehr möglich. Gründe dafür sind die Komplexität sozialer und biosphärischer Abläufe und deren Wirkungen aufeinander, die stets mit Überraschungen aufwartende Unergründlichkeit des Menschen und damit die Unvorhersagbarkeit, das heißt Nicht-Vorerfindbarkeit, künftiger Innovationen.

Die dafür erforderliche Extrapolation verlangt einen größenordnungsmäßig höheren Grad an wissenschaftlichen Erkenntnissen, als sie bisher existieren und die meist auch noch nicht vernetzt sind. Das darf uns Menschen jedoch nicht davon abhalten neues Wissen zu generieren, um daraus Innovationen abzuleiten. Die Struktur der Virtuellen Universität soll die Studierenden auch dazu befähigen Denkexperimente wagen zu können, deren Ergebnisse allerdings bestenfalls Wahrscheinlichkeit beanspruchen dürfen.

Unter Modernitätsbedingungen kann die soziale Welt mit dem Bezug auf den Input neuer Erkenntnisse über ihre Beschaffenheit und ihr Funktionieren niemals ein stabiles Umfeld bilden. Neue wissenschaftliche Erkenntnisse führen nicht einfach dazu, dass die soziale Welt durchsichtiger wird, sondern sie verändern das Wesen dieser Welt und lassen sie in bisher unbekannte Richtungen schlingern. Die Wirkungen dieses Phänomens, hervorgerufen durch die Wirkungen des technischen Fortschritts, betrifft sowohl die sozialen Institutionen selbst als auch die ausgebeutete Natur. Die Menschheit ist immer weniger imstande, die Auswirkungen der großtechnischen Nutzung von neuen Innovationen für ihre kollektive Zwecke rational verstehen zu können.

Die stark kontrafaktische Perspektive zukunftsorientierten Denkens, die ein wesentliches Element der Reflexion über eine nachindustrielle Gesellschaft ausmacht, kann zu alternativen Zukunftsverläufen führen, deren Propagierung zu ihrer Verwirklichung beiträgt. Was in diesem Zusammenhang notwendig erscheint, ist das Nachdenken über eine Art von utopischem Realismus. Noch fehlt die soziale Fantasie, sich die Zukunft vorzustellen, jedenfalls erscheint sie nicht als Vision, sondern als unklare Bedrohung und Steigerung der Unsicherheit, als Auflösung gesellschaftlicher Rahmenbedingungen – als Dytopie.

Wo sind die Visionen, mit denen sich Erderwärmung, wachsende Erdbevölkerung oder die Zerstörung der Umwelt verhindern lassen. Analysen der UN zeigen, dass die Erde knapp zwei Milliarden Menschen mit einem europäischen Lebensstandard versorgen kann. Die Ökologen Wackernagel und Rees [4] entwickelten in den Neunzigerjahren das Konzept des ökologischen Fußabdrucks. Das Konzept setzt zwei Flächen zueinander in Beziehung: Den für einen Menschen durchschnittlich verfügbaren Land- und Wasserflächen werden diejenigen Land- und Wasserflächen gegenübergestellt, die in Anspruch genommen werden, um den Bedarf dieses Menschen zu produzieren und den dabei erzeugten Abfall aufzunehmen.

Im globalen Durchschnitt werden gegenwärtig 2,2 ha pro Person benötigt. Multipliziert man diesen Betrag mit den 7,4 Mrd. Menschen, die gegenwärtig auf der Erde leben, kommt man auf eine Summe von 16,3 Mrd. ha ökologisch produktiver Flächen. Die Erde verfügt aber nur über 11,3 Mrd. ha. Das heißt, die Menschen benötigen bereits jetzt eineinhalb Erden. Die Menschheit lebt in einem ökologischen Defizit. Um das Defizit zu verringern, sind neue wissenschaftliche Erkenntnisse erforderlich, die sich in ökologisch verträgliche Innovationen umsetzen lassen. Hier bietet sich eine global aufgestellte Virtuelle Universität an, die das geistige Potenzial der lernbereiten und motivierten Menschen aus verschiedenen Kulturen zusammenbringt. Nach Analysen des Global Footprint Network wird die Biokapazität der Erde seit 1987 übernutzt. Seit dieser Zeit ist der Verbrauch an Naturressourcen höher, als im gleichen Zeitraum von den natürlichen Ökosystemen regeneriert werden kann.

Als eine politisch motivierte Reaktion auf die langsam in die industriell organisierten Gesellschaftsstrukturen einsickernde Erkenntnis der Notwendigkeit von Ressourcenschonung und Abfallvermeidung wurde die Kreislaufwirtschaft propagiert. Das Konzept der Kreislaufwirtschaft entwickelte 1990 der britische Wirtschaftswissenschaftler David W. Pearce [5]. Grundlage war die Idee einer industriellen Ökologie zur Ressourcenminimierung mit Hilfe von sauberen Technologien, die keine Umweltschäden verursachen sollen. Im Idealfall zielt die Kreislaufwirtschaft auf eine dauerhaft gleichbleibende Menge an Ressourcen, die durch regenerative Energien wiederaufbereitet werden und dies bei einem globalen Anstieg der Menschen.

Umweltprobleme sind nach Ansicht von wachstumsorientierten Politikern und der globalen Finanzwirtschaft nur Störungen des geo- und biosphärischen Stoffwechsels zwischen Mensch und Natur, der durch mehr Technik behoben werden kann. Der zentrale Stellenwert der Technologie im Ansatz der ökologischen Modernisierung entspringt von daher aus der irrationalen Hoffnung, neue wissenschaftliche Erkenntnisse und deren Transfer in technische Innovationen würden im Konsens mit den politisch Verantwortlichen und der global agierenden Finanzwirtschaft zu einem nachhaltigen Umgang mit der Natur führen.

Naturwissenschaftler und Ingenieure verkennen meist die Realität gesellschaftlicher und politischer Entscheidungsstrukturen, die etwa zu einer Änderung des Umwelthandelns führen könnten. Umgekehrt mangelt es Sozial- und Geisteswissenschaftlern – und somit vielen Politikern, die in ihrer Mehrzahl über einen entsprechenden Bildungshintergrund verfügen – nicht selten an Wissen darüber, welche Möglichkeiten der naturwissenschaftlich-technische Fortschritt für eine Neuausrichtung der industriellen Wertschöpfungsketten bietet bzw. immer wieder aufs Neue bieten kann.

Das macht auch die Diskussion darüber deutlich, ob ökologische Nachhaltigkeit eher durch Suffizienz oder durch Effizienz zu erreichen sei. Suffizienz bedeutet hierbei eine Strategie der Genügsamkeit, des freiwilligen Konsumverzichts oder der gesetzlich verordneten Kontingentierung von Ressourcenverbrauch und Umweltbelastung. Demgegenüber stellt die Strategie der technologischen Effizienzsteigerung den Anknüpfungspunkt für die Industrie- und Finanzwelt dar. Beide

Ansätze haben mit der Realität wenig gemein. Die Ideale einer genügsamen Lebensweise (Suffizienz) finden zwar unter Menschen, die sich mit Fragen der Ökologie in Industrieländer beschäftigen, eine gewisse rhetorische Zustimmung, ohne diese indes für sich persönlich umzusetzen. In der breiten Mehrheit der Bevölkerung der industrialisierten Länder ist die Suffizienz eine Chimäre, insbesondere in den Schwellen- und Entwicklungsländern. Zudem bedeutet eine bloß quantitative Minderung von Umweltbelastungen und Ressourcenschonung durch eine wie auch immer geartete Kreislaufwirtschaft zwar eine vorläufige Verschiebung des Ressourcenverbrauchs, der allerdings bei weiterhin wachsender Menschheit schnell wieder das alte Niveau erreicht.

Dies gilt in gleicher Weise auch für eine Strategie der Effizienzsteigerung, die darauf abzielt, den Ressourcen- und Senkeninput zu verringern. Zudem kann Effizienzsteigerung Fortschritt am falschen Objekt bedeuten. Wenn zum Beispiel Verbrennungstechniken mit fossilen Brennstoffen per se ökologisch auf Dauer unhaltbar sind, macht es nur bedingt Sinn, effizienter zu verbrennen. Vielmehr kommt es diesem Beispiel folgend darauf an, neue Antriebssysteme für Fahrzeuge einzuführen, wobei im Vorfeld analysiert werden muss, welche Ressourcen und Energieaufwand dafür erforderlich sind.

Die Verfechter einer Effizienzstrategie vertreten prinzipiell nach wie vor die Wachstumsideologie. Als sei Effizienzsteigerung ein Entwicklungsmechanismus im Lebenszyklus von Systemen zur Stabilisierung und Fortsetzung ihres Wachstums bis zum lebenszyklisch-pfadabhängigen Erreichen eines Erhaltungszustands. Daraus ergibt sich ein Rebound-Effekt, das heißt, verringerter Inputbedarf wird nicht in weniger Output umgesetzt, sondern aus einer gleichen Menge Input wird mehr Output erzeugt (bspw. Autos mit größeren Motoren, die mehr

Kilometer fahren, also den Aktionsradius erweitern und in mehr Verkehr resultieren).

Es ist also erforderlich, im Nachhaltigkeitsdiskurs viel deutlicher als bisher neue, radikalere Werte und gesellschaftliche Normen im ethischen Verhältnis zwischen Mensch und Natur zu entwickeln. Technische Innovationen, die ökologisch besser angepasste Systeme an die Stelle von alten setzen sind kontraproduktiv. Eine solche Innovationsstrategie verfolgt im Ansatz eine ökologische Modernisierung, die den Menschen vorgaukelt, die Politik und die Industrie hätten die Probleme erkannt und täten etwas zu deren Lösung.

Literatur

1. Horkheimer, M., Adorno, T.W.: Dialektik der Aufklärung. Fischer, Frankfurt (Nachdruck als Taschenbuch 1988, ISBN 978-3-59627404-8) (1969)
2. Luhmann, N.: Handlungstheorie und Systemtheorie. In: Luhmann, N. (Hrsg.) Soziologische Aufklärung, Bd. 3, S. 50–66. VS Verlag, Wiesbaden. (Siegwart Lindenberg) (1981)
3. Kranzberg, Melvin: Technology and history: 'Kranzberg's laws'. Technol & Culture **27**(3), 544–560 (1986)
4. Wackernagel, M., Beyers, B.: Der Ecological Footprint. Die Welt neu vermessen. Europäische Verlagsanstalt, Hamburg (2010). ISBN 978-3-931705-32-9
5. Pearce, D.W.: The political economy of an energy tax: the United Kingdom's climate change levy. Energy Econ. **28**, 149–158 (2006)

6

Strategische Überlegungen zu Einführung einer Virtuellen Universität

Inhaltsverzeichnis

Die Dynamik, mit der neues Wissen entsteht und in praktisch umsetzbares Wissen und in Technologien transferiert wird, erfordert eine rationale Kontrolle über deren globale Wirkungen unter sozialen und ökologischen Aspekten. Eine Virtuelle Universität für Forschung und Entwicklung hat zum Ziel, die kreativsten Köpfe in Wissenschaft und Forschung zusammenzuführen und für aktuelle Forschungsvorhaben zu begeistern, um zu neuen wissenschaftlichen Erkenntnissen zu gelangen und dadurch neue Innovationen anzustoßen.

Im Kontext der gegenwärtigen globalen Herausforderungen hinsichtlich Energieverbrauch, Klimaschutz,

© Springer-Verlag GmbH Deutschland, ein Teil von Springer
Nature 2020
H. Frey und D. Beste, *Virtuelle Universität,* Technik im Fokus,
https://doi.org/10.1007/978-3-662-59531-2_6

Nahrungsmittelerzeugung, nachhaltige Güterproduktion, Ressourcenverbrauch, Schutz der Umwelt und Künstliche Intelligenz gilt es, erste Schritte zum Aufbau einer Virtuellen Universität für Forschung und Entwicklung zu untersuchen, politische und strategische Überlegungen dazu anzustellen und ihre Rolle beim schrittweisen Kapazitätsaufbau der verschiedenen Disziplinen und bei der internationalen Zusammenarbeit zu analysieren.

Das Konzept der Virtuellen Universität richtet sich an ein breites Spektrum potenzieller Partner wie Regierungen, zwischenstaatlicher und nichtstaatlicher Organisationen, konventionelle Universitäten und Forschungszentren, Industrieunternehmen, Softwareproduzenten und insbesondere auch die Medienindustrie. In der Weltwirtschaft eröffnen sich Chancen zur Nutzung selbstlernender Algorithmen und neuronaler Netze für den Bau von energieautarken Häusern, automatischer Produktionsmethoden, verbesserter medizinischer Versorgung usw. Und dies betrifft nicht nur die ökonomischen Rahmenbedingungen für eine künftige, globale humane Gesellschaft, sondern insbesondere auch die ökologischen Grenzen, die die Natur der Menschheit setzt. Diese erfordern zum einen die Aufmerksamkeit der Regierungen für die Bildung und zum anderen die Heranführung der intellektuell fähigen und motivierten Humanressourcen an Wissenschaft und Forschung.

Während in den letzten drei Jahrzehnten ein erhebliches Wachstum in der allgemeinen und beruflichen Bildung zu verzeichnen war, leidet die Welt immer noch unter unerträglichen Ungleichheiten auf den Gebieten von Forschung und Entwicklung. Und obwohl universitärer Fernunterricht und Open Universities sehr erfolgreich mit der Vermittlung von beruflich nutzbarem Wissen im tertiären Bereich agieren, fehlt insbesondere bei den Natur- und

Ingenieurwissenschaften die Möglichkeit, das Gelernte oder auch das vorhandene unmittelbare Wissen mittels bewegungsorientierter 3D-Experimente in unmittelbare Erfahrungen umzuwandeln und anhand von Nutzer-aktivierter-Avatare global kommunizieren zu können. Vorlesungen übers Internet medienwirksam dargeboten führen im Allgemeinen zu gefrorenem Wissen, das sich zur Erlangung von Zertifikaten aktivieren lässt, aber kein neues Wissen generiert und somit keine Innovationen anstößt. Das Konzept der Virtuellen Universität beinhaltet mehr: bewegungsorientiertes Lernen und Experimentieren in 3D-Welten, die Anpassung des Lernstoffs an das Lernverhalten und das intellektuelle Niveau des Nutzers sowie die Kommunikation weltweite mittels Avataren. Damit lässt sich die Kreativität der Studierenden unabhängig von ihrer Herkunft aus welchen Kulturkreis auch immer freisetzen.

6.1 Struktur der Virtuellen Universität

In den letzten Jahren waren Versuche, die universitäre Ausbildung mit wissenschaftlicher Arbeitsweise zu verknüpfen, meist wenig erfolgreich: Die Erhöhung der Übertragungsgeschwindigkeit als auch die Steigerung Verarbeitungsgeschwindigkeit der Chips wurden hauptsächlich zur Verbesserung der vorhandenen Lerninhalte eingesetzt. Anpassungsprozesse der Lerninhalte an das Lernverhalten, das intellektuelle Niveau und die unmittelbare Erfahrung an den Lerner finden nicht statt bzw. sind erst in der Entwicklung. Vor diesem Hintergrund stellt sich grundsätzlich die Frage nach dem Sinn eines Besuchs einer konventionellen Universität. Einerseits soll auf einen Beruf vorbereitet, andererseits der Einstieg in wissenschaftliches Arbeiten gefunden werden.

Kennzeichnend für die Virtuelle Universität ist die Verbindung von wissenschaftlichen und praktischen Handlungen mittels 3D-Simulationen. Theorie und Praxis wird auf diese Weise eng verzahnt. Vorteilhaft dabei ist der Verzicht auf eigene, lokal vorhandene Laboreinrichtungen. Ergänzend dazu bieten sich auch Kooperationsmöglichkeiten mit Unternehmen, Forschungszentren und Universitäten an. Die Studierenden können sich an Unternehmen, Universitäten oder Forschungszentren ihrer Wahl wenden, bei denen sie konkrete Aufgaben bearbeiten oder Probleme lösen wollen. Sie können mit Unternehmen auch eine duale Ausbildung vereinbaren, wobei die Studierenden bereits im Unternehmen arbeiten aber auch an der Virtuellen Universität lernen. Diese Alternative ist ein Einstieg in lebenslanges Lernen auf der Grundlage neuester wissenschaftlicher Erkenntnissen und dem Austausch darüber mit Avataren in virtuellen Hörsälen.

Durch die vergleichende und bewertende Gegenüberstellung neuer wissenschaftlicher Erkenntnisse und deren praktischer Umsetzung kann das erworbene Wissen vertieft und gefestigt und im Blick auf die Anwendung kritisch untersucht werden. Betriebliche Realitäten und Erfahrungen lassen sich im Gesamtzusammenhang besser verstehen und wissenschaftliche Erkenntnisse insbesondere auch unter nachhaltigen Aspekten schneller in Innovationen umsetzen. Das Konzept der Virtuellen Universität bietet Unternehmen auch die Chance, besonders qualifizierte und engagierte Mitarbeiter weltweit zu gewinnen.

Die Virtuelle Universität senkt perspektivisch zudem die Kosten für die globalen Forschungs- und Entwicklungsausgaben erheblich – auch unter der Prämisse, dass die Kosten für das Upgrade der Software, die Kosten für die stetige Verbesserung der Wissensmodule, die Kosten für das Design und die Erstellung der Drehbücher für die anpassungsfähigen Module und deren Umsetzung, die Kosten für Wissenschaftler, die Neues entdecken und erforschen und die Kosten für den laufenden Betrieb sicherlich im Bereich einiger Milliarden Euro liegen werden. Hinzu kommen noch die Kosten für den Ausbau und die Pflege der virtuellen Hörsäle. Allerdings: Die Betriebskosten einer großen staatlichen Universität liegen bereits jetzt bei einer Milliarde Euro.

Finanziert werden soll die Virtuelle Universität von Regierungen etwa über die UNESO, bzw. Arbeitsvermittlungsorganisationen, Banken, Gewerkschaften, Einzelpersonen und Unternehmen diverser Branchen. Die Auswirkungen auf den Inhalt der diversen Wissensmodule einschließlich deren Quervernetzung müssen sorgfältig analysiert werden, um zu verhindern, dass einzelne wissenschaftliche Disziplinen, z. B. im Rahmen der Volkswirtschaft das globale Finanzwesen, überproportional an Bedeutung gewinnen.

Das Potenzial einer Virtuellen Universität zur Steigerung der Innovation und Kreativität hängt auch vom Grad der Interaktion zwischen den herkömmlichen Universitäten, den Forschungsinstitutionen und den forschenden Unternehmen ab. Im Idealfall sollten formelle Verbindungen zwischen diesen Institutionen und der Virtuellen Universität aufgebaut werden, damit diese als nationales Ressourcenzentrum dienen kann. Die Frage, ob es sich empfiehlt, die Virtuelle Universität organisatorisch mit den staatlichen, nationalen konventionellen Universitäten und den Forschungsinstituten zu verbinden oder nur mit einzelnen in ihren Disziplinen erfolgreichen Wissenschaftlern zusammen zu arbeiten, kann nicht losgelöst beantwortet werden von der Analyse nationaler Forschungsförderung – die häufig Sekundärforschung finanziert, um Arbeitsplätze für Wissenschaftler zu erhalten.

Ein weiterer Grund über eine mögliche organisatorische Zusammenarbeit nachzudenken, ist die Auswirkung der globalen Digitalisierung einschließlich der gesellschaftlichen Auswirkungen auf die Lerninhalte konventionell organisierter Universitäten. Häufig sind die Veränderungen im Beschäftigungssystem und im Sozialsystem dynamischer, als die Veränderungen der Inhalte in direkten Vorlesungen oder beim Fernunterricht. Die gewachsenen Strukturen des tertiären Bildungssystems sowohl in den Industrieländern als auch in den Schwellenländern und insbesondere in den Entwicklungsländern verweigern sich häufig dem Veränderungsdruck. Um diesem Druck auszuweichen, werden meist primäre, d. h. neue Forschungsergebnisse etwas abgewandelt, und als neue Erkenntnisse veröffentlich. Diese Vorgehensweise führt dazu, dass Führungskräfte mit bereits veraltetem Wissen agieren und nicht mehr in der Lage sind, neue wissenschaftliche Erkenntnisse zum Transfer in Technologien bewerten zu können. Und damit eröffnet sich ein weiterer Vorteil einer Einführung der Virtuellen Universität für Forschung und Entwicklung: nämlich die Möglichkeit zur Vorausschau der Wirkungen des Transfers von wissenschaftlichen Erkenntnissen in Technologien.

Angesichts der steten Weiterentwicklung der Künstlichen Intelligenz, aber auch dem Einsatz von immer inhumaneren Waffen mit und ohne Bestückung mit Atombomben, den Fortschritten in der Gentechnologie, der Bevölkerungsexplosion mit ihrem Migrationsdruck, dem Klimawandel und der Ausbeutung der Natur kann niemand mehr den Standpunkt einnehmen, die Zukunft sei ohne Bedeutung für den Menschen, da sie doch nur eine Fortsetzung oder Wiederholung der Vergangenheit darstellen würde. Der Glaube, dass neue technische, soziale und biogenetische Innovationen allein alle politischen, wirtschaftlichen, humanen und soziale Probleme lösen und damit jedes Bemühen um die Entdeckung neuer wissenschaftlicher Erkenntnisse überflüssig machen würde, mag zwar in beschränktem Maße zukunftsorientiert erscheinen, als rational kann man diese Haltung nicht akzeptieren.

Die Situation wird noch dadurch verschärft, dass über die Nutzung von technischen Innovationen und praxisorientiertem Wissen häufig im Rahmen eines begrenzten und an ökonomischen Vorteilen orientierten Interessenshorizonts entschieden wird, während die tatsächlichen Auswirkungen immer globaler werden. Alle quantitativen Vorhersagen oder Extrapolationen etwa von Ressourcenverfügbarkeit, Umweltverschmutzung oder Wachstum der Erdbevölkerung sind derzeit unsicher. Immerhin lassen sich für einzelne Sektoren Grenzwerte wie der CO_2-Anstieg auf die Klimaerwärmung angeben, sodass die öffentliche Diskussion über Zukunft zumindest hier einen relativ festen Grund für den Austausch von Argumenten hat.

Die Konstanzannahmen in den Naturwissenschaften sind im Allgemeinen fundamental, also vom Menschen weitgehend unbeeinflussbar und somit auch nicht interpretierbar. Invarianzannahmen in den Sozial- und Verhaltenswissenschaften beruhen hingegen auf historischen Prozessen. Sie sind aus menschlichen Handlungen entstanden und können durch erneutes Handeln revidiert werden, wozu es allerdings Alternativen benötigt. Diese kann die Virtuelle Universität durch intelligente Quervernetzung zwischen unterschiedlichen Wissensmoduln leisten.

Neben der Bearbeitung von Forschungs- und Entwicklungsvorhaben gemeinsam mit Wissenschaftlern aus den verschiedenen Ländern in Kooperation mit der Virtuellen Universität werden die Studierenden über die Entwicklungen in der Vorhaben multimedial eingebunden. Die Studierenden erfahren bereits – sofern sie es wollen – während ihrer Vermittlungsphase von aktuellem Wissen die Vorgehensweise beim Entstehen von neuen wissenschaftlichen Erkenntnissen.

Dies bedeutet insbesondere:

- Die Erläuterung eines falschen Forschungsansatzes.
- Die Thematisierung unbewusster und eingeschliffener Vorgehensweise, die oft kreativere Ansätze behindern.
- Die Hinführung auf Ursache-Wirkungsnetze, die von linearem Denken in einfachen Ursache-Wirkungsketten nicht erfasst werden können.

6.2 Beispiel eines Forschungsprojekts

Organismen entnehmen ihrer Umwelt Energie, direkt als Strahlung oder indirekt als Nahrung. Im Organismus erfolgt eine chemische Umwandlung zu höher molekularen Baustoffen. Was er nicht verwertet, das stößt der Organismus in Form niedermolekularen Abfalls und niederenergetischer Wärme an die Umgebung ab.

In gleicher Weise veredelt der Mensch in technischen Produktionssystemen die aus der Umwelt aufgenommenen Stoffe und Energien, um davon zu profitieren. Biologische Evolution und technische Produktionssysteme unterliegen fortwährender Verbesserung der Umweltausbeute, durch effektiveren Zugriff auf die Umweltressourcen. Das technische Produktionssystem ist zwar vernetzter über den Austausch von Daten und Teilen und dadurch weniger autonom als der natürliche Organismus, dafür gestaltet er aber auch seine Bezugsumgebung offensiv zu seinen Gunsten.

Anstelle der evolutionär gewachsenen Biosphäre ist inzwischen eine nach anorganisch-mechanischen Funktionsprinzipien konstruierte Technosphäre getreten. Ein Weg, der aus dieser Sackgasse herausführt, könnte die

Biotronik sein, basierend auf gentechnologischen Verfahren kombiniert mit den Methoden der Künstlichen Intelligenz. Die Biotronik basiert auf dem Zusammenspiel von drei Disziplinen: der Mikrobiologie, der Verfahrenstechnologie und der Künstlichen Intelligenz. Als wissenschaftlicher Einstieg zum Aufbau der Virtuellen Universität ist die Biotronik bestens geeignet, denn in der Zusammenschau, die dieser Disziplin inhärent ist, könnten Strategien entwickelt werden, Nahrungsengpässe einer wachsenden Erdbevölkerung zu reduziert, chemische Verseuchung von Böden durch Überdüngung und übermäßigem Gülleeintrag zu verringern und vieles andere mehr.

6.3   Fazit

Globalisierung, Digitalisierung, Künstliche Intelligenz, Überbevölkerung, Klimawandel – das sind nur ein paar der gigantischen Probleme, mit denen die Weltgemeinschaft fertig werden muss. Problemlösungsansätze kann die Wissenschaft anbieten. Wissenschaftler forschen an Krebs, analysieren den Klimawandel und halten mit der Künstlichen Intelligenz ein von Tag zu Tag immer stärker werdendes Werkzeug in Händen. Die Arbeit in den Laboren ist für Laien meist verschlossen wie ein Buch mit sieben Siegeln. Aber sie erfüllt nicht nur für die nationale Gesellschaft, sondern auch für die Weltgemeinschaft eine Aufgabe, die weit über den Gewinn einzelner Erkenntnisse hinausreicht: Sie erinnert daran, dass Wissen die Grundlage von Kompetenz ist. Ohne die Produktion neuen Wissens und dessen Transformation in praktisches (technisches) Handeln, sind wir verloren.

Lag der Focus einer Industriegesellschaft bisher immer auf Innovationen als Produktverbesserungen, bedeutet Innovation in einer Wissensgesellschaft (Knowledge

Society) eine Verbesserung der Lebensbedingungen ganzer volkswirtschaftlicher Gruppen durch Investition in Wissen. Wer also eine Volkswirtschaft mit Innovation erfolgreich machen will, kommt ohne Steigerung der Kreativität nicht mehr aus. Kurzum Die innovative Handhabung von Information ist die wahre Herausforderung für Wirtschaft und Politik. Neben die materielle Wertschöpfungskette tritt zunehmend eine virtuelle Wertschöpfungskette, getrieben von der Virtuellen Universität.

Teil II

Diskussion der Virtuellen Universität – Perspektiven von Forschung und Wissenschaft, Bildung und Ausbildung

7

Diskussion der Virtuellen Universität – Perspektiven von Forschung und Wissenschaft, Bildung und Ausbildung

Die Virtuelle Universität

… einerseits ist sie verbunden mit der Hoffnung auf eine wünschenswerte Zukunft universitären Lehrens, Forschens und Lernens, die jedermann Teilhabe an der Wissensgesellschaft verspricht. Andererseits nährt sie die Sorge, dass das unmittelbare Verhältnis von Lehrer und Schüler erodiert und Bildung im klassischen Sinn in einem von Technik getriebenen disruptiven Transformationsprozess der tertiären Bildungseinrichtungen auf der Strecke bleibt. Die Autoren Hartmut Frey und Dieter Beste sprachen mit Andreas Degkwitz, Humboldt Universität Berlin, Jan-Hendrik Olbertz, Humboldt Universität Berlin, Helge Ritter Universität Bielefeld, Engelbert Westkämper, Universität Stuttgart, und Walther Ch. Zimmerli, Collegium Helveticum Zürich. Da sich nur schwer ein für alle geeigneter Präsenztermin finden ließ, fanden sich die Teilnehmer des Gesprächs – dem Thema angemessen – im virtuellen Raum einer Telefonkonferenz zusammen.

© Springer-Verlag GmbH Deutschland, ein Teil von Springer
Nature 2020
H. Frey und D. Beste, *Virtuelle Universität,* Technik im Fokus,
https://doi.org/10.1007/978-3-662-59531-2_7

Dieter Beste

Die Geschwindigkeit, mit der digitale Techniken gegenwärtig alle Bereiche unseres Lebens und Arbeitens durchdringen, kann einem schon den Atem rauben; zweifellos wird diese Dynamik auch den Bildungs-, Aus- und Weiterbildungsbereich verändern. Nun ist die Virtuelle Universität begrifflich auch nach vielen Jahren der Diskussion nicht eindeutig zu fassen. Sie ist offenbar verbunden mit Wünschen und Hoffnungen, aber auch mit Sorgen und Ängsten. Wissen oder ahnen wir, wie sich künftig das Lehren, das Lernen und das Forschen anfühlen werden?

Andreas Degkwitz

An vielen Universitäten hat man schon damit begonnen, virtuelle Lehrveranstaltungen zu entwickeln und anzubieten. In vielen Fällen handelt es sich dabei um Lernplattformen, über die im Regelfall überwiegend Texte verbreitet werden. Aber es gibt selbstverständlich auch schon anspruchsvollere Präsentationen für die Lehre, die zum Teil sehr zeitaufwendig zu erstellen sind, aber dennoch mittlerweile wichtige Elemente der Lehre an Universitäten darstellen – besonders der Weiterbildung im Sinne von zertifizierten Kursen.

Allerdings denke ich, dass die Analyse und Auswertung sowie die Aggregation und Sammlung von Datenbeständen künftig schneller vonstattengehen und in einem größeren Umfang erfolgen kann als bisher. Mithilfe von Big-Data-Methoden wird sich der Transfer von Wissen sicherlich beschleunigen lassen. Rein technisch betrachtet wird er also „besser" werden. Ich frage mich jedoch, was dieses „schneller" und dieses „besser" bedeuten. Welche Anforderungen an Qualität und Nachhaltigkeit können als Parameter zugrunde gelegt werden? Sind Erkenntnis und Wissen aus analogen, papiergebundenen Zeiten „schlechter", weniger „qualitätsgesichert" oder nicht „transparent"?

Mit Simulationen können Szenarien modelliert und getestet werden – das ist gut. Unvorhersehbarkeit kann aber in einem solchen Kontext nur von einem Programm kontrolliert stattfinden – was dann, siehe etwa Wahlprognosen, keine Unvorhersehbarkeit mehr ist.

Es stellen sich mir sehr viele Fragen, für die mir Antworten fehlen. Eine bessere Qualität der Partizipation an Wissen allein an den technischen Möglichkeiten der schnelleren und umfassenderen Verbreitung und des Transfers festzumachen, ist zu wenig. Ich denke, dass die Qualität der Vermittlung von Wissen und Informationen analysiert und in der Diskussion um eine Virtuelle Universität unbedingt bewertet und evaluiert werden muss.

Jan-Hendrik Olbertz

Wir setzen uns an der Humboldt-Universität vielfältig mit der sogenannten Virtuellen Universität auseinander, und ich glaube, ein wichtiger erster Schritt ist, zu erkennen, dass es dabei um mehr geht als nur um eine neue Technologie. Es handelt sich um einen ganz einschneidenden Wandel in der Lern- und Kommunikationskultur, ja, in der ganzen Gesellschaft. Wir operieren einfach anders mit Wissen, wir jonglieren mit Informationen in ganz anderer Weise, in anderen Tempi und unter anderen Zugriffsbedingungen, mit einer viel größeren Individualisierung. Es entwickeln sich ganz neue Aneignungs- und Handhabungsstile von Wissen und Wissenschaft. Ich selbst will aber gleich vorab sagen, dass ich ab einem bestimmten Punkt auch Zweifel habe, ob Bildung ohne Antlitz funktioniert, also ob ich nicht doch am Ende von Angesicht zu Angesicht kommunizieren muss, um – wie soll ich sagen – in die tieferen, eben auch sozialen Dimensionen von Wissen vorzudringen. Wissen kann man nicht nur auf Informationen und deren Struktur und Anordnung reduzieren. Das tun wir in der Debatte immer mal leichtfertig.

Dieter Beste

In der Industrie ist man inzwischen der Auffassung, dass sich die Universitäten einem anstehenden Transformationsprozess nicht verweigern dürften. Der Verband Deutscher Maschinen- und Anlagenbau (VDMA) fordert etwa dazu auf, intensiv darüber nachzudenken, wie Lehrstoffe angesichts der Digitalisierung in Industrie und Gesellschaft an den Hochschulen neu strukturiert werden müssten, welche alten Inhalte entfallen könnten und welche neuen hinzukommen sollten.[1] Auch wenn hier offenbar in erster Linie die Ingenieurausbildung angesprochen wird, ist der durch die Digitalisierung hervorgerufene Umbruch jedoch kein Phänomen, das nur die Ingenieurwissenschaften zu interessieren hätte. Im Grunde werden wohl alle Disziplinen den von ihnen spezifisch zu vermittelnden Wissenskanon auf den Prüfstand stellen müssen.

Neben der Digitalisierung im Sinne einer Vernetzung der automatisierten Produktion – Stichwort Industrie 4.0 – entfalten sich in der industriellen Produktion die Möglichkeiten der Künstlichen Intelligenz, kurz KI, aufgrund einer inzwischen weithin verfügbaren und bezahlbaren immensen Computer-Rechenleistung. Nach inzwischen zahlreich vorliegenden Studien insbesondere in Folge der viel zitierten Studie zum amerikanischen Industriesektor von Carl Benedikt Frey und Michael A. Osborne aus dem Jahr 2013 werden sich künftig nicht nur manuelle, sondern auch viele kognitive Tätigkeiten mit Hilfe von KI-Algorithmen automatisieren lassen; beispielsweise die Bildauswertung von Röntgenaufnahmen, die Bearbeitung von juristischen

---

[1]D.Beste, Ingenieurausbildung für die Industrie 4.0: https://www.springer-professional.de/industrie-4-0/fachkraeftemangel/ingenieurausbildung-fu-er-die-industrie-4-0/16415070.

Texten oder von Börsennachrichten und vieles andere mehr.[2] Mit sehr großer Wahrscheinlichkeit wird unsere Arbeitswelt in wenigen Jahren völlig anders aussehen als heute. Über den Industriesektor hinaus werden neue Qualifikationsprofile erforderlich. Wie können die Universitäten diesem Wandel besser gerecht werden?

Helge Ritter
Damit sprechen Sie gerade zwei unterschiedliche Dimensionen an. Das eine ist die Virtuelle Universität im Sinne neuer medialer Möglichkeiten und neuer Interaktionsmöglichkeiten der Vermittlung von Wissen, das zweite der Umstand, dass sich die Wissensinhalte im Zuge einer rasant voranschreitenden Digitalisierung schneller verändern, als in der Vergangenheit – neue Inhalte kommen hinzu und andere, alte Inhalte können vielleicht etwas nachrangiger priorisiert werden. Das sind jedoch zwei unterschiedliche Dinge, und ich möchte vorschlagen, beides zunächst einmal getrennt zu betrachten.

Bei der Virtuellen Universität geht es darum, die neuen technischen Möglichkeiten für Lehre und Studium auszuschöpfen. Virtuell bedeutet, dass etwas nicht in der Realität vorhanden ist. Das ist jedoch grundsätzlich nichts Neues. In einem Buch, einem Lehrbuch, sind die Dinge ja auch nicht real vorhanden. Schon mit der Technik des Buches entstehen also virtuelle Welten. Diese virtuellen Welten können wir heute beispielsweise durch Videos ersetzen und ergänzen und – noch wirkmächtiger – wir können mit der Technik der Virtuellen Realität (VR) sinnfällig in simulierte Welten eintauchen und dort mit virtuellen Dingen auch über Fernpräsenz interagieren.

---

[2]Vgl. etwa iit-Themenband, Künstliche Intelligenz, Springer Vieweg 2019, Seite 221 ff oder Franz Peter Lang, Quo vadis Digitale Revolution?, in Arbeitswelten der Zukunft, Springer Gabler 2019.

Auf dieser Betrachtungsebene wird klar, dass wir mit den inzwischen verfügbaren digitalen Techniken neue Erfahrungen ermöglichen können: Ich kann etwa auf einem fernen Planeten herumlaufen oder in ein Molekül schlüpfen und auf diese Weise Wissensgegenstände aus zusätzlichen Interaktionsperspektiven erfassen. Solche Möglichkeiten zu nutzen, wäre meines Erachtens eine Aufgabe für die Virtuelle Universität. Das heißt aber nicht, dass bisher bewährte analoge Methoden deswegen überflüssig werden. Es kommt auf ein gedeihliches Zusammenwirken an.

Walther Ch. Zimmerli
Damit haben wir für unsere Diskussion einen Vorschlag zur begrifflichen Differenzierung. Ich möchte zudem vorschlagen, zwischen virtuell und digital zu trennen: Der Begriff Virtuelle Universität hatte ursprünglich noch gar nichts mit Digitalisierung zu tun. Vielmehr waren damit Einrichtungen der tertiären Bildung gemeint, die in dem Sinne nicht real waren, dass sie über keinen eigenen Campus, keine Gebäude etc. verfügten.

Solche virtuellen Hochschulen gibt es seit den 1960er, 1970er Jahren, und sie heißen Fernuniversitäten oder Fernhochschulen. Sie operieren seither mit allen möglichen Mitteln, unterdessen auch digital, und seit ihrer Gründung beschreiben sie mit einem Motto worum es ihnen geht: whenever, wherever, whoever. Die Grundidee lautet also, dass jedermann teilnehmen kann: wann auch immer, wo auch immer, wer auch immer. Ich finde, in dieser Grundidee zeigt sich schon seit vielen Jahren der emanzipatorische Anspruch der Virtuellen Universität.

Was ändert sich nun durch die Digitalisierung an diesen Fernuniversitäten oder an den klassischen Universitäten, sofern deren Fernstudien betroffen sind? Ich stimme Ihnen zu, Herr Ritter, da ändert sich sehr viel. Es ändert sich nämlich insofern sehr viel, als die Lernenden in einer sehr viel stärkeren Weise an der Lehre beteiligt sind, als sie es in der Präsenzuniversität je waren. Sie rekrutieren sozusagen nicht nur ihre Lehrenden, ihre virtuellen oder realen Lehrenden, sondern sie organisieren sich auch den Lernstoff weitgehend selbst. Herr Olbertz hat eingangs schon seine Skepsis angemeldet. Ich würde dies gerne unterstreichen, und zwar mit der Differenz zwischen E-Learning und Blended Learning[3]. Ich glaube, dass auch die allervirtuellsten digitalen Universitäten – oder lassen Sie mich genauer sagen: Hochschulen, denn es geht nicht nur um Universitäten – nicht darum herumkommen werden, Präsenzanteile in ihr Lehrangebot einzuflechten, und, wie ich sehe, machen das die meisten auch schon.

Ritter

Wir selbst sind dafür ein gutes Beispiel. Wir hätten es sicherlich schöner gefunden, wenn wir uns in dieser Runde hätten persönlich treffen können. Ich denke, dass Präsenz auch in Zukunft ein gewisser Luxus sein wird, den wir haben wollen, weil er eben zusätzliche Möglichkeiten schafft. Aber dass wir eben dort, wo dieser Luxus gerade nicht realisierbar ist, zum Beispiel heute Abend, wir auch im Virtuellen sinnvolle Dinge tun und sinnvoll interagieren können.

Engelbert Westkämper

Ich möchte gerne einen weiteren Aspekt in unser Gespräch mit der Frage danach einbringen, über was für ein Wissen wir reden? Meinen wir das Wissen, das wir in

---

[3]Im Unterschied zum E-Learning, das ausschließlich auf Internet-basierte Informations- und Kommunikationstechnologien setzt, handelt es sich bei Blended Learning um eine hybride Form, die traditionelle Präsenzlehrformen mit einbezieht.

unseren Köpfen tragen, oder meinen wir Wissen, das sich irgendwo in technischen Systemen materialisiert? Wissen, das etwa in der Industrie zum Bestandteil von Automatisierungstechnik geworden ist oder werden soll? Ich sehe in der technischen Entwicklung eine große Gefahr darin, dass wir Wissen mechanisch gebrauchen und nutzen, als könne man es sozusagen von einem Topf in einen anderen gießen. Über kurz oder lang werden wir dann nicht mehr verstehen, was in den technischen Systemen eigentlich drinsteckt.

Dieses Voranschreiten einer Anonymisierung des Wissens ist eine riesige Gefahr. Was ist richtig, was ist falsch? Was ist wahr und was ist Lüge? Dies zu unterscheiden, wird uns künftig wohl immer schwerer fallen.

Und hier schließt sich gleich eine weitere Frage an: Was müssten die Studierenden unter diesen neuen Bedingungen einer allumfassenden Digitalisierung eigentlich lernen, damit sie Wissen kreieren können? Damit wir, also wir Menschen, auch künftig diejenigen sind, die das Wissen erzeugen, es absichern und schließlich als gesichertes Wissen in unseren Handlungen nutzen. Die Wissenschaft und deren Institutionen, vor allem die Universitäten, müssen sich vergegenwärtigen, dass sie die Verantwortung dafür tragen, wenn sie sozusagen die Hoheit über die Produktion von Wissen freigeben und dies künftig etwa in den digitalen Netzwerken der Gesellschaft aufgrund der sogenannten Schwarmintelligenz stattfindet. Werden wir in der Wissenschaft die Verantwortung mittragen können, ob dieses Wissen richtig ist oder falsch ist? Ich denke, die Antwort darauf wird uns noch schwer zu schaffen machen. Vor diesem Hintergrund kommt der Wissensvermittlung eine zentrale Bedeutung zu. Ich denke, wir dürfen auch in Zukunft aus der Forschung qualifiziertes Wissen erwarten, und wir werden es – sicherheitshalber – wohl nur von Angesicht zu Angesicht weitergeben können.

Ritter

Ja, Herr Westkämper, das sind sehr gewichtige Gesichtspunkte. Neben der Frage nach dem Wissen stellt sich für mich zudem die Frage nach der Urteilskraft und nach der Urteilsfähigkeit. Die Vermittlung oder vielleicht besser Verbreitung von deklarativen Wissensinhalten erfolgt über Netzwerkzeuge wie Google oder Wikipedia ja schon ganz gut. Aber richtig, die Urteilsfähigkeit, der Umgang mit Wissen, das müssen wir im Blick behalten.

Olbertz

Darf ich einmal an etwas erinnern? Wenn wir gefragt werden, was uns in unserer eigenen Studienzeit maßgeblich geprägt hat, dann waren das charismatische Persönlichkeiten. Wir nennen sie unsere Lehrer. Sie haben Schulen gebildet, und die Eindrücke, die wir von ihnen mitgenommen haben, waren immer solche persönlicher Begegnung, Beobachtung, Zusammenarbeit. Das wird die digitale Welt nicht ersetzen können – und auch nicht dürfen. Die neuen digitalen Medien können zu erlernende Dinge ergänzen und vertiefen, und sicher auch öffnen und beschleunigen, aber ich glaube, das wird auf Dauer nur funktionieren, wenn die Universität daran festhält, dass sie eine Bildungsaufgabe hat. Bei allem Respekt vor Ausbildung, Qualifikation und Kompetenzerwerb bleibt Bildung ein zutiefst analoges Geschehen. Es ist ein soziales Geschehen, das sich durch nichts anderes ersetzen lässt.

Nun bin ich nicht etwa ein Skeptiker gegenüber der Digitalisierung. Ich glaube, sie ist eine erhebliche Bereicherung, vor allem wenn man Analoges und Digitales geschickt kombiniert. Der Informationsaustausch geht schneller, Daten können schneller erhoben, gespeichert und verarbeitet werden – und vieles mehr ist möglich. Persönliche Präsenz und menschliche Begegnung aber werden in der Wissenschaft immer der Dreh- und Angelpunkt bleiben. Andernfalls bleiben Diskurs, Kritik und Reflexion auf der Strecke. Und da mache ich mir schon manchmal Sorgen, wenn euphorische Visionen in Bezug auf die Virtuelle Universität verbreitet werden.

Ritter

Dass dem so ist, hängt damit zusammen, dass Bildung auch mit Vorbild zu tun hat, und hier haben Maschinen ihre Grenzen. Einem Roboter fällt es einfach schwer, für einen Menschen ein Vorbild zu sein. Deswegen bin ich sicher, dass auch in Zukunft menschliche Lehrer nicht ersetzt werden.

Beste

Hier haben wir offenbar einen neuralgischen Punkt in unserer heutigen Diskussion. Kurz zusammengefasst: Universitäten haben die Aufgabe, Bildung zu vermitteln. Und das geht über die Vermittlung deklarativen Wissens weit hinaus. Mir stellt sich die Frage, ob dafür in den letzten Jahrzehnten die Weichen richtig gestellt wurden. Die Universitäten haben den sogenannten Bologna-Prozess[4] durchlaufen – nach meiner Beobachtung verbunden mit einer Verschulung der Lehrangebote und der Tendenz, sich auf die Vermittlung deklarativen Wissens zu reduzieren.

Westkämper

Ja, und wir haben trotzdem nach wie vor Massenveranstaltungen an den Universitäten! Man könnte die aktuelle Situation etwas zugespitzt vielleicht so charakterisieren: Die Studierenden müssen über immer mehr Wissen verfügen,

---

[4]Vgl. etwa Christoph Knill, Eva Maria Vögtle, Michael Dobbins: Hochschulpolitische Reformen im Zuge des Bologna-Prozesses, Eine vergleichende Analyse von Konvergenzdynamiken im OECD-Raum, Springer Fachmedien Wiesbaden, 2013.

um ihre Examina zu bestehen. Also lernen sie sehr schnell das zu erfüllen, was die Studienordnung vorgibt und die Professorin oder der Professor haben möchten. Die Universität heute erzieht nicht zur Kritikfähigkeit, sie erzieht nicht zum Nachdenken. Was Wunder, wenn die Studierenden nicht dazu in der Lage sind zu beurteilen, was sie tun und womit sie umgehen.

Olbertz
Diese Fehlentwicklung resultiert nicht aus der Digitalisierung. Das sind Probleme, die die Universität in die Digitalisierungsdebatte schon hineinbringt, und die haben andere Gründe. Sie liegen meiner Meinung nach in dieser überbetonten Output-Steuerung bei gleichzeitiger Ökonomisierung des Universitätssystems. Eine so große Zahl von Studierenden in der heutigen Massenuniversität durch ein Studium zu bringen, verlangt offenbar solch merkwürdige algorithmisierte Studienabläufe, wie wir sie im Moment haben. Das ist schon ein Trauerspiel, und umso mehr müsste die Universität über ihr Konzept nachdenken, und zwar auch unabhängig von den neuen Optionen, die die Digitalisierung mit sich bringt. Andernfalls beschleunigt die Digitalisierung genau diese negativen Effekte, mit denen wir uns schon zur Genüge herumschlagen müssen.

Westkämper
Das möchte ich ausdrücklich unterstreichen, Herr Olbertz.

Hartmut Frey
Der aktuelle Zustand an den Universitäten ist wirklich beklagenswert. Diskurs, Kritik und Reflexion, die so wichtige Begegnung zwischen Lehrenden und Lernenden ist wie hier schon angesprochen in der Massenuniversität

unter die Räder gekommen. Ich erinnere mich zum Beispiel gerne an Gespräche mit Werner Heisenberg, zu Beginn meines Berufslebens für kurze Zeit mein Chef. Wir diskutierten etwa darüber, wie Physiker auf die Praxis vorzubereiten seien.

Aber nicht nur, dass all dies verloren gegangen ist – wir haben im Gegenzug auch nichts gewonnen. Mir fällt auf, dass wir in Deutschland seit etwa zwei Jahrzehnten den Anschluss an moderne Technologien verlieren. Eigentlich war es ein frühzeitiges Alarmsignal, als wir bei der Entwicklung der Mikroelektronik nicht mehr mithalten konnten. In den letzten Jahren zeigt sich unsere technologische Schwäche etwa bei der Batterieentwicklung, insbesondere der dazugehörigen Zellentwicklung. Meines Erachtens könnte der nun organisatorisch und technisch möglich werdende Einstieg in die Virtuelle Universität ein Ausweg aus dem Dilemma sein. Sie könnte die universitäre Forschung stärken.

Zimmerli

Jetzt bin ich versucht, Herrn Frey gegen Herrn Frey auszuspielen, indem ich Sie daran erinnere, Herr Frey, dass Sie in Kap. 4 dieses Buches den Avataren eine große Rolle in der Virtuellen Universität zuschreiben und gar nicht so sehr den menschlichen Vorbildern, von denen wir und auch Sie hier sprechen. Wie passt das zusammen?

Frey

Chapeau, Herr Zimmerli.

Beste

Lassen Sie mich versuchen zu formulieren, wo wir Konsens haben: Die Digitalisierung hat zunehmend Einfluss auf die Entwicklung der Gesellschaft, sie verändert rasant Arbeit und Wirtschaft, und sie wird sicherlich unsere Lehr- und Lernmöglichkeiten erweitern, wenn nicht verändern. Software-Avatare, so wie wir sie bislang kennen, werden den Lehrer an der Virtuellen Universität nicht ersetzten können – hinsichtlich des Bildungsauftrags wäre dies wohl auch ein Widerspruch in sich.

Gleichwohl könnte und sollte man in Erwägung ziehen, dass sich künftig möglicherweise auch die Entwicklung von Avataren beschleunigt vollziehen wird; sie könnte einen Schub durch die Anwendung von Methoden der Künstlichen Intelligenz erfahren. Noch haben wir allerdings die komfortable Situation, relativ gelassen auf eine solche, wohl noch fernere Zukunft zu blicken.

Näherliegend ist die Suche nach Antworten auf Fragen, die sich aktuell stellen: Mit welchen heute verfügbaren digitalen Werkzeugen lassen sich Lehre und Lernen besser organisieren? Wird etwa die Einbindung des Smartphones die Universität grundsätzlich ortlos und zunehmend zur Virtuellen Universität machen?

Zimmerli

Dieser Gedanke knüpft an das eingangs besprochene Modell aller bisherigen Fernuniversitäten an, nämlich Wissen orts- und zeitunabhängig zu vermitteln. Das ist nichts Neues. Ich möchte gerne eine zusätzliche Dimension in die Diskussion einbringen, und da bin ich ganz bei Herrn Frey, nämlich die Dimension des Könnens. Herr Frey weist ebenfalls in Kap. 4 dieses Buches sehr eindrucksvoll darauf hin, dass es möglich ist, über digitale Medien Experimente zu machen, und ich glaube, das ist etwas ganz Entscheidendes und wirklich Neues. Auf diese Weise kommt das große Laboratorium zu uns nach Hause. Wir können unsere Handlungen im Virtuellen ausführen und am Scheitern beziehungsweise Gelingen lernen. Daher glaube ich, dass das ein wichtiger Punkt ist, der auch die Differenz zwischen der klassischen Universität und der technischen Universität vielleicht ein wenig nivelliert und zeigt, dass virtuelle Universitäten oder virtuelle Hochschulen in diesem Kontext in Zukunft eben beides sein können und sein müssen.

Ritter

Die Simulation ist ein ganz bedeutendes neues Werkzeug, das die Digitalisierung hervorgebracht hat. Man kann mit modernen Simulationsprogrammen Ideen einfach und viel besser als im realen Labor ausprobieren. Was man früher versucht hat, analytisch zu rechnen, kann man heute numerisch angehen. In der Simulation lassen sich mühelos auch ineffizient erscheinende Wege ausprobieren. Auf diese Weise ist eine Evolution von Ideen möglich, wie sie vormals gar nicht denkbar war. In derartige Techniken zu investieren und sie zu nutzen, ist geradezu ein Muss für die Universitäten! Und das berührt überhaupt nicht das klassische Lehrer-Schüler-Verhältnis; die Nutzung der Simulation verhält sich vollständig modular dazu.

Westkämper

Wenn der wichtigste Treiber für Erkenntnis und neue technische Entwicklungen die Neugierde ist, dann bekommen wir in absehbarer Zeit mit solchen Simulationsmöglichkeiten geradezu revolutionäre Instrumente in die Hand, um in der Wissenschaft weltweit auf Erfahrungen und Kenntnisse anderer zugreifen und aufbauen zu können. Ein weltweites virtuelles Labor; die Vorstellung finde ich überaus verlockend. Damit werden sich völlig neue Dimensionen in Forschung und Lehre erschließen lassen. Aber sicherlich ist auch Vorsicht geboten. Wir müssen die Neugier auf die richtigen Ziele ausrichten, damit sich Kreativität positiv entfaltet. Offen ist, wie man das machen kann.

Degkwitz

Und vor allen Dingen müssen auch die Lehrenden verstehen, was genau den Simulationen zugrunde liegt, mit welcher Datenbasis gearbeitet wird. Und bei Auswertungen mithilfe Künstlicher Intelligenz müssen die Lehrenden verstehen, aufgrund welcher programmseitigen Implikationen oder Vorgaben die verwendeten Algorithmen zu Ergebnissen kommen. Bei Unkenntnis dieser und anderer Grundlagen ist meines Erachtens die Gefahr sehr groß, dass ein zudem mit visuellen Techniken überzeugend und glaubhaft dargebotenes Simulationsergebnis leichthin eins zu eins mit der Realität gleichgesetzt wird.

Westkämper

Diese Gefahr ist sehr groß. Ist ein Ergebnis richtig, oder ist es falsch? Diese Frage muss immer wieder aufs Neue begründet beantwortet werden.

Zimmerli

Andererseits: Wie viel von den mathematischen Grundlagen der verwendeten Algorithmen muss man wirklich verstehen, um mit digitalisierten Lern- und Lehrtechniken gut umgehen zu können? Ich denke mir, dass unser Agieren in der heraufziehenden digitalen Welt ein wenig so sein wird wie das Autofahren. Wer weiß schon genau wie viele Rechner in seinem Auto am Werke sind, was sie in einem bestimmten Augenblick tun und wie sie miteinander interagieren und Informationen austauschen. Ich bleibe einmal bei diesem Bild und denke, dass ein wirklich tiefes Verständnis von dem, was die Algorithmen unter der Motorhaube treiben, nicht erforderlich ist, um die Digitalisierung sinnvoll zu gestalten.

Ritter

Na ja, man sollte schon wissen, was ein Algorithmus ist, welche typischen Schwachstellen Algorithmen haben können, wie unterschiedliche Algorithmen dieselbe Aufgabe lösen können, wie genau und zuverlässig Ergebnisse sind – viele Dinge sind ja oft nur in Wahrscheinlichkeit berechenbar. Das heißt, man sollte ein Verständnis von Wahrscheinlichkeitsinterpretationen haben. So gibt es eine ganze Reihe von Dingen auch um den Algorithmenbegriff herum, die man schon verstehen sollte.

Allzu blauäugig wäre es, Algorithmen kritiklos zu nutzen. Eine ganz neue Herausforderung ist deren Lesbarkeit. Mit Deep-Learning-Methoden lassen sich Ergebnisse erzeugen, die zwar oft äquivalent sind zu Ergebnissen, die mit bekannten Algorithmen erzielt werden. Allerdings sind die sozusagen handerstellten Ergebnisse mit bekannten Algorithmen für uns Menschen lesbarer. Eine aktuelle Forschungsrichtung befasst sich nun mit der Frage, wie auch durch maschinelles Lernen erzeugte KI-Ergebnisse für uns nachvollziehbar gemacht werden können. Es geht darum, die Wechselwirkung mit solchen Systemen auf bessere Füße zu stellen. Damit man beispielsweise bei einem Credit Scoring[5] auch verstehen kann, wie gescort worden ist. Wenn wir zulassen, dass man das nicht mehr kann, dann werden wir uns eines Tages in einer Welt wiederfinden, wo uns die Technik herumschubst und keiner mehr sagen kann, warum wir in bestimmter Weise geschubst worden sind.

---

[5]Vgl. etwa Steven Finlay, Credit Scoring, Response Modelling and Insurance Rating, A Practical Guide to Forecasting Consumer Behaviour, Palgrave Macmillan UK, 2010.

Beste

„Information at your fingertips 2005". Auf diese Formel brachte Microsoft-Mitbegründer Bill Gates im November 1994 seine Vision von der Zukunft der Informationsgesellschaft[6]. Im Jahr 2019 weiß nun schon ein dreijähriges Kind, was googeln bedeutet, möchte man den radikalen Wandel kommentieren, der uns seither erfasst hat. Sind wir schon verloren in einer Welt jederzeit verfügbarer Information? Als ich in den 1970er Jahren studierte, war es gelegentlich nicht leicht, an bestimmte Literatur heranzukommen, und überhaupt: man hat als Student die Literatur verwendet, die von den Lehrenden empfohlen wurde. Dagegen stelle ich mir ein Studium heute im Informationsüberfluss vor – lost in information?

Olbertz

Das Risiko ist groß, dass sie als Student oder Studentin heute gar nicht mehr mit Originalliteratur in Berührung kommen, sondern irgendwelche aufbereiteten Lernhilfen rezipieren, die mit Literatur zwar umgehen, aber Ihnen den Weg in die originale Quelle verstellen oder gar nicht nahelegen. So lässt sich etwa in studentischen Seminarbeiträgen in vielen Fällen leicht dieselbe Strukturlogik erkennen, in der Wikipedia ein Thema aufbereitet. Und dann werden zitierte Zitate zitiert; eine Auseinandersetzung mit dem gedanklichen Original findet kaum mehr statt.

Degkwitz

Dabei ist der Zugang zu Literatur via Internet so leicht wie nie zuvor. Die Werkzeuge dafür stehen zur Verfügung wie

---

[6]https://www.worldcat.org/title/information-at-your-fingertips-2005-bill-gates-keynote-address-fall-comdex-1994/oclc/502641261

Distant Reading oder Text and Data Mining. Wenn ich relevante Literatur zu einem Thema recherchieren möchte, lässt sich diese in bestimmten Fachgebieten schon mit maschinellen Auswertungsverfahren identifizieren. Ihnen wird praktisch vorgeschlagen, was sie für den Studienerfolg lesen bzw. rezipieren müssen. Das funktioniert dann besonders gut, wenn die Begriffe in bestimmten Ontologien, also in fachlichen Wissensrepräsentationen festgehalten und standardisiert sind und auf diese Weise wirklich Literatur gefunden werden kann, die für ein bestimmtes Fachgebiet einschlägig ist.

In den Geisteswissenschaften sind solche Ontologien in diesem Sinne nicht möglich, denn wenn man hier Begriffe wie Natur, Gott oder Liebe eingibt, ist die gefundene Literaturliste endlos lang. In Medizin und Naturwissenschaften kann das ganz anders aussehen. Diese Form der Textauswertung mit dem Ziel, Literatur durchzugehen, um aus der Distanz heraus zu lesen, findet aktuell vor allem dort statt. Aber sie birgt ganz eindeutig die Risiken, die Herr Olbertz genannt hat, und da muss man wirklich wissen, was man da tatsächlich auswertet und wie das einzuschätzen ist. Also – ohne diese Kompetenzen geht es gar nicht, sonst ist es schlicht und ergreifend sinnlos oder irreführend und hat mit Wissenserwerb nichts mehr zu tun.

Westkämper

Text and Data Mining oder vorhin das Stichwort Deep Learning – je tiefer wir mit Automatismen in das Verständnis von Inhalten und Prozessen vordringen und Wirkzusammenhänge automatisch zu erkennen suchen, umso mehr muss es Menschen geben, die all dem folgen können. Das ist eine Verpflichtung für Ausbildung und Lehre. Jungen Leuten muss vermittelt werden zu verstehen, was geschieht, besonders dann, wenn eine komfortable technische Oberfläche alles so leicht macht.

Beste

Deshalb noch einmal die Frage in die Runde: Ist es nicht an der Zeit, dass – angetrieben durch die Digitalisierung – Lehren und Lernen in einem gesellschaftlichen Diskurs gründlich durchdacht und neu formuliert werden müssen?

Ritter

Selbstverständlich kann man die Lehre und das Lernen weiter verbessern. Man kann alles ein wenig effizienter machen, man kann mit Simulationen zusätzliche Wege eröffnen. Aber eine Konstante bleibt unveränderlich: Das Lernen muss im Gehirn stattfinden. An diesem Ort muss die Erkenntnis entstehen.

Häufig ist von spielerischem Lernen die Rede, das dank digitaler Werkzeuge möglich geworden sei. Das ist schön und gut. Lernen soll leicht sein, auch das ist schön und gut. Aber es gibt auch eine Ebene des Lernens, die wir bei allem digitalen Komfort nicht aus dem Auge verlieren dürfen: zu lernen heißt auch, sich gelegentlich durchzubeißen. Dranzubleiben, wenn etwas nicht gleich funktioniert. Nicht aufzugeben, wenn es schwierig wird oder weil einen etwas medial nicht anspringt und unanschaulich erscheint.

Das hat mit Hartnäckigkeit zu tun, die bei allen Segnungen einer Virtuellen Universität nicht verloren gehen darf. Die digitalen Techniken ermöglichen es, unsere Appetenz mit immer neuen Methoden immer wieder anzuregen und aktiv zu halten – und damit schulen wir leider auch Ungeduld. Unsere Fähigkeit, auch längere, steinige Wege durchzuhalten, wird von immer besseren digitalen Werkzeugen und Oberflächen unterminiert. Um es bildhaft zu sagen: Wir sind dabei, in der Lehre das gleiche zu machen, was das Auto mit unserer Fortbewegung macht. Wir werden immer schneller, aber wir kommen mit den eigenen Beinen fast nicht mehr aus dem Sessel. Dies zu balancieren ist eine große Zukunftsaufgabe.

Westkämper

Ich möchte den von Ihnen, Herr Ritter, angesprochenen Aspekt Hartnäckigkeit gerne noch um den Aspekt der Kreativität ergänzen. Zu lernen, hartnäckig zu sein ist das eine. Es kommt darauf an, die damit verbundene Kraftanstrengung auch zur Entwicklung von Kreativität zu nutzen. Sich durchzubeißen, und dann auch wirklich den Mut aufzubringen, Risiken einzugehen und etwas zu gestalten. Das Vermögen, hartnäckig und kreativ zu sein, darf nicht verloren gehen.

Olbetz

Und was die Universität an sich betrifft: Die steht ja immer schon vor dem Problem, dass die Menge des vorhandenen Wissens nicht lehrbar ist. Die Schlussfolgerung daraus kann ja nur lauten, methodische Kompetenz zu vermitteln. Weil das Wissen einen heute jedoch geradezu überrollt, ist dieses Unterfangen allerdings mit völlig neuen Herausforderungen verbunden: Mit welchen Methoden kann man schier endlosen digitalen Wissensspeichern zu Leibe rücken? Wie darin Strukturen, Pfade und Kanäle entdecken, die zu dem bestimmten Ziel führen, das man vor Augen hat?

Diese Kompetenz zu vermitteln heißt übrigens auch, dass wir viel mehr Möglichkeiten des Verweilens ins Studium einbauen müssen. Wir müssen wegkommen von dieser eng getakteten Abfragekultur von Wissen, wie sie heute an den Universitäten üblich ist. Die jetzt radikal umwälzende Digitalisierung deckt hoffentlich noch rechtzeitig die Fehlentwicklungen der letzten Jahre auf, wie etwa die Ableitung kompletter Masterstudiengänge nicht aus sinnvollen Schlüssen der Wissenschaft, sondern aus den Geltungsansprüchen der Fächer und ihrer Vertreter. Dadurch haben wir diese unglaubliche Komprimierung im Studium und damit eine Taktung, in der ruhiges methodisches Arbeiten und Recherchieren immer schwerer geworden ist. Angesichts der Digitalisierung erweist sich das curriculare Bestreben nach Vollständigkeit endgültig als Fiktion.

Ritter
Ja, auch der Tugend Geduld gilt es, wieder Geltung zu verschaffen!

Olbertz
Das möchte ich mit Nachdruck unterstreichen.

Zimmerli
Aber wie wird es möglich sein, in eine Struktur, in der es um möglichst kurze Verweildauer der Studierenden an der Universität geht, Ruhe hereinzubringen? Wie soll es möglich sein, in einem Bologna-gehetzten System den Studierenden zu sagen: Ihr braucht mehr Zeit zum Lesen? Wo können wir anpacken? Was wäre in diesem Dilemma sozusagen der Königsweg?

Westkämper
Ganz einfach: Die Studienzeiten wieder verlängern.

Olbertz
Der einzige Weg, aus dieser engen Taktung im Studium herauszukommen, wäre professorale Einsicht, könnte ich spöttisch sagen – an die ich allerdings nicht glaube. Wir antizipieren die mit den Bologna-Reformen synonym verbundene Krise leider allzu häufig als eine externe Krise, die über die Universitäten hereingebrochen ist. Aber das ist falsch. Wir haben diese Krise selbst hervorgerufen. Ich bin überzeugt, dass wir in diesen international adaptierten Studiengangsstrukturen ein viel sinnvolleres Studium

möglich machen könnten – ohne ihre gestufte Logik formal anzutasten. Aber das müssten die Fachgesellschaften, die Fakultätentage und die Professoren vor Ort machen. Alle klagen im selben Jammerton, wie auch ich, aber alle hätten es eigentlich in der Hand, die curricularen und organisatorischen Bedingungen in ihrem jeweiligen Fach- und Lehrgebiet zu verändern. Warum wir das nicht kollektiv angehen, ist mir ehrlich gesagt, auch ein bisschen ein Rätsel.

Zimmerli
Ist mein Eindruck zutreffend, dass die hier vorgetragene Kritik an den Zuständen von einem sehr emphatischen Universitätsbegriff ausgeht und zum Beispiel für die meisten Fachhochschulen in der Form gar nicht zutrifft? Könnte man vielleicht sagen, dass die Fachhochschulen eine sagen wir mal generisch nähere Verwandtschaft zu den digitalen Techniken haben, als die Universitäten?

Westkämper
In der Tat.

Olbertz
Ja, das kann man so sagen, Herr Zimmerli.

Zimmerli
Damit deutet sich eine weitere wichtige Differenzierung an: Die digitale Hochschule oder die virtuelle Hochschule ist also primär eine Hochschule, die sich auf der Ebene des Könnens bewegt. Und dort, wo es um Wissen und erst recht, wo es um Urteilskraft geht, dort würden wir eher eine gegenläufige Tendenz sehen wollen, nämlich eine Wiederkehr des Analogen im universitären Bereich.

Wir können somit die jetzt verfügbare Technologie der Simulation vornehmlich auf der Ebene des Könnens, also in der digitalen Hochschule verorten.

Frey

Ich habe seinerzeit am Aufbau der Berufsakademie Baden-Württemberg, dem Vorläufer der heutigen Dualen Hochschule Baden-Württemberg mitgewirkt.[7] Um Praxisnähe zu erreichen, erschien es uns richtig und zielführend zu sein, dass die Studierenden die Hälfte ihrer Zeit in einem Unternehmen verbringen. Auf der Grundlage der jetzigen technischen Möglichkeiten und unserer heutigen Diskussion ließe sich vorstellen, diese Praxisorientierung mit Simulationstechniken zu verwirklichen.

Westkämper

Und mehr noch: Es ließe sich vorstellen, dass diese Simulationen mit Parametern aus Wirtschaft und Industrie gefüttert werden. Dass über Simulationen die Realität „draußen" unmittelbar in die Hochschulausbildung einfließt. Bislang wird Simulation häufig ausschließlich als ein Instrument der wissenschaftlichen Forschung angesehen. Ihr Nutzen geht jedoch, wie wir heute erkennen können, weit darüber hinaus. Lernen an Phänomenen unmittelbar aus der Realität wird möglich.

Beste

Herr Ritter, Sie beschäftigen sich unter anderem damit, Robotern zu lehren, bestimmte Dinge zu tun. Können Sie

---

[7]Die Duale Hochschule Baden-Württemberg (DHBW) ist die erste staatliche duale, d. h. praxisintegrierende Hochschule in Deutschland. Sie wurde am 1. März 2009 gegründet und führt das seit über 40 Jahren erfolgreiche duale Modell der früheren Berufsakademie Baden-Württemberg fort.

eigentlich aus den hierbei gewonnenen Einsichten Rückschlüsse auf unser menschliches Lernen ziehen?

Ritter

Roboter sind mit ihren Formen des Lernens noch sehr weit von dem entfernt, wie menschliches Lernen funktioniert. Was uns die Roboter allerdings bei unseren Versuchen, Lernen in Maschinen abzubilden lehren, ist eine genauere Wahrnehmung dessen, was Lernen heißt. Lernen ist zunächst einmal nur ein Wort. Aber es sind ganz viele verschiedene Algorithmen beteiligt, wenn man Lernen in der Technik abbilden möchte. Auch im Gehirn gibt es etliche verschiedene Gedächtnissysteme, die beim Lernen in unterschiedlichster Weise involviert sind. Das Wort Lernen kennzeichnet also eigentlich nur die Spitze eines Eisbergs, und wir sind in der Forschung gerade erst dabei, das Ausmaß dieses Eisbergs unter Wasser herauszufinden. Das Forschungsgebiet ist durch eine ungeheure Dynamik gekennzeichnet. Auf internationalen Konferenzen zum maschinellen Lernen tummeln sich Tausende, und wir beobachten eine Explosion von Ansätzen und neuen Algorithmen.

Frey

Und zum Lernen hinzu kommt die Kreativität?

Ritter

Ja, die Entwicklung von Kreativität hängt eng mit Lernen zusammen, sie setzt Lernen gewissermaßen nach oben fort.

Olbertz

Pardon! Aber ich kann mir am Ende nicht vorstellen, dass selbst intelligenteste Lernmaschinen den Menschen als

Lehrer ersetzen könnten. Die Maschinen müssten Intentionen entwickeln können, müssten dazu in der Lage sein, Empathie für das menschliche Gegenüber zu entwickeln. Ich glaube, dass so etwas in absehbarer Zeit nicht möglich ist und es noch eine lange Weile braucht, bis wir Avatare nutzbringend einsetzen können, wie in diesem Buch postuliert.

Ritter
Das ist sicherlich richtig, vieles ist Grundlagenforschung. Aber man darf überrascht sein, wie schnell die Entwicklungen vonstattengehen. Eines der Stichworte aus diesem Bereich ist die wechselseitige Modellierung. Das bedeutet, dass auch ein Roboter versucht zu modellieren: ob ein Mensch gerade aufmerksam ist, ob ein Mensch zustimmt oder ob ein Mensch nicht zustimmt, wie ist jetzt seine Haltung, was sind seine nächsten wahrscheinlichen Äußerungen und vieles andere mehr. All das kann man in Modellen schon ein Stück weit angehen. Auch Empathie. Es lässt sich beispielsweise modellieren, wie im anderen Schmerz wahrgenommen wird. Uns liegen all diese Modellierungsmöglichkeiten vor Augen. Es gibt in den Neurowissenschaften Einsichten, wie unterschiedliche Gehirnzustände mit solchen bislang nur dem Menschen eigenen Phänomenen korrelieren. Aber richtig ist: Man kann das alles bislang nicht ansatzweise so, wie wir Menschen es können. Und man weiß auch nicht, wie nah man an menschliches Verhalten herankommt und ob es auf dem Weg dahin nicht noch die eine oder andere große Überraschung gibt. Wir dürfen gespannt sein, denn das Wesen einer Überraschung ist es schließlich, dass man sie nicht vorhersehen kann.

Westkämper

IT-Architekturen wie das sogenannte Human Brain Computing[8], sind sicherlich noch in sehr weiter Ferne, aber ich bin überzeugt, das wird irgendwann kommen.

Ritter

Die Schwierigkeiten in der Praxis sind riesig. Man sieht es zum Beispiel daran, dass der Termin für das autonome Fahren von den ambitionierten Automobilherstellern immer wieder ein bisschen nach hinten verschoben wird. Und dabei handelt es sich nur um einen sehr kleinen Ausschnitt menschlicher Intelligenz und menschlichen Handelns, der zudem von festen Verkehrsregeln eingepfercht ist.

Westkämper

Das wirklich autonome Fahren, also das Bestreben der Entwickler, jede nur denkbare Situation zu beherrschen, wird wohl mehr oder weniger eine Illusion bleiben.

In der Technikentwicklung gehen wir eigentlich eher anders vor, indem wir versuchen, alle äußeren Faktoren, die störend sind, rund herum zu eliminieren.

Zimmerli

Das scheint auch viel sinnvoller zu sein. Zumal der Begriff des autonomen Fahrens in sich selbst ein Widerspruch ist. Ich meine, wenn wir autonom fahren wollen, dann müssen wir autonome Fahrer haben und autonome Fahrer bedeutet eben Fahrer, die nicht in einem autonomen Fahrzeug fahren, sondern die selber fahren.

---

[8]Vgl. etwa Katrin Amunts, Lucio Grandinetti, Thomas Lippert, Nicolai Petkov (Hrsg): Brain-Inspired Computing, Springer International Publishing, 2016.

Degkwitz

Vor diesem Hintergrund stelle ich mir die Frage, ob es eigentlich wünschenswert wäre, für die Lehre in einem wesentlichen Umfang Avatare einzusetzen. Ich kann mir beim besten Willen nicht vorstellen, dass Lernen ganz ohne ein menschliches Gegenüber attraktiv sein könnte. Und wenn es so wäre – warum sollte dann noch jemand eine Universität besuchen? Das wäre das Ende der Universität.

Zimmerli

Das wäre, um es paradox zu formulieren, die Einlösung aller Versprechen der Virtuellen Universität, weil sie vollständig unreal wäre.

Beste

Nun ist der Zeitraum, den jemand an einer Hochschule oder Universität verbringt, begrenzt auf vielleicht vier oder fünf Jahre. Lernen ist auch im sich anschließenden Berufsleben eine Notwendigkeit. Die Entdeckung von Neuem, technische Entwicklungen und damit verbundene Veränderungen in Beruf und Alltag vollziehen sich inzwischen mit einer Geschwindigkeit, dass einem leicht schwindelig wird. Wenn ich nur auf das Wissen zurückgreifen könnte, das ich in meinem Studium gelernt habe, wäre ich heute verraten und verkauft. Life Long Learning[9] – eine Perspektive für die Virtuelle Universität?

Westkämper

Also die Virtuelle Universität, verstanden als ein Werkzeug, das permanent bzw. bedarfsbezogen zur Wissensvermittlung und zum Lernen genutzt werden kann – das wäre etwas!

---

[9]Vgl. etwa Cornelia Seeberg: Life Long Learning, Modulare Wissensbasen für elektronische Lernumgebungen, Springer Berlin Heidelberg, 2003.

Zimmerli

Die so verstandene Virtuelle Universität, könnte eine Antwort auf die Frage sein, was machen wir eigentlich nach
dem Studienabschluss? Die klassischen Präsenzhoch-
schulen haben sich mit der Weiterbildung und dem berufs-
begleitenden Lernen ohnehin immer schwergetan. Mit
einem Konzept Virtuelle Universität könnten sich Präsenz-
universitäten hier als Akteure stärker ins Spiel bringen.

Inzwischen existiert ein riesiger Weiterbildungsmarkt.
Dazu zählen insbesondere die Aus-, Weiter- und Fort-
bildungseinrichtungen   der   Wirtschaft.   Globalisierte
Unternehmen gingen in den 1990er Jahren dazu über,
Corporate Universities zu gründen.

Westkämper

Ja, das Aus- und Weiterbildungsangebot zur Vertiefung
und Spezialisierung nach dem Studium, ist inzwischen
tatsächlich riesengroß. Mit der Stuttgarter Produktions-
akademie[10] suchen wir in diesem Bereich für das Thema
Produktionstechnik nach spezifischen Wegen und nutzen
tatsächlich vermehrt digitale Medien und Vermittlungs-
formen wie beispielsweise Webinare.

Beste

Es fehlt also an einem Konzept für eine Virtuelle Universität respektive Hochschule, die nach dem Studienabschluss zu den dann spezifischeren, berufsbezogenen
Fragestellungen eine begleitende Hilfestellung für das
lebenslange Lernen anbietet. Dem steht das sich an den
Universitäten über lange Zeit hinweg immer weiter ver-
feinernde „Silodenken" der einzelnen Fakultäten sicher-

---

[10]http://www.stuttgarter-produktionsakademie.de/

lich im Weg. Die Probleme in der Praxis sind nicht von disziplinärer Struktur. Die Digitalisierung macht offensichtlich, dass künftig weniger noch als heute schon ein Studium des Maschinenbaus oder der Elektrotechnik zu brauchbaren Ergebnissen führen wird, wenn es in getrennten Säulen angelegt ist. In der Technik zumindest scheint mir, ein gemeinsames Grundstudium über Fach- und Fakultätsgrenzen hinweg ein Lösungsweg zu sein. Informatik zum Beispiel geht doch alle an – oder?

Ritter
Und da sind wir sofort bei der Künstlichen Intelligenz. Das ist eines der interdisziplinärsten Themen, das man sich vorstellen kann. KI – das umfasst Mathematik, Algorithmen, das Mensch-Maschine-Verhältnis, damit zusammenhängende neue rechtliche Herausforderungen, neue wirtschaftliche Herausforderungen, die Entwicklung von mitdenkenden, selbstlernenden Produkten und damit einhergehende ethische Herausforderungen. Wie verändert sich durch die Anwendung von Künstlicher Intelligenz das Menschenbild – all das lässt sich nicht im Rahmen unserer klassischen Disziplinen vermitteln, allesamt entstanden in der KI-Vorzeit. Das geht nur noch interdisziplinär unter Einbezug aller, der Natur- und Technikwissenschaften wie auch der Geistes- und Gesellschaftswissenschaften. Insgesamt ist das doch eine tolle, überaus motivierende Herausforderung.

Olbertz
Also Interdisziplinarität ohne Disziplinarität – das wird nicht funktionieren. Gerade zu Beginn des Studiums müssen Sie erst einmal, wenn Sie Fächergrenzen überschreiten wollen, lernen, wie man welche zieht. Das ist

auch eine strukturelle und curriculare Frage, und deswegen bin ich immer ein bisschen skeptisch, wenn man mit Interdisziplinarität beginnt. Dann haben Sie am Ende einen Zirkel, in dem jeder irgendetwas erzählt, aber keiner mehr eine fachliche Herkunft ausweisen kann. Gerade in den ersten Studienjahren oder Semestern finde ich es sehr, sehr wichtig, sich einem Gegenstand über das zugehörige Fach zu nähern. Die Frage, ob unser traditionelles Fächerspektrum richtig ist und diese Welt einigermaßen sinnvoll widerspiegelt, und ob es wirklich repräsentative Fächer sind, und wie sich Fächer überhaupt konstituieren, ist eine andere. Aber ich glaube, dieses Ordnungssystem wird man in einer gut sortieren Universitätsausbildung immer irgendwie benötigen, schon um es anschließend öffnen zu können.

Ritter

Na ja, Fächer sind letztlich nur unterschiedliche Perspektiven. Nehmen wir mal die Naturwissenschaften. Wenn man jetzt Physik lernt, dann hat man da eben am Anfang auch ein paar Vorlesungen über Mathematik und über Chemie, und das ist ja auch schon eine Interdisziplinarität. Da müssen ja nicht gleich von Anfang an noch Religion oder Sportwissenschaft dabei sein. Vielleicht hilft der Begriff Koordinatensystem über die Hürde Interdisziplinarität? Man beginnt ein Studium in einem interdisziplinären Koordinatensystem, tritt später in eine Spezialisierungsrichtung ein und sieht dann zu, welche zusätzlichen Koordinaten sich zum bisherigen System sinnvoll hinzufügen lassen.

Zimmerli

Mir scheint, dass hinter der gerade angesprochenen Fragestellung „disziplinär versus interdisziplinär" der Wunsch hervorschimmert, das verlorene Abitur wiederzugewinnen.

Also jenen Bereich, den wir Allgemeinbildung nennen. Es geht gar nicht um interdisziplinäre Dinge, sondern es geht sozusagen um vordisziplinäre Formen der Bildung. Das haben wir preisgegeben. Die Amerikaner haben es etwas klüger gemacht, indem sie es in ihr College aufgenommen haben. Wir in Deutschland und Mitteleuropa versuchen jetzt solche Collegekurse kompensatorisch einzuführen. Das will uns nicht recht gelingen. Aber wie gesagt, das ist noch nicht Interdisziplinarität, sondern das ist mehr vordisziplinäre Allgemeinbildung.

Beste
Könnte man in diesem Zusammenhang vielleicht sagen, dass unter dem Signum der Digitalisierung von allem, Kenntnisse der Informatik und der Künstliche Intelligenz als Nukleus einer zeitgemäßen Allgemeinbildung von den Universitäten den unterschiedlichen Disziplinen vorangestellt werden sollte?

Westkämper
Das wäre mir zu kurz gegriffen. Beim Erlernen der fundamentalen Zusammenhänge der Physik oder der technischen Systeme hilft das nicht weiter. Wir müssen all das, was es in der Wissenschaft gibt, zurückverfolgen, aufgreifen und mitnehmen. In der Technik etwa die Ideen aus der Mechanik. Die sind nicht veraltet, sondern weiterhin gültig und aktuell.

Ritter
Wir sind selbst schon in unseren Ansichten interdisziplinär, wie sich auch in dieser Diskussionsrunde zeigt, und das ist gut so. Die unterschiedlichen Perspektiven auf die Welt müssen sich in der Universität auch künftig begegnen, und es muss dort ein offenes Klima auch für neue Perspektiven, für Querdenken herrschen. Nur wenn

sich die Perspektiven aneinander reiben können, entsteht Neues. Also, lassen Sie uns aufpassen, dass sich keine hermetischen Kulturen namens Künstliche Intelligenz, Mathematik, Wirtschaftswissenschaften oder was auch immer herausbilden.

Zimmerli

Wobei Künstliche Intelligenz als obligatorisches Propädeutikum noch ein besonders ärgerliches Beispiel wäre, weil man in diesen Omnibusbegriff ja so ziemlich alles hineinstecken kann, was gut und teuer ist. Das liegt ja eben daran, dass KI eine Ableitung der Kompetenz der Turingmaschine[11] ist, jede andere Maschine imitieren zu können und daher kann auch künstliche Intelligenz immer alles – und damit kann sie eben auch nichts.

Ritter

Nun ja, die Chemiker sagen häufig, alles ist Chemie. Physikern fällt es auch nicht schwer zu postulieren, dass eigentlich alles Physik sei. Das sollten wir den Mathematikern und der Künstlichen Intelligenz auch zugestehen und zugleich solche Aussagen nicht zu hoch hängen.

Zimmerli

Das ist es nicht, was ich meine. Wie soll ich es sagen – ich glaube, dass KI inzwischen so eine Art Blackbox ist, die überall verwendet wird. Nur wenn man genau hinschaut wird deutlich, wie leistungsfähig die unterschiedlichen KI-Methoden sind. Aber mir scheint es äußerst gefährlich und naiv zu hoffen, dass die KI generell all unsere Probleme lösen wird.

---

[11]Vgl. etwa Lutz Priese, Katrin Erk: Turing-Maschinen, erschienen in: Theoretische Informatik, Springer Berlin Heidelberg, 2018.

Olbertz
Ich glaube, der Intelligenzbegriff ist hier der Falsche. KI ist irgendetwas anderes als Intelligenz.

Zimmerli
Das beruht auf einem Übersetzungsfehler. Artificial Intelligence hieß ursprünglich so viel wie technische Informationsverarbeitung, sonst wäre ja CIA die Zentralagentur für intelligente Menschen, was offenkundig nicht der Fall ist, sondern es geht dort um Informationsverarbeitung.

Westkämper
KI – das umschreibt eigentlich nur unsere Fähigkeit zur Modellbildung, und wir Menschen sind es, die handeln. Für die Entwicklung von Modellen nutzen und schaffen wir mathematische Werkzeuge. Selbstverständlich ist diese Technik an sich nicht intelligent.

Zimmerli
Ganz recht. Aber leider sind solche Begriffe, wenn sie erst einmal in der Welt sind, nicht mehr abzuschaffen, auch wenn sie in die Irre führen. Aber gut, wir gehen damit um.

Beste
Werden wir künftig KI-Methoden nutzen, um das für uns – vielleicht nur vermeintlich – relevante Wissen zu selektieren? Kann man sich vorstellen, dass ein solches Wissen dem Kriterium Verlässlichkeit genügen könnte? In der in Anführungszeichen analogen Universitätszeit, in der wir alle studiert haben, haben wir uns darauf verlassen, dass es schon richtig sein wird, das Wissen zu rezipieren, das uns unsere Lehrer vermittelten. Wir haben das bestimmte Buch, das uns vorgeschlagen wurde, gelesen und nicht hinterfragt – wohl nicht wirklich hinterfragen können.

Gilt das heute noch? Werden etwa Literaturvorschläge, die Sie als Hochschullehrer machen, von den Studierenden noch angenommen? Man kann doch heutzutage alles leicht mit zwei, drei Mausklicks hinterfragen. Alternativen ploppen auf dem Bildschirm auf. Wie versetzen Sie die Studierenden in die Lage, in diesem Überangebot von Information, die richtigen Schlüsse für den Wissenserwerb zu ziehen – und um im Weiteren über Modellbildungen dazu in der Lage zu sein, selbst zur Wissensproduktion beizutragen.

Westkämper
Was richtig und was falsch ist, entscheidet sich in der Praxis. Das Normal ist sozusagen die reale Welt. Zum Beispiel bei der Wettervorhersage. Je präziser und filigraner das Ergebnis, umso besser lässt sich am nächsten Tag beurteilen, ob das Wissen, die ausgewählte Methode, das angewandte Modell, die der Vorhersage zugrunde lagen, richtig oder falsch waren.

Beste
Im Studium ist in der Regel die Praxis nicht anwesend. Als Studierender stehe ich gestern wie heute vor einem unendlichen Wissensberg. Der Unterschied ist aber doch, dass dieser Wissensberg heute zugänglich erscheint. Sozusagen auf Knopfdruck. Wie soll ich mich als Studierender in dieser komfortabel erscheinenden aber tückischen Situation verhalten?

Westkämper
Schwimmen lernen.

Beste
Einverstanden. Das ist unser Thema: Wie kann die Universität in Zukunft besser dazu beitragen, in diesem Ozean der digitalen Informations- und Wissensverlockungen

leichter das Schwimmen zu erlernen und mir als Studierendem das Gefühl vermitteln, dass ich auf der richtigen Bahn bin?

Zimmerli

Ich möchte gern an dieses Bild des Schwimmers anknüpfen, aber von Navigieren sprechen. Wir navigieren nicht so sehr im Wissen, sondern weithin im Nichtwissen. Und wenn wir noch so viel Wissenschaft betreiben – jedes neue wissenschaftliche Ergebnis produziert wieder einen ganzen Rattenschwanz von Nichtwissen.

Mit anderen Worten: Wie navigieren wir im Nichtwissen? So lautet die eigentliche Frage, und da denke ich mir, gibt es einige probate Verhaltensweisen und Methoden. Man muss eben nicht alles wissen. Das Wetterbeispiel deutet ganz gut die Richtung an, in der die Antwort zu finden ist. Ob es morgen regnen wird oder nicht – es gibt eine probate Methode, nämlich einen Regenschirm mitzunehmen – die britische Methode sozusagen des Navigierens im Nichtwissen. Solche verlässlichen Dinge wie Regenschirme werden für uns in der digitalen Welt immer wieder wichtig.

Ritter

Ja, solche verlässlichen Dinge, zudem von langer Haltbarkeit brauchen wir. Denkfiguren zum Beispiel. Widerspruchsbeweis, vollständige Induktion, Analogieschlüsse, das sind Denkfiguren in der Mathematik. In der Philosophie hat man andere, und in der Psychologie wiederum andere.

Unsere Aufgabe als Hochschullehrer besteht wesentlich darin, die Studierenden mit derart langfristig haltbaren Methoden auszustatten, um interaktionsfähig zu sein. Die Simulation der realen Welt ist dann sozusagen die Königsdisziplin.

Olbertz

In jedem Wissenssystem gibt es Konstanten und Variablen, und die Konstanten sind immer die Fundamente, auf denen wir den Studierenden aufbauend klarmachen können, dass Wissen oft zunächst nur Annäherung und Option ist. Studierende werden auch künftig immer wieder den souveränen Umgang mit grundlegendem Wissen erlernen müssen. Damit meine ich nicht, Wissen als Götzen aufzurichten, die man anbetet, sondern es methodisch zu betrachten, an Verstand und Einsicht zu binden. Es geht nicht darum, irgendwelche Füllstände des Gedächtnisses zu erreichen, die dann in Prüfungen abgefragt werden.

Ritter

Wichtig ist es ja auch, ein Gefühl dafür zu entwickeln, wo die Grenzen des Wissens sind. Wie weit ist das Wissen belastbar? Wann muss mit Wahrscheinlichkeitsaussagen operiert werden? Je komplexer die Phänomene sind, wie das Beispiel Wettervorhersage deutlich macht, umso eher verlieren sie ihre numerische Beschreibbarkeit.

Wenn man sich also in einer gegebenen Situation fragt, wie gut ein Ansatz ist – zwei Lösungswege, welcher ist vielversprechender? – fällt die Antwort gegebenenfalls nicht leicht, und man muss sich trotzdem ein Urteil bilden. Diese Fähigkeit zur Urteilsbildung in unklaren Situationen erachte ich als ein sehr wichtiges Ausbildungsziel an unseren Universitäten.

Frey

Ein simples Beispiel: Wenn ich die Finite-Elemente-Methode für die Berechnung einer komplexen Situation nutzen will, muss ich wissen, wie ich die Randbedingungen setze. Da entstehen die Fehler, und die können zu Katastrophen führen.

Zimmerli

Und in der Regel kennen wir in der Praxis einen Groß-
teil dieser Randbedingungen eben gerade nicht. Deswegen
müssen die Studierenden – und, ich glaube, auch die Lehrenden – lernen, dass die Wissenschaft nicht alles erklären
kann.

Frey

Ja, die Grenzen des Wissens müssen erörtert werden.

Zimmerli

So ist es. Die Frage ist, ob das über digitale Techniken
machbar ist, oder doch besser mit analogen. Oder brauchen wir auch hier eine Art Hybrid zwischen analog und
digital, wie wir es bei der Frage des Distanzlernens und des
personalen Präsenzlernens herausgearbeitet haben?

Ritter

Das Digitale und das Analoge, das sind ja schon zwei
unterschiedliche Modelle, um Dinge zu beschreiben, und
beide haben ihren Platz, und beide sind in einer Weise
komplementär, die bislang gar nicht produktiv gemacht
wird. Also, ich würde nicht sagen, das eine oder das
andere, sondern beides.

Olbertz

Das ist kein Entweder-oder, das sehe ich ganz genauso.
Nur auf eines zu setzen würde bedeuten, bestenfalls einem
Hype auf den Leim zu gehen.

Zimmeli

Wir befinden uns gerade in einem Hype, und der trägt
den Namen Digitalisierung.

Olbertz

Das empfinde ich auch so.

Beste

Gleichwohl verändert die Digitalisierung spürbar die Verhältnisse, wie Sie es, Herr Olbertz, eingangs mit dem Zitieren von zitierten Zitaten aufgrund der Internetnutzung in Seminararbeiten verdeutlicht haben. Wie entkommen wir dem Hype? Wäre etwa eine verordnete Einschränkung der Nutzung digitaler Möglichkeiten im Studium hilfreich? Welches Kraut hilft?

Olbertz

Es klingt ein wenig süffisant, wenn ich jetzt sage: Kontemplation und Entschleunigung. Aber genau dies ist verlorengegangen. Sich im Studium wirklich einmal auf etwas einzulassen und den Gegenstand des eigenen Interesses und der eigenen Neugier in aller Ruhe zu umkreisen – dazu braucht man Zeit – und die Ermutigung durch Vorbilder unter den Lehrenden.

Leider gleicht das Studium an den Universitäten inzwischen einer wahnwitzigen Maschinerie aus Tempo und Verdichtung. Dabei geht es doch um Bildung! Nicht zuvörderst um Ausbildung und Qualifikation.

Westkämper

In diesem Digitalisierungs-Hype spielen Suchmaschinen eine nicht zu unterschätzende unrühmliche Rolle. Ihr Treffer-Ranking erzieht zu Bequemlichkeit. Schon was sie auf Bildschirmseite zwei anzeigen, wird kaum noch wahrgenommen. Und zudem wird dieses Ranking häufig leichtfertig mit Zuverlässigkeit der Information gleichgesetzt. Dabei basiert es wesentlich nur auf die Häufigkeit, mit der ein Suchergebnis ausgewählt wird. Hier müsste es mehr Wettbewerb geben.

Degkwitz

Dabei gibt es zahlreiche Alternativen zu Google – aber trotzdem bleibt's in der Regel dabei. Übrigens stehen bei Suchmaschinenrankings die Universitätssuchmaschinen meist weit hinter Google.

Ich möchte noch einmal auf die Frage zurückkommen: Welches Kraut hilft? Um die intellektuelle Auseinandersetzung an unseren Universitäten anzureizen, sollte man meines Erachtens die Flut von PowerPoint-Präsentationen in der Lehre eindämmen.

Diese sehr bildorientierte „Teachware" wird in Seminaren allzuoft eher konsumiert als rezipiert oder verstanden. Vielmehr lehnt man sich, überspitzt gesagt, als lernender Konsument zurück – und läßt die Präsentation auf sich wirken.

Olbertz

Aber wir können doch nicht zur Schiefertafel zurückkehren! Eine gute Vorlesung lebt doch davon, dass sie etwas veranschaulicht, und ich meine jetzt nicht diese endlosen Diareihen aus Medizinvorlesungen oder irgendwelche albernen Animationen. Aber Lehrinhalte mit Visualisierungen stützen zu können, ist nach meinem Dafürhalten einer der großen Vorzüge der Digitalisierung.

Westkämper

Tatsächlich wäre es wünschenswert, wir könnten an den Universitäten wieder eine offene und disziplinübergreifende Diskussionsbasis etablieren. Ein Klima, in dem die Leute wieder ganz selbstverständlich spontane Diskussionen und Gespräche ohne Zeitdruck miteinander führen. Das unter Zeitdruck Auswendiggelernte sollte nicht das Markenzeichen universitärer Bildung sein.

Zimmerli

Wenn ich diesen Gedanken einmal aufgreife, gehört dazu auch, dass die Überprüfung des Gelernten in einer anderen Form stattfinden muss. Das im Zuge des Bologna-Prozess implementierte Continuous Assessment[12] führt natürlich dazu, dass alles Wissen mehr oder weniger kurzfristig auf eine Prüfung hin gelernt wird, um es hernach schnellstens wieder zu vergessen. Das scheint mir an unseren Universitäten inzwischen ein ernstes Problem zu sein.

Aber wie können wir aus dieser selbstgestellten Falle herauskommen? Wir werden nicht umhinkommen, die Konzepte auf den Prüfstand zu stellen. Und in diesem neuen Prozess sehe ich gute Möglichkeiten, auch im Aufbau von Weiterbildungsangeboten für das lebenslange Lernen voranzukommen. Dank Digitalisierung können die Universitäten diesen Schritt jetzt unternehmen.

Ein wenig werden die Universitäten ja auch schon in diese Richtung gedrängt. Man verspürt allenthalben die Konkurrenz durch die zahlreichen im Internet von privater Seite auch international verbreiteten virtuellen Lehrangebote.

Ritter

Wir sollten positiv auf die Veränderungen im Umfeld reagieren, frei nach dem Motto: Konkurrenz belebt das Geschäft.

Beste

Also, stehen die Universitäten vor einem Paradigmenwechsel? Können sie den Schwung der Digitalisierung

---

[12]Vgl. etwa James Uhomoibhi, Margaret Ross: Continuous Assessment in Computing and Engineering Education for Improved Students' Engagement and Enhanced Learning, publiziert in: Teaching and Learning in a Digital World, Springer International Publishing. 2018.

nutzen und zum Player im Geschäftsfeld des Life Long Learning werden?

Olbertz

Wir benötigen einen Paradigmenwechsel, ja, aber nicht aus Anlass der Digitalisierung. Die Ursache der hier angesprochenen Krisensymptome liegt tiefer. Die Digitalisierung macht sie sichtbar, sie beschleunigt und verstärkt die Krise der Universitäten, zumindest lässt sie uns auf alte Krisen in neuer Weise aufmerksam werden.

Ritter

Ein Paradigmenwechsel ist vielleicht zu viel gesagt. Wir haben eine mediale Fortentwicklung, die neue Möglichkeiten des Lernens schafft, die auch neue Effizienzen schaffen kann, die auch neue Versuchungen der Skalierung in Richtung auf Quantität eröffnen wird, mit denen wir kritisch umgehen müssen, und die auch die Versuchung oder die Gefährdung mit sich bringt, dass Lernen mit Bequemlichkeit verwechselt wird. Lernen ist nicht bequem und wird niemals bequem sein.

Wir müssen also darauf achten, dass wir trotz all dieser neuen Möglichkeiten die Lernziele Ausdauer, Hartnäckigkeit und Kreativität im Blick behalten. Wir müssen uns gegen das süße Versprechen bzw. die Verführung zur Wehr setzen, dass Dank Digitalisierung alles Lernen an der Universität künftig spielerisch und leicht wird. Ich glaube, dass dies vielleicht unsere größte Zukunftsherausforderung ist.

Westkämper

Aber ja doch, wir stehen vor einem Paradigmenwechsel an den Universitäten, davon bin ich überzeugt. Der Druck kommt von außen. Von den rasanten Veränderungen in der industriellen Welt. Die Digitalisierung wird die Berufsbilder dramatisch verändern, ganze Berufsgruppen werden aufgrund von Digitalisierungseffekten obsolet oder weil das bislang dafür benötigte Wissen von Maschinen verarbeitet werden kann.

Allein aus dieser Perspektive müssen wir uns drauf einstellen, dass wir unsere Studiengänge nicht so belassen können, wie sie heute sind. Künftig werden sicherlich vermehrt Fragen der Modellbildung und der Interdisziplinarität im Zentrum stehen.

Zimmerli

Ich hätte da eine Vorstellung zur künftigen Entwicklung der Universitäten im Angebot, die sich als zweite Virtualisierung bezeichnen ließe. Bisher, so analysierten wir auch in dieser Runde, konnten wir Digitalisierung als eine Dimension der Mittel auffassen, die zu einem bestimmten Zweck, nämlich zur Bildung, an den Universitäten beziehungsweise zur Ausbildung an Hochschulen eingesetzt werden. Jetzt kommen wir jedoch zunehmend in eine Situation, in der sich die Digitalisierung auf die Universität und die Hochschule selbst bezieht. Das bringt uns in die vertrackte Lage, dass wir nicht mehr einfach sagen können, das Ziel dieser Einrichtungen ist Bildung beziehungsweise Ausbildung, weil wir nämlich gar nicht wissen, wie oder was digitale Bildung oder digitale Ausbildung sind.

Was nun könnte digitalisierte Bildung bedeuten? Wie können wir das Wissen überprüfen, dass in Datenbanken vorgehalten und uns von Suchmaschinen dargeboten wird? Indem wir es mit anderen Datenbankinhalten und anderen Ergebnissen anderer Suchmaschinen vergleichen? Mir scheint, hier öffnet sich ein Digitalisierungs-Zirkel, der uns gefangen hielte – mit Ausnahme jener Bereiche, die an elementarmenschliche Erfahrungen anknüpfen wie zwischenmenschlichen Beziehungen. Oder wenn es um Normatives geht.

Die wohl entscheidende Frage, die es zu beantworten gilt, lautet: Wie verändert die so verstandene Digitalisierung zweiter Ordnung die tertiären Bildungsinstitutionen? Ich will auch gleich eine Antwort versuchen: Rechnet man den Beitrag der Kognitionswissenschaften, und insbesondere denjenigen der neurowissenschaftlichen Betrachtungsweise zu den Aspekten der digitalen Virtualisierung, so ergeben sich für die Lehre und wohl auch der Forschung Fragen im Kontext der Rolle der sogenannten Spiegelneurone, die in diesem Buch in Kap. 3 aufgegriffen werden. Zwar gehen die Ansichten über deren Bedeutung insbesondere hinsichtlich moralischer Empathie auch unter Fachleuten weit auseinander[13], aber es gibt ernst zu nehmende Ansätze, die – gerade im Blick auf die mögliche Verbindung des Lehrens und Lernens mit der Forschung und mit dem Einsatz von Avataren – den Spiegelneuronen eine wichtige Rolle zuschreiben. Herr Frey, meinen Sie, dass diese Ergebnisse aus der Hirnforschung uns helfen können zu verstehen, was Lehren und Lernen digital heißt?

Frey
Ich denke ja. Bewegungsorientiertes Lernen im dreidimensionalen Raum unter Einsatz unseres Körpers und unserer Hände wird auf der Grundlage der neueren neurowissenschaftlicher Erkenntnisse zur Funktion der Spiegelneuronen ins Zentrum rücken. Wir werden so lernen, wie kleine Kinder lernen: Sie betreten den virtuellen Raum, nehmen etwas zur Hand und erkunden den Gegenstand beziehungsweise experimentieren mit ihm.

Schauen Sie, was passiert heute in der industriellen Praxis: Konstrukteure schaffen sich Vormodelle, um

---

[13]cf. P. Church-land, Braintrust: What Neuroscience Tell Us about Morality, Princeton 2011.

sie zur Hand zu nehmen, um auszuprobieren, ob etwas zusammenpassen wird usw. Erst danach entsteht das 3D-Modell im Rechner, das schließlich die Fertigungsmaschinen steuert. Diese neue Möglichkeit des Ausprobierens im Virtuellen, das wird die größte Neuerung insbesondere für die Aus- und Weitbildung sein.

Westkämper
Es geht dabei um das sogenannte tastende Begreifen. Wenn es die neuen Techniken möglich machen, im Virtuellen die haptische Wahrnehmung über den Tastsinn zu unterstützen, wird das positiv auf das Lernen zurückwirken.

Degkwitz
Alles gut und schön, aber für mich bleibt Digitalisierung Mittel zum Zweck und wenn es der Zweck selber ist, halte ich sie für ziemlich bedenklich und bestimmt nicht der Bildung förderlich. Da bin ich mir weiterhin sehr sicher.

Olbertz
Da sind wir ganz beieinander, Herr Degkwitz.

Zimmerli
Gut, Sie sagen, dass die Digitalisierung nicht Zweck sein darf. Aber was machen wir jetzt? Es kann weder ein Zweifel daran sein, dass die Digitalisierung unsere Lebensebenso wie unsere Lernwelt verändert, noch daran, dass gegenwärtig über kaum ein Begriffspaar so viel Unfug verbreitet wird wie über die Begriffe digital und analog. Bei genauerer Betrachtung zeigt sich nämlich, dass analog und digital keineswegs disjunkt sind, sondern eher komplementär fungieren. Letztlich beschreiben wir damit eine Situation, die als Mensch-Maschine-Tandem

zutreffend charakterisiert ist: Jeder neue Digitalisierungs-
schritt macht eine Re-Analogisierung durch den Mensch-
Teil des Tandems erforderlich, denke ich.[14] Somit ist auch
mit digital nicht einfach im Sinne von Reflexionsbegriffen
das gemeint, was nicht-analog ist, sondern, wie sich aus
einer begriffs- und technologiegeschichtlichen Analyse
ergibt, die binäre Struktur diskreter Zustände, die, in der
Terminologie der Semiotik ausgedrückt, eine Reduktion
der Semantik auf Syntax auf Logik erlaubt.

Degkwitz
Einverstanden. Wir haben immer beides.

**Teilnehmer   der   telefonvermittelten   virtuellen
Gesprächsrunde**
Prof. Dr. Andreas Degwitz ist Direktor der Universitäts-
bibliothek der Humboldt-Universität zu Berlin, Lehr-
beauftragter am dortigen Institut für Bibliotheks- und
Informationswissenschaften sowie Honorarprofessor für
den Fachbereich Informationswissenschaften an der Fach-
hochschule Potsdam. Er engagiert sich in zahlreichen
Fachorganisation, unter anderem als Vorsitzender der
Deutschen Initiative für Netzwerk-Information (DINI).

Prof. Dr. Jan-Hendrik Olbertz lehrt Erziehungswissen-
schaften an der Humboldt-Universität zu Berlin. Von
2002 bis 2010 war der Erziehungswissenschaftler partei-
loser Kultusminister des Landes Sachsen-Anhalt für die
CDU. Anschließend, von 2010 bis 2016, war er Präsident
der Humboldt-Universität zu Berlin. Seine Forschungsschwerpunkte sind Bildungs- und Hochschulforschung.

---

[14]W.Ch. Zimmerli, Die Wiederkehr des Analogen im Digitalen, Neue Zürcher
Zeitung 26.07.2018, 38.

Prof. Dr. Helge Ritter lehrt an der Universität Bielefeld; seit 1990 leitet er dort die Arbeitsgruppe Neuroinformatik; sein Forschungsschwerpunkt ist die Mensch-Maschine-Kommunikation. Seit 2007 koordiniert er an der Universität Bielefeld das Center of Excellence Cognitive Interaction Technology (CITEC). Seit 2010 ist Ritter ordentliches Mitglied der Nordrhein-Westfälischen Akademie der Wissenschaften und der Künste.

Prof. Dr.-Ing. Engelbert Westkämper ist Emeritus des Instituts für Industrielle Fertigung und Fabrikbetrieb der Universität Stuttgart. Bis 2012 leitete er das in Stuttgart beheimatete Fraunhofer-Institut für Produktionstechnik und Automatisierung (IPA). Der Träger des Bundesverdienstkreuzes 1. Klasse engagiert sich als Mitglied der High Level Group der EU Technologie Platform Manufuture und ist im Vorstand der Graduate School of Excellence for advanced Manufacturing Engineering GSaME der Universität Stuttgart tätig, die er mitbegründet hat.

Prof. Dr. Walther Ch. Zimmerli forscht am Collegium Helveticum in Zürich und ist Honorary Professor „Mind and Technology" an der Humboldt-Universität zu Berlin. 1999 wurde der Philosoph zum Präsidenten der private Universität Witten/Herdecke berufen; von 2002 bis 2007 war er Gründungspräsident der Volkswagen AutoUni in Wolfsburg und anschließend bis 2013 Präsident der Brandenburgischen Technischen Universität Cottbus. Der Träger des International Humboldt Research Award ist unter anderem Mitglied von acatech Deutsche Akademie der Technikwissenschaften und der Schweizerischen Akademie der Technischen Wissenschaften (SATW).

Stichwortverzeichnis

© Springer-Verlag GmbH Deutschland, ein Teil von Springer Nature 2020
H. Frey und D. Beste, *Virtuelle Universität*, Technik im Fokus,
https://doi.org/10.1007/978-3-662-59531-2

Printed in the United States
By Bookmasters